本书由国家自然科学基金青年科学基金项目"组织惯例更新的影响因素：一项追踪的研究"（项目批准号：71402046）资助

经济管理学术文库·管理类

组织惯例更新的影响因素及效能研究

The Study of the Influencing Factors and Effectiveness of Organizational Routines Updating

王永伟／著

经济管理出版社
ECONOMY & MANAGEMENT PUBLISHING HOUSE

图书在版编目（CIP）数据

组织惯例更新的影响因素及效能研究/王永伟著.—北京：经济管理出版社，2017.5
ISBN 978-7-5096-5170-4

Ⅰ.①组… Ⅱ.①王… Ⅲ.①企业组织—组织管理学—研究 Ⅳ.①F272.9

中国版本图书馆 CIP 数据核字（2017）第 135836 号

组稿编辑：杨　雪
责任编辑：杨　雪
责任印制：黄章平
责任校对：王淑卿

出版发行：经济管理出版社
（北京市海淀区北蜂窝 8 号中雅大厦 A 座 11 层　100038）
网　　址：www.E-mp.com.cn
电　　话：(010) 51915602
印　　刷：北京玺诚印务有限公司
经　　销：新华书店
开　　本：720mm×1000mm/16
印　　张：14
字　　数：228 千字
版　　次：2017 年 8 月第 1 版　2017 年 8 月第 1 次印刷
书　　号：ISBN 978-7-5096-5170-4
定　　价：49.00 元

·版权所有　翻印必究·
凡购本社图书，如有印装错误，由本社读者服务部负责调换。
联系地址：北京阜外月坛北小街 2 号
电话：(010) 68022974　邮编：100836

前　言

组织惯例研究是组织与战略研究领域的一个重点，因为组织惯例理论能够有效地解释组织能力和战略变迁的过程，为组织与战略研究提供新的研究视角。自 Nelson 和 Winter 提出利用组织惯例来研究组织经济变迁的观点以来，组织惯例研究吸引着组织行为学、社会学、计算机科学、仿真学等领域的学者不断加入，形成了丰富的研究成果。但是已有研究文献中关于组织惯例与组织效能之间关系的研究却存在着不一致的结论：一方面认为组织惯例有利于控制和协调，能够为组织带来稳定性，进而能够有效提升组织绩效；另一方面当组织惯例执行环境发生变化时，由于组织惯例本身的惰性，组织惯例会成为组织发展中的阻碍，进而降低组织绩效。因此，如何有效发挥组织惯例的积极效能，使组织惯例能够适应环境变化，淘汰不适应新环境、效能低的组织惯例，"搜寻"适应新环境和效能高的组织惯例，进行组织惯例更新，是本书的研究重点。

组织惯例更新研究重点关注于组织惯例适应环境变化从一种稳定状态向另一种稳定状态转换过程中带来组织效能提升的研究，而该研究是以往组织惯例研究文献关注较少的领域，也是研究创新点所在。

通过对组织惯例研究文献的梳理发现，组织惯例研究可以分为两类：一类是静态研究，即关于组织惯例认知和内在结构、影响因素等揭示组织惯例"黑箱"的研究；另一类是关于组织惯例更新，即关于组织惯例如何实现变革和"搜寻"、"变异"的研究。组织惯例更新研究就属于组织惯例的动态研究，因此关于组织惯例变革和"搜寻"、"变异"的文献研究也就为组织惯例更新提供了理论基础。

组织惯例更新的影响因素是什么？组织惯例更新能够为组织带来哪些效能？组织惯例更新的效能对提升组织绩效具有哪些影响？这些问题是组织惯例更新探

讨的主要内容。为此，本书构建了组织惯例更新的影响因素及效能研究模型，探讨组织惯例更新的效能以及影响组织惯例更新的因素。本书共有以下四个研究内容，即组织惯例内在结构研究、组织惯例更新的影响因素研究、组织惯例更新与其效能关系研究、组织惯例更新的效能与组织绩效关系研究。

组织惯例内在结构研究主要探讨组织惯例形成过程。本书结合以往关于组织惯例内在结构的研究以及特征研究，将组织惯例形成过程分为集体学习、组织共识、组织规范和组织行为四个阶段，其中，集体学习阶段是组织惯例形成的重要阶段，同时也是影响组织惯例更新的主要因素和动力。

组织惯例更新的影响因素研究主要探讨变革型领导和组织学习倾向对组织惯例更新的影响路径和机制。集体学习是影响组织惯例形成和组织惯例更新的主要因素，但是，集体学习过程又会受到变革型领导和组织学习倾向的影响。在已有的文献研究中，组织学习倾向能够影响集体学习的效果，进而影响组织惯例更新；变革型领导行为不但能够影响组织惯例更新，而且还影响组织学习倾向。因此，在组织惯例更新的影响因素研究中，我们主要探讨变革型领导行为、组织学习倾向与组织惯例更新之间的影响路径和机制。

组织惯例更新与其效能关系研究主要探讨了组织惯例更新与动态能力和技术创新能力之间的影响路径和机制。组织惯例更新能够为组织带来较强的环境适应性以及内部资源和流程的优化，因此，组织惯例更新能够影响企业动态能力的形成；同时，组织惯例更新能够为企业带来新技术和新流程，进而影响企业的技术创新能力。

组织惯例更新的效能与组织绩效关系研究主要探讨了动态能力与技术创新能力和组织绩效之间的影响路径和机制。组织惯例更新对组织绩效的影响需要通过组织惯例更新的效能才能实现，因此，这一部分主要探讨组织惯例更新的效能对提升组织绩效的影响路径和机制。

为了能够有效验证以上理论模型的科学性和有效性，本书在上海、新疆和山东三个地区共收集了219家企业样本数据，分别对组织惯例更新、变革型领导行为、组织学习倾向、动态能力、技术创新能力和组织绩效进行有效测量。其中，组织惯例更新量表是本书设计和开发的量表，变革型领导行为、组织学习倾向、动态能力、技术创新能力和组织绩效测量量表均采用已开发成熟的量表。本书运用 AMOS 和 SPSS 统计分析软件对所收集的数据进行有效处理，来验证理论模型和研究假设，数据结果显示：

在组织惯例更新的影响因素研究中，变革型领导行为能够通过影响组织学习倾向进而影响组织惯例更新，该路径具有显著性。其中，变革型领导行为对组织惯例更新的影响需要通过组织学习倾向来实现，组织学习倾向在变革型领导行为和组织惯例更新的关系中起着部分中介效应；在组织惯例更新的效能研究中，组织惯例更新对动态能力的影响路径具有显著性。组织惯例更新对技术创新能力的影响能够通过动态能力路径来实现，动态能力在组织惯例更新和技术创新能力之间起着部分中介效应；在组织惯例更新的效能与组织绩效关系研究中，技术创新能力与组织绩效之间的路径系数具有显著性。动态能力对组织绩效提升的影响能够通过技术创新能力路径来实现，技术创新能力在动态能力与组织绩效之间起着中介效应。

通过以上研究可知，在组织惯例更新的影响因素研究中，变革型领导行为和组织学习倾向是影响组织惯例更新的两个因素。在影响路径上，变革型领导行为通过影响组织学习倾向进而影响组织惯例更新的路径更具有显著性；在组织惯例更新的效能研究中，组织惯例更新能够带来动态能力和技术创新能力的提升。在影响路径上，组织惯例更新提升动态能力进而提升技术创新能力的路径更具有显著性；在组织惯例更新的效能与组织绩效研究中，组织惯例更新能够带来组织绩效的提升。在影响路径上，动态能力影响技术创新能力进而提升组织绩效的路径更具有显著性。

组织惯例更新的影响因素及效能研究具有一定的理论意义和实践意义。理论意义主要体现在：首先，本书通过数据实证分析了组织惯例更新的影响因素及效能，丰富了组织惯例实证研究成果；其次，设计和开发了组织惯例更新量表，为今后组织惯例更新研究提供了帮助；最后，为组织惯例更新的实践提供了理论支持。实践意义主要体现在：一方面，有利于对组织惯例进行有效管理。企业可以通过改变领导方式和增强组织学习倾向来引导和有效管理组织惯例更新，以便最大限度地发挥组织惯例的效能。另一方面，有利于企业动态能力和技术创新能力构建。企业可以通过对组织惯例更新以实现动态能力和技术创新能力的提升，这也为提升企业能力的管理实践提供了新的视角，具有一定的管理实践意义。

目 录

1 绪 论 ··· 1

  1.1 组织惯例更新研究背景及意义 ·· 1
    1.1.1 组织惯例更新研究背景 ·· 1
    1.1.2 组织惯例更新研究意义 ·· 6
  1.2 组织惯例更新研究内容及思路 ·· 9
    1.2.1 组织惯例更新研究内容 ·· 9
    1.2.2 组织惯例更新研究思路 ·· 10
  1.3 本书研究方法及技术路线 ·· 11
    1.3.1 本书研究方法 ·· 11
    1.3.2 本书技术路线 ·· 12
  1.4 本书创新点 ·· 13

2 相关理论及文献评述 ··· 15

  2.1 组织惯例理论文献综述 ·· 15
    2.1.1 组织惯例理论文献研究 ·· 15
    2.1.2 组织惯例文献研究小结 ·· 30
  2.2 动态能力文献综述 ·· 34
    2.2.1 动态能力文献研究 ·· 35
    2.2.2 动态能力文献研究小结 ·· 40
  2.3 变革型领导行为文献综述 ·· 42
    2.3.1 变革型领导行为文献研究 ·· 43

2.3.2 变革型领导行为文献研究小结 49

2.4 技术创新能力文献综述 50
  2.4.1 技术创新能力文献研究 50
  2.4.2 技术创新能力测量研究 52
  2.4.3 技术创新能力文献研究小结 53

3 组织惯例更新的影响因素及效能研究模型 54

3.1 组织惯例更新的影响因素 54
  3.1.1 CEO 变革型领导行为与组织惯例更新 54
  3.1.2 组织学习倾向与变革型领导、组织惯例更新的关系 57

3.2 组织惯例更新与其效能的关系 61
  3.2.1 组织惯例更新与动态能力 61
  3.2.2 动态能力与组织惯例更新、技术创新能力的关系 65

3.3 组织惯例更新的效能与组织绩效的关系 68
  3.3.1 动态能力与组织绩效 68
  3.3.2 技术创新能力与动态能力、组织绩效的关系 69

3.4 组织惯例更新的影响因素及效能研究全模型 71

4 研究方法及程序 73

4.1 各研究变量测量量表 73
  4.1.1 变革型领导行为测量量表 73
  4.1.2 组织学习倾向测量量表 74
  4.1.3 组织惯例更新测量量表 74
  4.1.4 动态能力测量量表 78
  4.1.5 组织绩效测量量表 78
  4.1.6 技术创新能力 79
  4.1.7 控制变量 79

4.2 数据分析方法及程度 80
  4.2.1 描述性统计分析 80
  4.2.2 信度与效度检验 80

		4.2.3 探索性因子分析	81
		4.2.4 验证性因素分析	81
		4.2.5 结构方程模型分析	82
	4.3	样本数据	82
	4.4	变量信度及效度分析	84

5 实证结果分析 ... 89

5.1	模型变量验证性因素分析		89
5.2	模型变量间两两相关系数分析		91
5.3	结构方程模型数据结果分析		95
5.4	模型假设关系检验		98
	5.4.1	模型直接影响、间接影响和总影响分析	99
	5.4.2	组织学习倾向、动态能力、技术创新能力中介效应检验	100
5.5	假设讨论		109

6 组织惯例更新的影响因素及效能案例分析 ... 112

6.1	组织惯例更新相关理论		114
	6.1.1	组织惯例更新的内在结构	114
	6.1.2	组织惯例更新进程与企业竞争力关系	116
6.2	苹果手机组织惯例更新进程分析		118
	6.2.1	重塑设计文化，形成新的组织共识	118
	6.2.2	苹果手机转型，新的商业模式形成，形成新的组织规范	118
	6.2.3	新的组织惯例形成，新商业模式不断成功复制	119
6.3	诺基亚手机组织惯例更新进程分析		121
6.4	案例研究结论		125

7 基本结论 ... 126

7.1	本书总结		126
	7.1.1	组织惯例更新的影响因素研究	126
	7.1.2	组织惯例更新的效能研究	128

7.1.3 组织惯例更新的效能与组织绩效关系研究 ……………… 129
7.2 未来研究方向及研究局限性 …………………………………… 130
  7.2.1 未来研究方向 …………………………………………… 130
  7.2.2 本书研究的局限性 ……………………………………… 131
7.3 结论 ……………………………………………………………… 132

附 录 ……………………………………………………………………… 133

  附录一 组织惯例更新与企业绩效普查问卷 ……………………… 133
  附录二 基于组织惯例、行业惯例视角的企业技术创新选择研究 …… 138
  附录三 变革型领导行为与技术创新能力：组织学习倾向的中介
      效应及行业调节效应 …………………………………… 151
  附录四 CEO 变革型领导行为对组织惯例更新的影响机制研究 …… 167

参考文献 …………………………………………………………………… 191

后 记 ……………………………………………………………………… 211

1 绪 论

本章是绪论部分,主要介绍本书的研究背景以及研究的理论意义和实践意义,并提出研究问题,依据提出的问题设计研究思路和研究路线图,最后根据研究路线图确定研究所用的方法和创新之处。本章共分为四节:第一节是研究背景及意义;第二节是研究内容及思路;第三节是研究方法及技术路线;第四节是研究创新点。

1.1 组织惯例更新研究背景及意义

1.1.1 组织惯例更新研究背景

1982 年,Nelson 和 Winter 在 *An Evolutionary Theory of Economic Change* 一书中提出"惯例是分析组织和经济变迁的重要分析元素"、"惯例是组织的基因,构成了演化理论的遗传因素"的观点,这些观点推动了 30 多年来惯例研究的热潮。由此,惯例研究不断吸引着组织理论、认知社会学、计算机和人工智能的研究者加入其中,形成了丰富的理论和实践成果。而惯例研究的先驱者 Simon、March(1958)、Polanyi's(1962),最早关于"显性知识"和"缄默知识"的区分,有力地推动了"惯例"这个概念在组织研究中的应用。

组织惯例理论在组织研究中的应用能够清晰地解释两种机制的动态交互作用,即变化机制(在惯例中不断地引入变化、创新、异质性)和选择机制(减少惯例中的异质性）。为了更好地探讨这两种机制，Nelson 和 Winter 将惯例有效地划分为两个维度：组织惯例的认知维度（认为组织惯例是组织记忆）（Organizations Remember by Doing，Nelson 和 Winter，1982）；组织惯例的内部冲突控制维度（认为组织惯例是冲突中的"休战"）。这种划分是非常必要的，因为组织要不断地应对环境变化，所以组织惯例必须要适当地变化才能适应环境。由此，组织惯例就可以简单地被描述为"记得为什么这么做"和"怎么做"。因此，Nelson 和 Winter（1982）的研究有力地推动了组织惯例研究的发展，在组织惯例研究中具有重要贡献。随着组织惯例研究成果越来越丰富，其研究方向也发生了一些变化。从关注于组织惯例是什么和组织内在结构的研究（Cohen，1996；Feldman 和 Pentland，2003）向组织惯例的案例和实证研究转变，而近些年来组织惯例案例研究也取得了丰硕成果（Zollo 和 Winter，2002），推动了组织惯例研究进一步发展。Becker（2005）运用组织惯例效能理论探讨了组织惯例效能与组织变迁之间的关系；并从工作特征角度探讨了影响组织惯例的因素，构建了工作特征与组织惯例效能和组织绩效研究模型，但是在研究中并没有进一步的实证分析，不过依然为组织惯例研究的发展起到了推动作用；Vinit M. Desai（2008）分析认为，一旦组织规则被打破后，会带来组织凝聚力和交易成本的增加，组织成员会通过调整组织惯例来适应变化，寻找新的组织惯例；Hillison（2009）收集了工作流程中的数据，实证分析了组织惯例的结构，这也为组织惯例的实证研究提供了支持；Andrey Pavlov 和 Mike Bourne（2010）运用组织惯例理论研究了组织绩效测量方法对组织绩效的影响；Brian T. Pentland、Thorvald Haerem 和 Derek Hillison（2010）的研究实证分析了四家使用同样的软件开具发票的公司的行为模式差异性产生的原因，最终得出组织惯例作为组织的基因起到了重要作用的结论。组织惯例的实证研究不断得到支持，为组织惯例研究发展提供了丰富的理论支持；Hodgson（2010）的研究开始逐渐关注组织惯例与组织稳定性和组织变迁之间的关系。

通过文献研究回顾可知，组织惯例研究在实证研究和案例研究应用中均取得了较大成果，为组织惯例后续研究提供了丰富的理论支持和案例支持。基于此，本书期望通过对中国企业进行实地调研和问卷调查，探讨在中国情境下组织惯例与组织效能之间的路径及影响机制，丰富组织惯例研究成果。

虽然组织惯例研究在近些年来取得了较大进步，但是关于组织惯例与组织惯例效能之间的研究还比较少，而且并没有将组织惯例研究成果应用于分析组织能力和组织绩效研究。组织惯例、组织能力和组织绩效之间到底存在什么样的关系，已有的研究文献并没有给出一致的结论。一方面，组织惯例能够为组织带来稳定性，有利于组织运作效率的提升，进而有利于提升组织效能和组织绩效；但另一方面，一旦组织惯例执行环境发生了变化，组织惯例也就失去了原有的效能，甚至会成为组织变革中的阻碍因素，而且由于组织惯例执行者是组织惯例的受益者，变革组织惯例会增加管理执行者的学习成本，组织惯例本身缺乏动力调整以适应环境的变化。因此，组织惯例是需要有效管理才能实现其积极效能，否则就会给组织发展带来阻碍。

从以往的文献研究来看，组织惯例研究可以分为两大类：一类是组织惯例的静态研究，另一类是组织惯例的动态研究。①组织惯例的静态研究主要集中于组织惯例的认知和内在结构研究、组织惯例影响因素等组织惯例本身特性的研究。因为只有组织惯例是相对稳定的状态下，研究者才能发现组织惯例的一些特性来揭示组织惯例的"黑箱"。例如 Simon 和 March（1958）的早期研究将组织惯例作为组织学习中理解认知过程的分析工具，形成了较多的案例研究和实证研究成果（Cohen，1991；Egidi，1994；Marengo，1996）；Nelson 和 Winter（1982）关于"企业的行为可以通过它所雇用的员工的惯例来解释"、"组织记忆是理解组织行为的重要元素"等的研究；还有将组织惯例作为构建企业竞争能力的能力库和组织惯例是用来保存企业能力的研究（Prahalad 和 Hamel，1990；Teece 和 Pisano，1994），这些都是组织惯例的静态研究。②组织惯例的动态研究主要集中于组织惯例的变化，即从一个稳定状态到另一个稳定状态变化过程的研究。在这个过程中，组织惯例适应了环境的变化，进而实现了组织惯例的更新，以及在组织进行的惯例搜寻中，引入新的惯例，并进行组织惯例的选择和创新。这类研究主要有 Nelson 和 Winter（1982）关于组织惯例的搜寻、变异、创新、选择机制研究；以及在动态环境下组织惯例的更新与企业竞争力的研究（Teece 等，1997；Zollo 和 Winter，2002）。特别是在动态环境下，组织惯例更新与组织学习、企业能力、技术创新之间有着非常重要的关系。

这两类研究也是目前组织惯例研究成果比较集中的领域，随着研究的不断深入和发展，组织惯例的动态研究越来越引起研究者们的兴趣。因此，组织惯例的动态研究具有重要的理论意义和实践意义：①从理论上来讲，组织惯例的静态研究已相对成熟，而且成果比较丰富，为组织惯例的动态研究提供了丰富的理论基础；②组织惯例的动态研究能够更好地解释组织惯例是如何变化的问题，能够有效解释企业能力的形成和战略变迁等组织与战略研究的重要问题，具有重要的实践意义。

关于组织惯例的动态研究，以往的文献主要关注于组织惯例的变革性、组织惯例的变异、创新和选择机制。Feldman 和 Pentland（2003）的研究主要探讨了组织惯例的变革，认为组织惯例能够根据环境的变化进行有效变革，而不是稳定不变的。但是在该研究中并没有有效分析组织变革的动力和影响因素是什么；Narduzzo（2000）则是通过案例研究分析了组织惯例变革为组织带来的影响及效能；Feldman 和 Pentland（2004）的研究则认为组织惯例是实现组织柔性的主要因素，组织惯例能够为组织带来更多的适应性和效能的增加；Becker（2005）则是通过构建组织惯例前因要素及效能研究模型，探讨了影响组织惯例变化的前惯例因素，并探讨了组织惯例所带来的组织效能的增加，但是该研究并没有进行数据验证分析，缺乏实证数据支持；黄少坚（2010）则是从前惯例角度探讨了组织惯例的变革过程，认为组织惯例是在前惯例基础上的自我扬弃，这种对组织惯例综合和创造性运用能力是企业间竞争力差异的主要原因；Chassang（2010）对组织惯例形成过程进行研究，发现学习和合作是影响组织惯例变化的两个主要因素；Rerup 和 Feldman（2011）从"试错"机制研究了组织惯例变化的进程，认为"试错"是组织惯例变革和"选择"机制的重要影响因素。对以上组织惯例的动态文献研究发现，虽然组织惯例的动态研究已获得研究者们的广泛关注，但是还存在一些不足之处：①以往的研究成果虽然考虑到了组织惯例的情境特征，即组织惯例能够不断适应环境变化以实现组织变迁，但并没有在组织惯例效能上达成一致结论。即组织惯例变革既有可能成为组织柔性和竞争力的来源，同时也有可能成为组织发展的障碍。②组织惯例的动态研究也忽略了组织惯例的"选择机制"。组织惯例能够对组织内部的惯例进行"市场选择"，组织惯例的"选择机制"也就是组织惯例的优化过程或者自我扬弃过程。③虽然已有不少学者进行了组织惯例的案例研究，但是组织惯例的动态研究缺乏相关实证研究支持。因此，组织惯例更新研究也就成为组织惯例研究的一个热点。

组织惯例更新属于组织惯例动态研究的范畴，是组织惯例从一种稳定状态向另一种稳定状态的不连续或离散的转换过程。在这个过程中，组织惯例能够根据环境变化主动进行组织惯例更新和组织惯例创新，实现淘汰不能适应环境变化和效率低下的组织惯例、更新适应环境变化的组织惯例和引入新组织惯例的过程。因此，组织惯例更新主要探讨了两个问题——"动态性"和"优化"。"动态性"主要体现为组织惯例能够主动适应环境和市场的变化过程，因为组织惯例的执行需要依靠特定的环境，离开了组织惯例执行的环境，组织惯例也就无法执行，因此，组织惯例必须不断适应环境的变化，保持"动态性"。另外是"优化"，主要体现为组织惯例的"选择机制"。组织研究惯例能够通过"选择机制"淘汰不适应环境变化效率低的组织惯例、更新现有的组织惯例和引入新组织惯例。而在这个过程中，"选择机制"具有重要意义。因此，对组织惯例更新进行深入研究具有重要意义：①进一步细分了组织惯例的动态研究内容，同时也有利于探讨组织惯例更新为组织带来效能提升的积极作用；②为企业提升组织效能和构建企业能力提供了新的理论基础和研究视角。

组织惯例的稳定性和变革性也为研究组织惯例更新提供了重要的理论依据。组织惯例稳定性为组织惯例的遗传和更新提供了环境；组织惯例的变革性为组织惯例实现创新和更新提供了创新来源。由于企业所处环境的变化，组织惯例的动态优化可以实现组织惯例更新和变异，一方面通过遗传和变异实现更新，保证组织惯例的适应性；另一方面组织惯例也会搜寻新的、更有效的惯例，并进行市场选择，实现惯例创新，形成新的组织惯例。组织惯例更新过程使得组织惯例与环境相匹配，有利于企业动态能力的形成和技术创新能力的发挥。

鉴于此，本书将主要研究组织惯例更新的四个问题：①组织惯例是如何形成的，即组织惯例的内在结构是什么？这为本书研究组织惯例更新提供了理论基础。同时，本书也结合中国情境下组织惯例研究内容，开发和构建了组织惯例更新量表。②影响组织惯例更新的主要因素有哪些？本书依据组织惯例内在结构探讨了变革型领导行为和组织学习倾向对组织惯例更新的影响路径机制。③组织惯例更新的效能有哪些？本书主要探讨了组织惯例更新所带来的组织动态能力、技术创新能力的提升，并研究了组织惯例更新与动态能力和技术创新能力之间的路径机制。④组织惯例更新的效能与组织绩效之间的关系研究，探讨了动态能力、技术创新能力与组织绩效之间的路径机制。

1.1.2 组织惯例更新研究意义

1.1.2.1 本书理论意义

Nelson 和 Winter（1982）关于惯例的研究成果推动了组织惯例理论研究的发展，并取得了丰硕成果。现有关于组织惯例的文献研究主要探讨了组织惯例内涵、结构以及组织惯例在经济变迁过程中的路径分析，Becker（2004）的研究更是对组织惯例近期研究进行了综述，并提出了将组织惯例研究进行实证和案例研究的观点。Andrey Pavlov 和 Mike Bourne（2010）运用组织惯例理论研究了组织绩效测量方法对组织绩效的影响；Becker（2005）探讨了将组织惯例理论应用于组织行为和组织变化的实证研究，但本书只是提出了相关理论模型，并没有得到数据实证支持；Brian Pentland、Thorvald Haerem 和 Derek Hillison（2009）收集了工作流程中的数据，实证分析了组织惯例的结构。Brian T. Pentland、Thorvald Haerem 和 Derek Hillison（2010）的研究实证分析了四家使用同样软件开具发票的公司的行为模式差异性产生的原因，最终得出组织惯例作为组织的基因起到了重要作用的结论，丰富了组织惯例实证研究。因此，以上关于组织惯例研究为本书组织惯例更新的影响因素及效能研究提供了重要理论支持。同时，本书的研究成果也丰富了组织惯例研究理论，具有一定的理论意义。

（1）本书将组织惯例研究分为静态研究和动态研究两类。组织惯例静态研究关注于组织惯例内在结构、模式、内涵等，这也是组织惯例研究的基础，为将组织惯例研究应用于实证和案例研究提供了理论基础。组织惯例动态研究关注于组织惯例的"搜寻"、"变异"和"创新"，主要研究组织惯例是如何来实现变化和更新的。但是以上的研究却没有关注组织惯例的跨期研究，即第 T 期的组织惯例变化到第 T+1 期后，组织惯例更新后为企业带来什么样的效能？因此，本书的研究就是探讨组织惯例更新的效能及影响组织惯例更新的主要因素，丰富了组织惯例的研究视角，具有一定的理论意义。

（2）本书探讨了影响组织惯例更新的主要因素路径机制。关于组织惯例的影响因素研究，Nelson（1982）的研究认为主要有技术积累、资本费用、节省劳动、模仿等因素影响；芮明杰（2005）的研究则认为组织文化和权力结构是影响组织惯例变革的主要动力和源泉。本书通过对以往组织惯例文献的研究，将组织惯例的内在结构分为集体学习、组织共识、组织规范、组织行为四个过程。而在这四个过程中，集体学习是形成组织共识的前提条件，也是影响组织惯例更新的主要因素。因此，本书将变革型领导和组织学习倾向作为影响组织惯例更新的两个因素，探讨了变革型领导和组织学习倾向影响组织惯例更新的路径机制，为组织惯例更新理论提供了实证理论支持，具有一定的理论意义。

（3）本书探讨了组织惯例更新的效能及影响路径机制。关于组织惯例效能的研究已有文献进行了研究，Gersick 和 Hackman（1990）、Coriat（1995）、Dosi 等（2000）的研究认为组织惯例有利于组织协调与控制；Nelson 和 Winter（1982）认为组织惯例是组织内部建立的一种"休战协定"，并有利于组织内部知识存储；March 和 Simon（1958）的研究认为组织惯例有利于组织充分利用认知资源；Feldman（2000、2003）的研究认为组织惯例能够为组织带来稳定性；等等。本书探讨了组织惯例更新带来的两种效能：动态能力和技术创新能力，并探讨了组织惯例更新与这两种效能之间的路径影响机制，丰富了组织惯例更新的效能理论的内容，同时也实证分析了组织惯例更新与动态能力和技术创新能力之间的路径，为进一步研究组织惯例更新的效能理论提供了支持。

（4）本书探讨了组织惯例更新的效能提升组织绩效的路径机制。关于动态能力和技术创新能力与组织绩效关系已有不少的文献，但是并没有一致的结论认为动态能力和技术创新能力必然带来组织绩效的提升。本书通过结构方程模型分析，实证分析了动态能力、技术创新能力提升组织绩效的路径机制，为动态能力和技术创新能力与组织绩效关系研究提供了实证支持。

1.1.2.2 本书实践意义

本书丰富了组织惯例理论研究的内容，探讨了组织惯例更新的影响因素及效能研究，具有一定的理论意义。同时，本书关于组织惯例更新的影响因素路径机制以及组织惯例更新的效能提升组织绩效的路径研究，对管理实践具有一定的借鉴意义。

（1）组织惯例更新研究有助于引起管理者对组织惯例的关注。在管理实践中，管理者往往关注于一定的组织行为，而忽略了组织行为背后指导和规范组织行为的力量。正如 Nelson 和 Winter（1982）所说，"组织惯例类似于基因一样指导和规范着组织行为"，管理者只有真正改变组织惯例才能真正改变组织行为。因此，本书能够为管理者提供组织惯例更新的理论支持，对管理者有效管理和引导组织惯例更新具有借鉴意义。

（2）组织惯例更新的影响因素路径研究对管理者积极引导组织惯例更新具有借鉴意义。变革型领导者和组织学习倾向是影响组织惯例更新的两个主要因素，但是两者对组织惯例更新的影响路径机制却不尽相同。变革型领导者通过积极营造较好的组织学习倾向能够有效引导组织惯例更新的路径给管理者以启示：组织惯例更新并不是管理者一个人的工作，也不是单单依靠管理者就能够实现的。诺基亚手机在实现组织惯例更新进程中想单单依靠更换 CEO 的方式来实践已经证明是行不通的，这也验证了本书研究的结论。因此，在组织惯例更新进程中，要求管理者要关注组织学习氛围，通过变革型领导方式构建较好的组织学习倾向，有利于组织成员达成一致的组织共识，进而有效引导组织惯例更新。离开了组织成员的积极参与，组织惯例更新也只是空谈。

（3）组织惯例更新有助于企业构建动态能力和技术创新能力。组织惯例更新与动态能力和技术创新能力之间路径研究为管理者通过组织惯例更新构建动态能力和技术创新能力提供了借鉴意义。通过本书研究发现，组织惯例更新能够带来组织动态能力的提升，进而影响组织技术创新能力，动态能力在组织惯例更新和技术创新能力之间起着部分中介效应。动态能力能够为企业带来更强的环境适应性和内外部资源整合能力，这有利于企业采用新技术和新产品研发和推广，进而提升企业技术创新能力，这也为研究技术创新能力提供了新视角。因此，管理者在通过组织惯例更新提升技术创新能力进程中需要更加关注企业动态能力建设。

（4）技术创新能力在动态能力与组织绩效之间的中介效应具有管理实践意义。在以往关于动态能力与组织绩效的研究中，企业动态能力是否必然带来组织绩效提升并没有达成共识。本书发现一个重要的中介变量——技术创新能力，当企业具备技术创新能力时，动态能力就能通过技术创新能力提升组织绩效。因此，在管理实践中要求管理者构建企业动态能力的同时，也培育企业技术创新能力，只有这样，动态能力才能为企业带来组织绩效的提升。

1.2 组织惯例更新研究内容及思路

1.2.1 组织惯例更新研究内容

结合本书研究的问题,可以确定四个研究内容:组织惯例内在结构、组织惯例更新的影响因素研究、组织惯例更新的效能研究、组织惯例更新的效能与组织绩效关系研究。具体来讲,本书共分为七个章节:

第1章是绪论。主要介绍本书的研究背景和研究意义,本书的国内外研究现状,本书的研究思路方法以及研究创新点。

第2章是相关理论及文献评述。在对组织惯例更新进行界定以后,本书分别对组织惯例内在结构、变革型领导行为、组织学习倾向、动态能力、技术创新能力和组织绩效文献进行梳理和归纳,同时分析其研究中的不足之处以及本书的关注点,为本书奠定理论基础。

第3章是组织惯例更新的影响因素及效能研究模型。在第2章的基础上构建了本书关于组织惯例更新的影响因素及效能研究理论模型,并根据文献研究厘清变革型领导行为、组织学习倾向、组织惯例更新、动态能力、技术创新能力和组织绩效之间的理论关系,为本书的理论假设提供理论支持。

第4章是研究方法及程序。主要是针对模型和研究假设实证研究进行数据收集。首先进行变量测量、数据收集。变革型领导行为、组织学习倾向、动态能力、技术创新能力和组织绩效已有比较成熟的量表,组织惯例更新测量进行问卷开发和预调研;其次进行数据收集,并对收集的数据进行描述性统计分析;最后进行探索性因子分析和验证性因子分析,为研究的顺利进行提供科学的数据支持。

第5章是实证结果分析。本章主要是通过AMOS软件和SPSS统计软件进行数据处理,并结合数据处理结果对模型拟合指标进行指标验证和假设检验,并针对假设检验结果进行讨论和分析。

第6章是组织惯例更新的影响因素及效能案例分析。本书结合组织惯例更新研究成果，对诺基亚手机和苹果手机近十年来组织惯例更新进程进行对比分析，探讨了组织惯例更新对动态能力和技术创新能力的影响，为组织惯例更新实证研究提供案例支持。

第7章是基本结论。一方面对本书研究内容进行总结；另一方面对本书未来研究方向进行展望，并提出本书的不足之处。

1.2.2 组织惯例更新研究思路

针对影响组织惯例更新的影响因素以及组织惯例更新能够为组织带来什么样的效能问题，首先，本书进行了组织惯例文献研究梳理，探讨了组织惯例更新的影响因素，以及组织惯例更新的效能。通过文献研究发现变革型领导行为和组织学习倾向是影响组织惯例更新的两个主要因素，而组织惯例更新能够为企业带来动态能力和技术创新能力的提升。为此，本书对组织惯例文献研究进行梳理和归纳，将组织惯例研究分为静态研究和动态研究，为组织惯例更新研究提供了理论支持；其次，为了保证组织惯例更新研究能够实现理论和实践结合，本书进行了有效访谈，设计和开发了组织惯例更新量表，为进行组织惯例更新研究提供了帮助和支持。再次，本书构建了组织惯例更新的影响因素及效能研究模型，并结合文献研究和相关关系进行假设，针对以上研究问题进行数据实证分析，并通过AMOS软件和SPSS统计软件进行假设验证，为理论模型研究提供数据实证支持。又次，为了进一步充实实证研究成果，进行案例分析研究。结合诺基亚手机和苹果手机近十年来的数据分析两家公司在组织惯例更新进程中的影响因素以及组织惯例更新进程差异导致的竞争力差异分析，对实证研究进行案例补充。最后，结合研究成果讨论了组织惯例更新的影响因素及效能研究成果，并对未来研究方向进行展望，分析研究中存在的局限性和不足。

本书具体研究思路如下：

（1）通过对组织惯例文献研究进行梳理和归纳，为组织惯例更新研究提供理论支持，并结合研究问题构建组织惯例更新的影响因素及效能研究模型。

（2）结合组织惯例更新的影响因素及效能研究模型，进行组织惯例、变革型领导行为、组织学习倾向、动态能力、技术创新能力和组织绩效文献研究，为本书研究模型和研究假设提供理论支持。

（3）研究设计。变革型领导行为、组织学习倾向、动态能力、技术创新能力和组织绩效变量测量依据现有研究成果，采用比较成熟的测量量表，组织惯例更新量表则是本书设计和开发的。首先要进行理论分析和有效访谈，其次是进行问卷开发预测量，最后进行问卷的发放和收集。

（4）数据分析。运用 AMOS 软件和 SPSS 统计软件对数据进行处理，进行探索性因子分析、验证性因子分析、结构方程模型拟合、中介变量效应检验等，根据数据分析结果对研究假设和模型进行数据验证和假设检验。

（5）组织惯例更新的影响因素及效能案例分析。结合实证数据结果和本书研究结论，进行实证研究成果补充，选择诺基亚手机和苹果手机进行案例分析，分析两者组织惯例更新进程对企业竞争力和组织绩效的影响，为本书提供案例支持。

（6）结论。对本书研究模型和假设检验结果进行讨论，揭示本书的理论意义和实践意义以及研究未来展望和研究中存在的不足之处。

1.3 本书研究方法及技术路线

本节主要探讨组织惯例更新的影响因素及效能研究的主要研究方法和技术路线。组织惯例由于其惰性和稳定性，很难主动去寻求变革，就会成为组织发展进程中的阻力。因此，如何对组织惯例进行有效管理，实现组织惯例与环境和组织发展动态相匹配，进行组织惯例更新就成为本书的重点。

1.3.1 本书研究方法

基于以上研究问题和研究思路，为了完成本书的相关研究，需要运用多种研究方法、从多个角度进行研究。需要结合组织行为理论、能力理论、战略理论等文献研究，进行有效梳理和整合。因此，本书采用了理论研究和实证研究相结合、文献研究和访谈调研相结合、定性研究和定量分析相结合、实证研究和案例研究相结合的方法。具体来讲，本书运用了以下研究方法：

（1）文献研究归纳总结。本书主要研究对象是组织惯例更新，而关于组织惯例更新的研究还比较少，以往文献研究主要集中于组织惯例单周期研究。因此，本书首先通过文献梳理和归纳，从组织惯例变革性和组织惯例"搜寻"、"变异"、"选择"入手，进行了组织惯例跨周期研究，即组织惯例更新，同时根据文献研究归纳，阐述了组织惯例内在结构；其次探讨了影响组织惯例更新的影响因素以及组织惯例更新为企业带来的效能；最后探讨了组织惯例更新的效能对提升组织绩效的影响，这也为本书研究模型的构建提供了理论研究支持。

（2）通过访谈、问卷调查和统计分析进行实证研究。为了保证有针对性和实践价值，本书对组织惯例更新进行了问卷设计和开发，并进行了深入访谈和调研，并且为了保证问卷的有效性进行了预测量。变革型领导行为、组织学习倾向、动态能力、技术创新能力和组织绩效变量测量均采用已有的成熟量表进行测量。在数据收集方面，本书的数据一部分是通过上海财经大学、复旦大学和新疆财经大学 MBA 学员和 EMBA 学员获得，另一部分问卷来自日照高新技术开发区企业。为了保证问卷质量，问卷收集过程由专人负责，一家企业只收集一份问卷；在数据分析方面，本书采用了结构方程和模型（AMOS）、多层线性回归分析（SPSS）的方法来验证模型假设和拟合度以及变量的中介效应。

（3）通过案例研究进行实证结果补充。管理本身就是艺术性和科学性的统一，因此案例研究也始终是管理学研究领域重要的研究方法之一。本书采用案例对比分析方法，结合诺基亚手机和苹果手机近十年来的财务数据指标，对比分析了两家手机公司在组织惯例更新进程中的差异，从而分析出两家公司竞争能力和盈利能力不同的原因。通过案例研究一方面能够给管理者以启示，组织惯例需要进行有效管理，否则就会成为企业发展进程中的障碍；另一方面也验证了本书中的理论模型的实践意义，进一步丰富和补充了实证研究成果。

1.3.2 本书技术路线

本书研究技术路线如图 1.1 所示。

1 绪 论

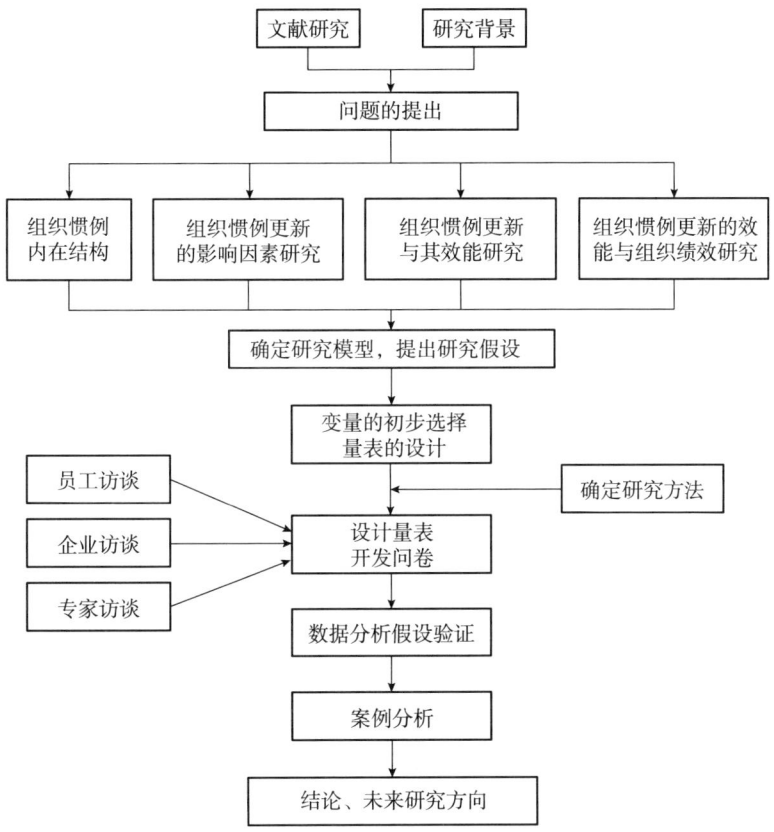

图 1.1 本书的研究技术路线图

1.4 本书创新点

本书通过对组织惯例文献研究的梳理，将组织惯例研究分为组织惯例静态研究和组织惯例动态研究两类，而组织惯例动态研究则是目前组织惯例研究的热点所在。因此，本书通过从组织惯例更新角度来研究组织惯例从一个周期向下一个周期转换过程中，组织惯例更新为企业带来的效能提升以及影响组织惯例更新的影响因素。本书的创新之处主要表现在以下四个方面：

13

一是组织惯例跨周期研究。以往关于组织惯例的文献研究集中于组织惯例单周期研究，即组织惯例内在结构、影响因素、特征及组织惯例变革性和稳定性研究。本书主要从组织惯例从一个周期向下一个周期转换过程中带来组织效能变化的角度来研究组织惯例，丰富了组织惯例研究的视角和研究内容。

二是组织惯例更新量表开发。组织惯例在研究中如何进行有效度量一直是组织惯例研究的难点，这也限制了组织惯例研究在实证以及案例研究中的应用。但是已有不少学者开始进行组织惯例量表开发研究，并取得了一定成果。本书在以往研究的基础之上，设计和开发了组织惯例更新量表，并在研究中进行了数据验证，具有良好的信度和效度，为今后组织惯例更新研究提供了帮助。

三是组织惯例更新的影响因素及效能研究。本书主要从三个方面来研究组织惯例更新。首先是影响组织惯例更新的主要因素。组织惯例本身具有稳定性特征，在没有外力推动的情况下很难实现组织惯例更新。因此，本书通过对组织惯例内在结构研究，发现了变革型领导和组织学习倾向是影响组织惯例更新的两个有效因素，并探讨了变革型领导、组织学习倾向与组织惯例更新的影响机制。其次是组织惯例更新与效能之间的影响机制，即组织惯例更新与动态能力和技术创新能力之间的影响机制。最后是组织惯例更新的效能与组织绩效提升之间的影响机制。以上研究丰富了组织惯例研究成果，为组织惯例研究提供了实证支持。

四是组织惯例更新的实证及案例研究。以往关于组织惯例的研究主要是理论和案例研究，实证研究较少，本书通过对组织惯例更新量表的设计和开发，对组织惯例更新的影响因素及其效能进行了实证研究，取得了一定的研究成果；并通过诺基亚手机和苹果手机两家公司组织惯例更新的进程进行对比研究，验证本书研究模型及研究假设，丰富了组织惯例更新的研究成果。

2 相关理论及文献评述

本章主要是对组织惯例更新的影响因素及效能研究的相关理论和文献进行综述研究，为构建组织惯例更新的影响因素及效能研究模型提供理论及文献支持。主要包括组织惯例理论文献综述研究、变革型领导行为文献综述研究、动态能力文献综述研究以及技术创新能力文献综述研究。

2.1 组织惯例理论文献综述

2.1.1 组织惯例理论文献研究

关于惯例的研究最早要追溯到 Simon 和 March（1958）的《组织》一书，他们首次提出用组织惯例的概念来研究组织，随后惯例研究也吸引了组织理论、认知社会学、计算机模拟、人工智能等研究领域的学者们。Polany's（1962）对缄默知识和显性知识的有效区分，推动了组织惯例研究的进一步发展。而 Nelson 和 Winter 关于惯例的概念也是在 Polany's 的基础上发展起来的。Nelson 和 Winter（1982）在 *An Evolutionary Theory of Economic Change* 一书中指出，惯例是演化经济学理论的核心概念，是组织的基因，它构成了演化理论的遗传因素，成为研究组织和经济变迁的分析单元，这一观点在经济研究中引起了对惯例的重视。随后的研究更是极大地推动了惯例理论的发展。惯例能强有力地解释组织能力和组织演化的观点被广泛接受，通过遗传原理它也成为解释企业实践和行为多样性的新方法，构成演化经济理论和管理学的重要组成部分。许多实证研究表明，惯例与组织结构、技术、创新、社会化以及决策制定都有关系。

Nelson 和 Winter（1982）界定惯例为企业所有的规则和可预见的行为模式的总称。他们强调了惯例的两个主要维度：认知（Cognitive）维度和动机（Motivational）维度。认知维度包含了组织基础知识，构成组织记忆（Organizational Memory）；动机维度控制了组织内的冲突，凸显惯例是一种"休战"（Truce）协定。他们认为惯例是组织的技能（Skills），惯例是目标（Target），惯例在组织内外都发挥着协调的作用。当惯例平稳运行时，它承担着标准和目标的作用，管理者在处理实际的、紧急的情况时就会试图按照惯例行事。因此，惯例可以被认为是"为什么要这样做"（动力驱使）和"怎样做"（认知和协调）这两大问题的浓缩。

Baum 和 Singh（1994）从生态学角度将惯例归为"在连续的复制过程中较完整地传递信息"以及"组织中的产品、技能和知识的保持、传递和延续"的系统实体，它受到组织环境中诸多因素的影响。

Cohen（1996）提出的"惯例"定义与 Nelson 和 Winter 的"惯例"目标有相似之处，他们认为惯例是可执行的能力，它在某种情况下是组织为应对选择压力而学会的重复的行为。

Feldman 和 Pentland（2003）把惯例描述为几个人之间重复的、可识别的、相互依赖的行为模式。Feldman（2003）认为惯例由两部分构成，在事实例证方面，惯例是抽象观念，由什么组成和用来做什么；在表述行为方面，惯例指特定的人在特定的时间和特定的地点的真实惯例行为。Becker（2004）回顾了惯例概念在历史演变的基础上，提出惯例可以解释为一种启蒙（Heuristics）功能。

Nelson 和 Winter（1982）引入惯例的概念来研究组织和经济的变迁，但目前为止，对于惯例是什么和惯例如何影响组织还没有一致的观点。文献中关于惯例存在着许多模糊不清和不一致的研究（Cohen 和 Bacdayan，1994；Reynaud，1998；Avery，1996；Jones 和 Craven，2001）。这些研究造成了理解"惯例是什么"和"惯例如何影响组织"的困难，同时也减弱了惯例的解释力和阻碍了将惯例研究框架应用于组织和经济变迁研究的进展。特别是 Becker（2003、2008），Brian T. Pentland、Thorvald Haerem、Derek Hillison（2011），B. T. Pentland、P. Liu、M.

S. Feldman（2009）等的研究有力地推动了组织惯例理论的应用和发展。

2.1.1.1 组织惯例的特征

（1）组织惯例是一种模式。Becker（2001）提出"模式"这个观点很好地体现了惯例这个概念所代表的本质。1964年，Winter（1964）定义惯例是：随着环境的变化而变化的一种重复的行为模式。同时，哲学家Arthur Koestler（1967）认为惯例是当面对不同的选择时的一种柔性模式。关于惯例是一种模式的观点在以下研究中也曾经出现过（Nelson和Winter，1982；Heiner，1983；Grant，1996）。如果惯例是一种模式的话，那么这些模式是由什么组成的呢？通过文献的研究发现，用四种不同的形式来解释模式的内涵：即行动、活动、行为、相互影响，而这四种形式的差异也就是惯例概念不清晰的一个来源。在一些经济和管理的文献中，"行动"、"活动"的差异是最小的，两者基本上就是一个概念；而关于"行动"、"行为"的差异在经济和管理文献中就比较普遍，"行为"是一系列的行动，是一种被关注的行动，是针对某种刺激的一种反应；"相互作用"是涉及多人参与的一系列的"行动"，因此，"相互作用"很明显就可以从个体层面和集体层面区别开来。而关于"相互作用"在两个层面上的研究经常出现在最近的惯例文献研究中。

区分这些形式有利于我们理解惯例的概念，减少概念上的一些模糊不清的认识；同时，对惯例研究的回顾也可以帮助我们澄清概念上的认识。从惯例的研究过程来看，惯例的形式就是一种"重复的相互作用的模式"，特别是指一种在集体层面上的"重复的行为模式"。而在个体层面上的"重复的行为模式"就是"习惯"（Hodgson，1993b）。同时也有很多的文献研究认为惯例是一种相互作用的行为模式（Cohen和Bacdayan，1994；Pentland和Ruter，1994；Zellmer-Bruhn，1999、2003；Burns，2000；Costello，2000）。

惯例也可以理解为一种认知模式（Simon，1947；March和Simon，1958；Cyert和March，1963；Cohen，1991；Delmestri，1998）。我们也可以以这样的规则来理解惯例，例如，"如果……，那么……"。在现实的管理中，有很多种形式满足这样的规则，例如，标准操作程序（Cyert和March，1963）、计划和安排（Simon，1956、1967、1977）。

行为模式和认知是两个不一样的概念，认知和行动在本质上处于两个不同的水平上，因此，当和惯例联系起来时，区分两者是非常重要的内容（Cohen 等，1996；Becker，2004）。当研究者用到"惯例"一词时，有时指的是"认知本质"，有时指的是"行为本质"，这也就是我们研究惯例时感觉有时模糊不清的一个原因。没有区分好惯例的两个本质问题，研究的时候没有把两者有效地分离开来，造成现在的文献研究中对惯例的概念存在模糊不清的问题，这也给我们以后的研究者在研究惯例时提供了经验，首先我们要确定在哪个层次上研究惯例，其次再结合文献研究找到相应的研究，不要把惯例的两个层次放在一起，最后连自己都不能分清惯例的本质。

（2）组织惯例具有重复发生的行为特征。惯例的一个主要特征就是重复发生（Winter，1990；Cohen 等，1996；Pentland，1992；Cohen 和 Bacdayan，1994；Pentland 和 Ruter，1994；Karim 和 Mitchell，2000；Betsch 等，2001）。在现实中，我们也不会把只发生过一次的行为称作组织惯例。因此，组织惯例总是表现为组织成员不断地反复执行，同时也是惯例遗传和复制能力的一种表现。

（3）组织惯例表现为集体特征。组织惯例是一种集体现象（Nelson 和 Winter，1982；Grant，1991；Hodgson，1993b；Lazaric，2000；Cohendet 和 Llerena，2003；Hodgson 和 Knudsen，2003a），它包含多个成员参与的集体行动（Feldman 和 Pentland，2003）。Nelson 和 Winter（1982）认为："在研究中，我们已经清楚地分清了两种不同层次上的现象，'技能'是个人层面的，'惯例'是组织层面的。"

认清惯例是一种集体行动的本质有利于提高我们对惯例概念的理解和认识。多个成员参与意味着执行惯例是多个人，可以在不同的场合，这也就意味着组织惯例是分散的（Simon，1992；Winter，1994；Scapens，1994；Zollo 和 Winter，2002）。惯例能够跨空间、组织分布，很多参与者在不同的地方、不同的组织单元执行惯例，他们通过交互作用相互联系，参与者所拥有的知识在执行惯例时也起到了重要的作用。有些是某些领域的专家，因而在组织成员中他们所具备的知识与其他成员的知识重叠就比较少，因此，从某种程度上说，知识在执行惯例时存在"知识扩散"（Zollo 和 Winter，2002）。"知识扩散"也带来了不确定性，组织中的成员很难全面综览组织的全部知识，也不知道哪种知识会带来什么样的结果。Cohendet 和 Llerena（2003）在更深层次上发现了惯例集体特征的另一个方面。惯例的参与成员可以形成不同的团体。一方面，他们作为一个功能性团体，依靠组织等级形式或者一致性来分享专业训练的知识；另一方面，他们作为一个知识团体或者实践团体，依靠对某种产品的知识和共同的兴趣组织而成。更重要的是，当惯例形成时，这些团体提供了不同的特殊背景知识，使得惯例很难被模仿、流动和搜寻（Cohendet 和 Llerena，2003）。

许多的实证研究表明惯例是一种集体现象（Weick，1990、1993；Jones 和 Craven，2001；Edmondson 等，2001）。Weick（1990）通过对飞机失事的历史文件分析，认为当惯例参与者的个体行为强于集体行为时，惯例就会被破坏。这个发现对理解惯例中个体行为和组织现象的关系具有重要意义。为了使组织惯例不被打破，就需要保持一种个人习惯和组织惯例的平衡。

（4）组织惯例是无意识的或有意识的执行行为。另一个关于惯例的不同观点就是，惯例是一种无意识的行为（Ashforth 和 Fried，1998）还是一种有意识的行为（Pentland 和 Rueter，1994）。支持第一种观点的研究者认为，个体在遵循惯例的过程中并没有关注惯例，也没有从无意识的状态下获得更多的认知行为（Weis 和 Ilgen，1985；Cohen，1991；Lazaric，2000），从一定程度上讲，惯例是在一种无意识的状态下被执行的。支持第二种观点的研究者认为，组织惯例不是无意识的，而是一种有意识的"努力实现"（Pentland 和 Rueter，1994；Pentland，1995；Costells，2000；Feldman，2000、2003；Feldman 和 Pentland，2003）。这两种观点的分歧从文献研究中也可以发现，第一种观点主要是理论方面的文献研究，第二种观点主要是实证方面的研究。

Feldman 和 Pentland（2003）认为从两个方面来解决这两种观点的矛盾。一方面，称之为"事实为证"（Ostensive Aspect），例如招聘惯例、库存控制等，我们用"事实为证"来解释这些工作的完成；另一方面，在一个组织中组织成员依据招聘惯例参与招聘活动的行动，我们称之为"行动有关的方面"（Performative Aspect）。这两个方面是不一样的，"事实为证"并不能包含某一次具体的行为，因为有很多细节需要惯例来执行；"行动有关的方面"很容易被忽视，导致我们忽略关键成员的作用。

（5）组织惯例是一个过程。用惯例概念来解释组织和经济的变迁具有重要的意义，但是组织和经济的变迁本身就是一个过程，因此，过程本身也就是惯例的一个属性。

惯例占据了结构和行动，惯例作为目标和组织作为过程之间的主要联系（Pentland 和 Rueter，1994）。这也就是为什么说惯例为我们研究根本性的变迁提供了视角，使我们能关注变迁的细节。由于惯例表现为一定程度的稳定性，这也就为发现创新提供了条件。惯例可以使研究者通过研究惯例本身重要的变迁来勾勒整个组织的变迁过程。在这方面也有很多的实证研究，比如运用惯例分析组织变迁（Miner，1991；Feldman，2000、2003）、研究的方法（Pentland，2003a、2003b）。

为了理解惯例对解释组织和经济变迁的潜在作用，研究者必须把惯例的过程属性牢记于心。一方面，当我们从语言学的角度提到惯例时，必须避免任何具体化的惯例；另一方面，我们运用更丰富的词汇来描述惯例的过程属性也是很重要的，已有的文献研究从以下几个方面描述惯例的过程属性：惯例的衰退速度（如何保持惯例）（Cohen，1991；Hannan 和 Freeman，1989）；执行惯例、改变惯例内容、转换的速度（Cohen，1991）；反应速度（Cohen 和 Bacdayan，1994；March，1994a）；重复的频率和影响的时间点；一种惯例向另一种惯例转换的频率；行动持续的时间；环境变化的速度；等等。

惯例的过程属性也是关于惯例实证研究成果比较丰富的领域，案例研究、实证研究、模拟研究等认为惯例具有以下属性：发生时间（Narduzzo 等，2000）；衰退（Weick，1990；Cohen 和 Bacdayan，1994）；反应时间（Narduzzo 等，2000）；时滞（Narduzzo 等，2000）；获得需要的时间（Weick，1990）；重复的频率（Weick，1990；Narduzzo 等，2000）；为了保持惯例需要的维持（Sherer 等，1998）；等等。在这些属性中，重复的频率是比较重要的属性，毕竟惯例需要不断重复的发生；另一个属性是关于频率的规律，或者说是惯例的中断。通过对三家美国的制药和医疗产品公司的大量访谈，Zellmer-Bruhn（1999、2003）认为，当公司的惯例经常被中断时，团队会从外部寻找或者适应新的惯例而不是从内部。我们探讨第三个过程属性——时间压力。如果时间压力增加，团队以前获得的知识对于团队的选择具有重要影响，有时甚至忽略新的信息（Betsh 等，1999）；同时研究也发现，时间压力的增加不仅会诱发团队求助于原有的惯例，也会使它们更加偏好于原有的惯例。

(6) 组织惯例的嵌入性、特殊性和情境依赖性特征。惯例嵌入在组织和结构中，并且惯例对于一定的组织情境来说具有特殊性（Teece 和 Pisano，1994；Cohen 等，1996；Cohendet 和 Llerena，2003）。情境关系源于惯例和情境的互补性。"辅助行为"（Scaffolded Action）（Clark，1997）、"情境行为"（Situated Action）（Suchman，1987）解释了行为是如何依赖于外部支持的。外部的架构帮助控制、提升和协调团队内的个体行为，这种观点与当情境不同时一般的规则和程序在跨情境转移时不完整的观点是一致的。结果，把一般性的规则运用到特殊的情境时总会不够详细和遗失一部分（Reynaud，1998）。完善一般规则还需要一定的解释和判断技能，例如，知道什么时候执行什么样的惯例（Nelson 和 Winter，1982），而且情境关系导致惯例在复制能力、惯性程度和搜寻潜力方面有很大的不同（Cohendet 和 Llerena，2003）。

关于惯例的特殊性已有大量的文献进行了研究：历史特殊性（Barney，1991；Reynaud，1996；Hodgson，2001）；地域特殊性（Simon，1976）；关系特殊性（Dyer 和 Singh，1998）。惯例转移到其他的情境中会受到限制是惯例特殊性的一个重要体现，当我们将惯例的原始情境移开时，惯例也就没有什么意义了（Elam，1993），而且生产能力也会下降（Grant，1991）。问题随着转移的开始而出现，因为它们不确定对于惯例而言什么是必要的，什么又是非必要的（Nelson，1994；Winter 和 Szulanski，2001a、2001b；Szulanski 和 Winter，2002）。因为惯例可能不适应新的情境（Madhok，1997）；或者因为转移惯例中的缄默知识而增加了复制惯例的难度（Grant，1991；Langlois 和 Robertson，1995；Nonaka 和 Takeuchi，1995）。惯例在不同情境中转移受到限制的原因在于没有一个通用的、最好的实践方法存在，只有依据一定的情境的、相对较好的解决方法。通过以上讨论我们得到一个启示，在公司内部提升和转移惯例时，至少在一定程度上要提供一个和惯例原始环境相似的环境因素。

(7) 组织惯例路径依赖性特征。在现有文献研究中，研究者承认惯例的变化具有路径依赖性（David，1997），并且是随着历史而形成的（Nelson 和 Winter，1982；Teece 等，1997；Amit 和 Belcourt，1999）。惯例是过去形成的，惯例的发展又受到惯例刚开始形成时的环境的影响（Dosi 等，1992），惯例根据它以前的状态来对结果进行反馈,以适应不断增加的经验。

惯例路径依赖性的实证研究也增加了我们对惯例路径依赖性发展的影响。例如,一个包含重复做决策的实验表明,随着可得到信息的逐渐增加,由于参与者做决策时考虑到以前的经验,决策的路径依赖性更加明显(Betsh等,2001)。在一个移动网络建立的案例中,Narduzzo等(2000)指出路径依赖发展的一个例证:一旦惯例的地方异质性被构建,同样的实践活动将很难产生。最后,Feldman(2000、2003)通过对大学的住房组织惯例的研究表明,变化是惯例本身的一个重要属性,而且变化也是惯例内生的,因为无论惯例什么时候重复出现,每一个参与者都会以不同的方式影响着惯例的某些方面,更重要的是,正是这些不断增加的变化使得惯例也在不断地变化,这也就解释了为什么惯例的发展具有路径依赖性。

(8)组织惯例的稳定性和变革性特征。大部分的惯例理论都认为惯例是稳定不变的(March和Simon,1958;Cyert和March,1963;Nelson和Winter,1982),这些理论都是建立在把惯例看作个人习惯(Simon,1945)、计算机程序(March和Simon,1958;Cyert和March,1963)或者基因(Nelson和Winter,1982)的概念基础上的。对组织惯例稳定(或是缺乏改变)的传统解释认为组织参与者并不思考他们在干什么,而只是重复那些过去的行为。最近的实证研究表明组织惯例的稳定性的部分原因是它们以分散式的程序记忆储存(Cohen和Bacdayan,1994)。

尽管惯例被认为是与稳定和标准联系在一起的,但一些学者也指出它与组织适应(Feldman和Rafaeli,2002)、突变(Nelson和Winter,1982)、演变(Baum和Singh,1994)、创新(Miner,1990)、弹性(Pentland和Rueter,1994)和学习(Cohen和Bacdayan,1994;Feldman,2000)之间的关系。Cyert和March(1963)提出惯例的适应就隐含了惯例变化。Narduzzo等(2000)认为在组织早期建立阶段的紧要关头或不确定区域(Areas of Ambiguity),组织惯例的改变会表现得尤其明显。Feldman(2003)在一所州立大学的学生住房部研究中发现,他所研究的惯例中大部分都在经历实质性的变革。大量研究认为,组织惯例变化是由环境压力所致,或者是由尝试提高效率和增加适应性的管理所致,这种观点意味着变化是由外部因素引起的。近期的研究则强调组织惯例天生就能产生内在变化,例如

Feldman 和 Pentland（2003）认为，传统的组织惯例观点不能全面地解释组织惯例的由来，而且对代理（Agent）的作用不予重视，进而忽视了惯例的内在变化因素。

近年来，一些学者从演化的角度来解释稳定和变革，认为稳定的发生是因为现行的惯例被保持及复制，变革则被理解为突变、不完全的复制或者变异的导入。国内学者芮明杰等从惯例变异的角度分析了企业战略变革的过程。

2.1.1.2 组织惯例的效能

（1）组织惯例有利于组织协调与控制。惯例具有协调组织内部活动的作用。在组织内部，组织必需的、具有重复功能的协调活动成为惯例的一部分（Gersick 和 Hackman，1990；Coriat，1995；Dosi 等，2000）。惯例具有协调能力的原因有以下几个方面：拥有支持更高水平一致性的能力（Grant，1996）；给一系列的实践活动提供共同的规则、一致性（Bourdieu，1992）；使许多同时进行的活动相互保持一致（March 和 Olsen，1998）；依据自己的决定为每一个参与者提供其他成员行为习惯的知识（Simon，1947）；对一些项目提供操作指南；建立一种"休战"协定（Nelson 和 Witer，1982）。研究者声称惯例作为一种协调配置，会比合同更加有效率，因此，在比较成熟、稳定的关系中，惯例可以作为合同的替代物（Langlois 和 Robertson，1995）。

一些实证研究的成果清楚地阐明了惯例的协调作用。一个对大部分瑞典投资公司手稿样本的研究表明，标准化的惯例更容易通过控制施加影响，一个可能的解释是，相较于非惯例化行为，惯例越标准越容易监控和估量；惯例越标准越容易比较；惯例也就越容易控制（C. F. Langlois，1992）。Knott 和 Mckelvey 针对美国快印行业做的剩余索取权和惯例的比较实证研究表明，惯例对于协调的作用要比剩余索取权对于协调的作用更有效，这与一直宣扬剩余索取权为解决监督问题的最有效方法的主流理论是相反的。Gittell（2002）分析了惯例协调机制的执行效果（跨部门合作和团队会议等协调机制），研究结果表明执行的效果受到关系协调的调节作用：参与者之间的相互关系的提升，对执行效果具有积极作用。

（2）组织惯例有利于建立组织内部"休战"协定。根据 Nelson 和 Winter（1982）的观点，组织行为有两个不同的方面：认知方面和控制方面（Coriat 和

Dosi，1998)。Nelson 和 Winter 特别强调了控制方面，并指出了组织中的成员对彼此间的行为很少感到惊讶的现实。那么究竟是一种什么样的机制在组织内部存在呢？一种可能是组织内的成员没有任何利益的分歧，所以也很少会产生组织内部的矛盾；另一种可能就是组织内部存在一种内部控制机制制约着组织成员的行为。Nelson 和 Winter 没有讨论认知方面的影响，并不代表他们认为仅仅用控制方面的因素就能解释组织的稳定状态。虽然"强化规则"在组织操作惯例中起着关键性的作用，但它的作用毕竟还是有限的（Nelson 和 Winter，1982)。组织惯例之所以能够稳定地运行，就在于组织内部命令的发布者和执行者之间建立了一种隐含的"休战"协定。Barnard（1938）的"两可地带"（Zone of Indifference）的观点很好地解释了这种现象：在这个地带中，对下达命令者的权威性没有任何自觉怀疑的情况下，命令就被接受了。Nelson 和 Winter 也同意这种观点，他们认为：日常工作（惯例）做好了，批评与表扬就以平常的频率传递着，在人际关系方面就没有变化冲突的必要，于是就存在着一致性。这种"休战"不仅存在于工人和管理人员之间、经理之间，也存在于经理与股东之间。

惯例的认知和控制两个方面是不可分离的，并且两者又有不同的逻辑结构和演化路径（Coriat 和 Dosi，1998；Mangolte，1997a、1997b、2000)。"休战"观点不仅使组织变迁研究变得更加实际，而且也丰富了组织变迁的理论研究。我们运用"休战"观点来解释有惯例行为的社会关系建立的时期及其和持续的时间。Lazaric 和 Mangolte（1998）认为把惯例理解成一种"休战"可以更好地理解和认识内部控制，特别是惯例稳定运行背后的动机和安排。当然并不是说动机和控制是解释惯例持续运行的唯一原因，在"两可地带"惯例也能持续地运用，因为每个成员都认为那是理所当然的事情。

（3）组织惯例有利于组织认知资源的有效利用。认知资源是有限的，这意味着并不是所有的选择以及选择后的结果都可以被认知（March 和 Simon，1958)。组织也不能在有限的资源条件下同时实现所有的目标，组织的注意力总是有选择地被分配（Cyert 和 March，1963；March，1988)。惯例可以有效地利用组织成员间有限的信息处理能力和决策能力，通过对有限的信息处理和决策能力的保存，增加惯例对组织认知资源分配的能力（March 和 Shapira，1987)。为了更好地利用有限的能力，组织惯例的注意力总是关注那些非惯例化的事件而半意识化处理程序化事件,因为半意识化处理的程序化事件需要较少的认知资源,并且惯例也会依据经验知道组织成员会有选择地分配认知资源,这个程序可以提高非惯例化事件的效率和合理性。一项对美国医院的调查研究进一步解释了惯例如何允许个人节约脑力劳动,并因此保存了信息处理和决策的能力。

(4)组织惯例有利于减少不确定性。在决策过程中,不确定性会引发很多问题。在应对不确定性时,我们一般的准则是增加决策时的信息量,提高对每一种可能发生的结果的预算概率和精确性。然而,在增加信息的情况下,结果发生的可能性仍然是未知的,而且增加信息量的同时也增加了不确定性,反而无助于结果的评估。

在不确定性充斥的环境下,惯例在指导成员采取正确的行动方面具有重要的贡献(Fransmann,1998;Scapens,1994)。Heiner(1983)清楚地描述了不确定性和行为规则的联系:"极大的不确定性将导致规则所支配的行为增加,不确定性成为可预知行为增加的根源。"规则的增加即是惯例的形成,惯例通过规则成为一种减少不确定性的战略。惯例帮助决策者处理不确定性源于两个方面:第一是通过确定相应的参数,增加企业的预见性;第二是释放有限的认知资源(Hodgson,1988;North,1990;Baumol,2002)。第一种机制可以在多个层次上起作用,在社会层次上通过法律、标准等实现对社会成员行为一定程度的预见性,在企业层次上通过流程操作标准、一些非正式团体的标准和规则来形成对团队成员行为的预见性。

一些实证研究认为,甚至在一些大型的组织中,惯例也可以帮助组织成员处理不确定性。一个关于墨西哥和洛杉矶地震后恢复过程的深度研究认为:惯例是非常必要的,因为离开了惯例,政策的形成和制定就会迷失在一大堆乱七八糟的细节和不确定性当中(Inam,1999)。一项对于丹麦六个行业的企业调查研究验证了关于惯例减少不确定性的一系列假设(Becker 和 Knudsen,2004)。

(5)组织惯例有利于组织稳定性。在一定范围内,惯例总是很少有变化地重复发生,保持了事物一定的稳定性(Coombs 和 Metcalfe,2000;Amit 和 Belcourt,1999)。关于惯例为什么能够保持事物稳定性有两种不同的争论。卡耐基学派认为,只要惯例可以给人们提供满意的结果,人们就不会有意识地去寻求解决问题的其他办法(March 和 Simen,1958;Cyert 和 March,1963)。另一种说法是成本理论，认为一旦处理一项任务的模式发生了改变，那么成本也会发生改变（Nelson，1994）。

稳定性在组织中发挥着重要的作用，它为组织提供了一个评估、比较和分析变化的基准（Shapira，1994；Tyret 和 Orlikowski，1996）。没有了这个基准，想要从变化中得出结论也就不可能了。因此，惯例所具有的保持稳定性的作用对于学习来讲就显得非常重要。另外，稳定性也有利于我们进行预测，有助于协调（Cyert 和 March，1963；Nelson 和 Winter，1983；Inkpen 和 Crossan，1995）。

有时，惯例的稳定性作用也会发生"病变"。例如，产生消极行为的惯例仍然会被坚持。同时，惯例的稳定性也会产生惰性，产生惰性的原因并不是反馈机制的缺失，而是惯例忽视了反馈（Heiner，1983；Rumelt，1995；Hirshleifer 和 Welch，1998）。

稳定性的一些重要的实证研究主要是关于内生性惯例是如何变化的。大量的案例研究，例如，海洋航行（Hutchins，1991、1995）、呼叫中心和图书馆（Pentland 和 Rueter，1994）、高科技公司（Costello，1996、2000）、住宅机构（Feldman，2000、2003）等，发现惯例并不是惰性的，而是经常会变化的。Feldman（2000、2003）对住宅机构的研究强调了惯例具有很大的潜在求变性，因此，惯例在保持组织稳定性和变化性方面具有重要作用，在组织柔性方面也起着重要的作用。如前文所述，变化是惯例的基本特征，并不是异常或例外现象。惯例能够保持组织稳定性只是一种相对解释，惯例也会发生渐进变化，进而适应新环境。

（6）组织惯例有利于组织知识存储。惯例可以储存知识。Nelson 和 Winter（1982）在《关于经济变迁的演化理论》中用了一整章的内容来解释"惯例作为组织的记忆"，他认为：作为组织的惯例化行为是储存组织特别的专门知识的重要形式。惯例作为企业储存知识的重要方式，从某种程度上讲，它是成功地解决特殊问题的方法。那么惯例和其他知识储存方式（如数据库和文件储存）最主要的区别在哪里？惯例可以储存缄默知识（Teece 和 Pisano，1994；Lazaric，2000；Knott，2003）。惯例的概念有利于我们理解组织缄默知识的储存、应用、衰退和变化。缄默知识可以被组织所掌握，也可以被个体所掌握。组织规划全体成员的行为，也包括成员个体知识在组织中的应用，于是，组织也就掌握了个体知识在组织中的应用，同时，惯例也能掌握组织所拥有的全部知识。因此，知识可能有不同的储存方式，例如，文件、数据库、照片等。然而，缄默知识却不会以上述方式储存。

一些实证研究的贡献就在于帮助我们理解储存缄默知识的惯例在程序性知识和显性知识中的作用。Cohen 和 Bacdayan（1994）认为：程序性知识的特征指那些不容易表达清楚的事情怎么做的知识，包括认知行为和机械行为。对一些高科技公司的案例研究（Costello，2000）和美国自行车产业历史的分析（Dowell 和 Swaminathan，2000）等证明了惯例能够储存知识，包括缄默知识。

2.1.1.3 组织惯例内在结构

关于组织惯例的内在结构学者们进行了研究，为组织惯例的案例研究和实证研究提供了帮助。概括起来共有三种观点：

（1）Pentland 和 Ruter（1994）认为组织惯例是一种语法模式。他们以语法和造句来类比惯例，认为惯例有其规则和可采取行动的备选方案，惯例规则对组织成员各种行动的组织方式起引导作用而不是决定作用。组织成员在执行惯例时，就如同依照语法造句一样，至于组织成员按照什么样的语法结构去造句他们并没有深入解释，因此仍然不能解释组织惯例的内在结构。

（2）Feldman 和 Pentland（2003、2005）从组织惯例内生性的问题上提出了组织惯例内生发展模型，认为组织惯例包括两个部分：表述部分（Ostensive）和执行部分（Performative）。表述部分是组织惯例的观念形式，是组织惯例抽象化、一般化的概念；执行部分指在特定时间和地点由特定的成员实施组织惯例的特定行为，是组织惯例的实践部分。这两个部分对组织惯例的存在都是必不可少的。表述部分可以被编码为标准运作过程，或者作为一种行为准则而存在；执行部分则由于每一个参与者对组织惯例的理解都是建立在其角色和观点之上的，是即兴发挥的，因此即使组织惯例是由同样的人多次来执行，也会随着情景变化而调整。因此，这种观点认为组织惯例变化本质上是内生的，新组织惯例是组织惯例两个方面持续运动的结果，并认为组织惯例可以成为组织柔性和变化的来源。

（3）组织惯例可以分为三个层次，分别为行为规则、程序规则、习性层次。①组织惯例是行为规则（Wvinter，1964、1986；Gersick 和 Hackman，1990；Dosi

等，1992）。在集体层面（多人参与）作为惯例形式存在，在个人层面（单个人）作为习惯形式存在（Dosi 等，2000）。"重复发生的相互作用模式"这一专用词很恰当地解释了作为行为规则的组织惯例形式。②组织惯例是"规章、标准的操作程序"（Cohen，1991；Egidi，1996；Cyert 和 March，1963）。Feldman 和 Pentland（2003）提出了"执行"和"表述"两个专用词来区分两个不同的层次。"表述"主要指组织惯例中那些抽象的、叙述的类型，"执行"主要指特定的人在特定的时间、特定的地方的实际行为。③在组织惯例的习性层次方面，有些学者把惯例看作是"习性"来解释某些行为或想法（Hodgson，2003；Hodgson 和 Knudsen，2003、2004a、2004b），它们包括组织结构和个人习惯以及由于触发因素而产生的一些有序的行为。

2.1.1.4 组织惯例的测量研究

关于组织惯例的测量研究一直是组织惯例研究的难点，也是影响组织惯例应用于实证研究的主要难点。本书通过对已有文献中关于组织惯例测量的研究，将组织惯例测量分为三个视角：任务视角、行为视角、流程视角。

（1）任务视角。Barley 和 Knuda（2001）主要从利用组织完成某种任务的工作过程分析来解决组织惯例测量问题。Perrow（1967）特别关注了识别前例的惯例化，主要通过识别任务特征来识别组织惯例。

任务特征包括：工作复杂性，完成工作需要多少个步骤以及这些要素之间有多少种联系；工作的相互依赖性（Thompson，1967；Lynch，1974），工作过程中各个步骤之间或者要素之间的相互依赖性；时间压力，在企业领域和心理学领域的实证研究表明工作的时间压力影响任务的完成方式（Weick，1990；Betsch 等，1998、1999、2001、2004）；工作本身的不确定性，组织惯例相信其在处理不确定性决策过程中的作用（Nelson 和 Winter，1982；March 和 Simon，1958），因为惯例化行为能够帮助决策者处理不确定性和在有限时间内作出决策；代理人的流动性（Turnover of Agents），如果参与到经常性互动模式中的代理人很重要，我们就要控制代理人的流动性以减少变化的因素和对经常性互动模式持续性的负面影响（Feldman，2000）。

（2）行为视角。在已有的组织惯例研究中，可以通过四种方法实现对组织惯

2 相关理论及文献评述

例的测量：识别重复的连续事件，识别固定情景行为的规则，识别任务的种类并分析，识别经常性互动模式的内容、过程和连续事件。

识别重复的连续事件：组织惯例也可以被表达为重复的行为连续事件。因此，Cohen 和 Bacdayan（1994）应用识别重复连续事件进行组织惯例研究。但是如何来精确地确定同样的行为又是一个难题。如何来识别或者近似地识别两种行为呢？Nelson 和 Winter（1982）写道："相像"在这里是什么意思，这是一个重要的、复杂的问题。Winter 写道，这个问题提出了"重要的概念性的测量上的挑战"。对于重复性的操作，我们还需要测量反复发生的相似性，测量两种行为的相似程度。工艺匹配提供了一个精确的测量行为相似性的方法（Abbott 和 Hryack，1990）。

识别固定情景行为的规则：March 和 Simon（1958）提出了第二种识别经常性互动模式的方法，就是在固定的情景行为规则下定义惯例化行为，并且测试规则系统对给定环境的反应。这种方法和第一种方法的区别就在于考虑到了行为层次和认知层次的联系。为了寻求识别行为模式的原因，需要考虑参与者对规则的解释、动机、激励机制等。

识别任务的种类并分析：通过对组织中任务的种类进行识别并通过搜寻分析来测量组织惯例的方法（Perrow，1967）。

识别经常性互动模式的内容、过程和连续事件：Pentland（2003b）从关注任务单元转变到关注任务执行，从关注组织结构转变到关注过程。

在以上组织惯例的四种测量方法中，识别重复的连续事件和识别周期性相互作用模式的内容、过程和连续事件都是从反复发生这个角度来识别经常性互动模式的；识别任务的种类并分析是从识别行为的偶然发生机制的角度来识别的，但是这种识别规则不能很好地解释偶然机制是如何产生行为的；最后一种方法是从关注组织结构的角度来识别的。

（3）流程视角。Pentland（2003a、2003b）用流程多样化来测量组织惯例行动顺序的多样化。有两种测量流程多样化的方法，第一种就是直接比较行动的顺序，利用工艺串匹配技术；第二种就是比较整个随机过程的某一个特定的顺序。Perrow 将惯例分为两大类：全部的惯例（Overall Routineness）和经营的惯例（Routineness of Operations）。然后他对这些维度进行了测量：工作完成作为惯例的认知；技能和工作的匹配；重复性；完成任务的不同实例之间的相似性。Whitey 等（1983）提出了新的测量方法，测量维度包括：相似性、工作完成作为惯例的认知、重复性、轻松、不费力气。

2.1.2 组织惯例文献研究小结

通过以上组织惯例的文献研究笔者发现，虽然组织惯例是目前组织与战略领域的一个重要研究内容，但是由于组织惯例概念的模糊不清和不一致，导致组织惯例在实证研究和案例研究中的应用大打折扣。本书结合以上文献研究形成了以下三个研究内容：

2.1.2.1 组织惯例形成过程及更新

本书对组织惯例的形成过程进行阐述，详细解释组织惯例是如何形成的，探讨了组织惯例的内在结构。笔者认为组织惯例的内在结构应该包括以下四个阶段：

第一阶段，通过集体学习形成组织共识。组织共识的形成是一种集体学习的过程，也是组织惯例形成的前提条件，因为组织惯例是组织中大多数成员所共同遵循的。组织内部员工通过集体学习实现知识的分享和整合（Feldman 和 Pentland，2003），形成一种组织共识，这种组织共识以一种缄默知识或者组织记忆、组织技巧而存在，分散的存储于组织内部（Zollo 和 Winter，2002），是组织集体学习的一种成果。在这个过程中，个体学习和集体学习交互进行。组织共识增加了组织知识的存量，扩展了组织知识的边界，有利于增强组织能力（Teece 和 Pisano，1994；Lazaric，2000；Knott，2003），也为组织惯例提供了知识源泉。

第二阶段，组织共识内化为组织规范。由组织成员集体学习而形成的组织共识会成为组织内部员工处理任务或者工作的行为指导，通过组织内部员工不断、反复地利用，渐渐地，组织共识也就成为组织的规范和规则（Cyert 和 March，1963）。但在这个过程中并不是所有的组织共识都能形成组织规范，这个阶段包含了组织共识的搜寻、创新、选择过程（Nelson 和 Winter，1982）。组织成员在组织共识的指导下不断地试错和选择，只有那些有利于提高效率、优化流程的组织共识才会在最终选择中内化为组织规范（Winter，1964、1986；Gersick 和 Hackman，1990；Dosi 等，1992）。

第三阶段，组织规范指导组织行为，形成组织惯例。当组织成员反复遵照组织规范执行任务时，我们就认为新组织惯例形成了。此时，组织惯例表现为一种行为模式（Hodgson，1993b）。

第四阶段，组织惯例成为集体学习对象。由于执行组织惯例可以带来工作效率的提升和流程的优化，因此组织成员会在集体学习中不断扩散组织惯例的执行范围，成为组织成员集体学习的知识来源；同时，组织惯例是一种组织知识存储（Zollo 和 Winter，2002），因此也就成为下一轮集体学习的知识来源。

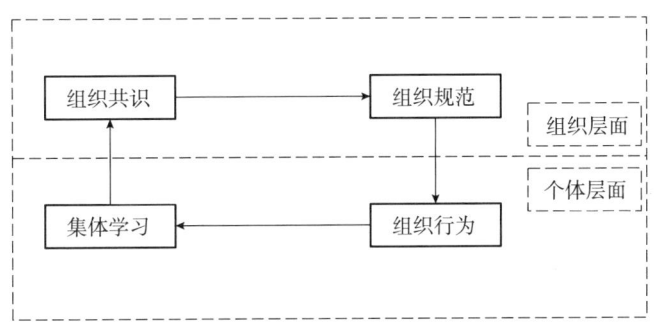

图 2.1　组织惯例形成过程

在组织惯例形成周期过程中，组织共识、组织规范、组织行为任何一部分都不能简单地称之为"组织惯例"，而只有当这个循环周期完成以后，我们才能称之为"组织惯例"，并且在这个周期中，若任何一个阶段不能实现有效转变，最终的组织惯例也就无法形成。因此，笔者认为组织惯例是组织成员执行任务时自觉执行组织规范的过程，是组织规范和组织行为的总称。在组织惯例形成过程中存在三个重要的转变。第一个转变是集体学习的成果要转变为组织共识；第二个转变是组织共识要转变为组织规范和组织规则；第三个转变是组织规范要转变为组织行为。在这三个转变过程中任何一个转变没有完成，我们都不能称之为"组织惯例"。因此，组织惯例又是一个不断更新的过程。

通过以上研究笔者发现，组织惯例形成的四个阶段为组织惯例的更新提供了理论解释。新组织惯例会在集体学习中重新形成组织共识，接受组织试错、选择机制，进入了组织惯例更新过程。因此，笔者发现以往的研究更多的是关注于组织惯例静态研究，也就是在一个周期内组织惯例的研究，而很少有关于组织惯例跨周期的研究，即组织惯例更新研究。从图2.2中我们可以发现处于T期的组织惯例是组织现存的组织惯例资源，是在第T周期形成的组织惯例存量（A、B、C、D、E），在第T周期内组织惯例效能得到有效释放，构成企业能力的主要来源。但是随着环境、技术、集体学习等因素的变化，组织惯例也会随着时间的变化而进行新一轮周期循环，在这个过程中会有新的组织惯例产生，也会有组织惯例的淘汰和更新。因此，在第T+1期的组织惯例中也就出现了新组织惯例G和淘汰的组织惯例D，在第T+1周期内，组织惯例（A、B、C、E、G）也就成为T+1期时组织能力的主要来源。同理可以理解从第T+1期到第T+2期组织惯例的变化。

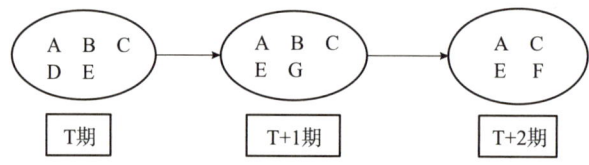

图2.2　组织惯例更新过程

因此，我们将不同周期组织惯例的变化研究定义为组织惯例更新，而组织惯例更新则是每期组织能力的重要来源，所以组织惯例更新能够为企业带来竞争力的提升和获取竞争优势。

2.1.2.2　组织惯例更新及其效能研究

通过对组织惯例更新研究可知，组织惯例更新可以带来两种效能：动态能力和技术创新能力。

组织惯例更新与动态能力。一方面，组织惯例实现更新能够为企业带来对外部环境的适应能力，因为每一周期组织惯例更新都是组织惯例与环境相适应的结果。由于组织惯例具有路径依赖性和情景特征，因此，一旦组织惯例执行的环境发生了变化，组织惯例效能也就下降了。所以，组织惯例更新能够使组织惯例与新的环境相适应，增强了组织环境适应能力。另一方面，组织惯例更新也是组织内外部资源整合和协调的结果。组织惯例更新总能使效率高的组织惯例占据主导地位，而效率低的组织惯例被淘汰或者退居次要地位，在这个过程中需要组织具有较好的内外部资源的整合和协调能力，组织管理者需要明确知道在一个特定周期内组织需要什么样的能力，需要什么样的组织惯例。因此，组织惯例更新能够为企业带来组织内外部资源的有效整合利用和协调。综上所述，组织惯例更新能够为企业带来动态能力的提升。

组织惯例更新与技术创新能力。组织惯例更新进程中有两类组织惯例在下一个周期中被保留下来，一类是适应新环境而更新的组织惯例，另一类是组织惯例"搜寻"而来的新组织惯例。而这两类组织惯例都能为企业带来新的流程优化和新技术。适应环境而更新的组织惯例能够带来原有流程效率的提升，有利于开发新产品和研发新技术，而引入的新组织惯例则有利于实现企业对新知识和新技术的动态关注，有利于新技术引入。因此，组织惯例更新能够实现企业技术创新能力的提升。

综上所述，组织惯例更新过程既体现了组织惯例遗传和复制的特征，同时也是组织惯例搜寻、变异、创新的过程。组织惯例更新既能实现组织惯例与环境的适应性，增强企业动态能力，同时也有利于企业新产品和新技术的开发和推广以及新技术的引入，提升企业的技术创新能力。

2.1.2.3 组织惯例更新的影响因素研究

通过对组织惯例内在结构的分析可知，组织惯例形成过程共经历了四个阶段：通过集体学习形成组织共识，组织共识内化为组织规范，组织规范指导组织行为并形成组织惯性，组织惯例成为集体学习对象。因此，在组织惯例更新过程中，集体学习是一个非常重要的影响因素，没有集体学习过程，也就很难在组织内部达成组织共识，组织惯例的形成也就更加困难。因此，组织惯例更新的影响因素也就与集体学习进程有关。

已有的文献研究表明，变革型领导和组织学习倾向是影响组织学习的两个重要因素（Politis，2004；Roger J. Calantone、S. Tamer Cavusgil 和 Yushan Zhao，

2002）。变革型领导和组织学习倾向是本书要探讨的组织惯例更新的两个影响因素。

2.1.2.4 组织惯例更新的效能与组织绩效关系研究

组织惯例更新能够有利于企业构建动态能力和提升技术创新能力，那么动态能力、技术创新能力与组织绩效之间存在着什么样的关系呢？动态能力与组织绩效关系的文献研究表明，动态能力与组织绩效之间存在着模糊的关系，一些研究认为，动态能力一定能够带来组织绩效的提升（Zott，2003；王核成，2005）；但也有一些研究表明，动态能力未必能够带来组织的高绩效（Eisenhardt 和 Martin，2000）。而技术创新能力与组织绩效的研究并不多见，主要集中于技术创新能力与创新绩效的研究（Gautam Ahuja 和 Riitta Katila，2001），因此，动态能力与技术创新能力和组织绩效的关系也是本书研究的一个内容。

2.2　动态能力文献综述

马歇尔在《经济学原理》一书中关于经济"内部"和"外部"的划分是动态能力的萌芽，之后 Penrose 和 Ricardson 在马歇尔研究的基础之上进一步进行了研究。Penrose（1959）的研究提出了企业内部成长理论，对企业行为从静态研究转为动态研究，对动态能力研究起到了推动作用。Richardson（1972）的研究则是使用了"能力"概念来指代企业的知识、经验和技能，与其后的 Cyert 和 March（1963、1992）"企业行为理论"以及 Nelson 和 Winter（1982）的"演化经济学"理论被认为是组织动态能力的三大理论来源。随后，Teece 和 Pisano（1997）、Amy Shuen（1997）、Winter（2000）、Zollo 和 Winter（2002）、Teece（2000、2007）、O'Reilly 和 Tushman（2008）等学者的研究为组织动态能力的发展做出了重要贡献。

2.2.1 动态能力文献研究

在以往关于动态能力的研究文献中,关于动态能力的概念界定并没有达成一致结论。目前关于动态能力的概念也是在整合了以往独特能力、组织惯例、核心能力等理论的基础之上提出来的。按照 Teece(1997)的研究成果来讲,动态能力主要包括两个方面的内容——"动态"和"能力"。"动态"主要指与外部环境变化相适应,实现组织内外部资源和能力与外部环境之间的匹配性;"能力"主要指企业整合、构建组织知识和资源的能力,实现组织内外部资源和环境之间的匹配能力。

在不同的研究中由于研究侧重点不同,关于动态能力的定义也存在差异性。在 Teece(1997)的研究之后,有不少学者对动态能力进行了有效研究。例如,Helfat(1997)研究认为动态能力其实是企业胜任力中的一种,这种胜任力能够使企业通过生产新产品和整合企业生产流程来应对外部环境的变化;Eisenhardt 和 Martin(2000)的研究则认为动态能力是战略惯例,即企业能够凭借其自身的战略惯例调整来实现资源的更新,以应对环境变化或者市场变化的需要;Lee(2002)的研究则认为动态能力是企业竞争优势的主要来源,利用动态能力解释了企业如何应对环境的变化;Zahra 和 George(2002)的研究认为动态能力在本质上是企业变革的能力,它能够使企业重新配置和整合内外部资源,进而有效调整应对环境和市场变化的策略;Zollo 和 Winter(2002)的研究认为动态能力是组织自身的一种集体学习模式,企业可以通过自身资源和能力整合系统地创造或者调整运营规则,从而达到提升组织竞争优势的目的;Masini 等(2004)的研究则是基于演化理论成果,以演化经济学作为分析工具来分析组织动态能力,认为动态能力是组织高层次的管理能力,是与环境相适应的自组织系统;在随后的研究中,有些学者根据组织能力阶层理论提出了常规能力或"零阶能力"与动态能力的概念,他们把常规能力或"零阶能力"定义为企业短期生存的能力,而把动态能力定义为扩展、改变或创造常规能力的高阶能力,并且认为高阶能力决定企业提升常规能力的速度(Vera,2007);Teece(2000、2007)、O'Reilly 和 Tushman(2008)把动态能力分为机会感知能力、机会利用能力和资源重构能力,并阐述了动态能力的微观机制。

综合以上关于动态能力概念的研究，动态能力的研究重点主要包括以下两个部分：环境动态性和应对环境变化的调整能力。这种能力可以是战略惯例、高阶能力，也可以是组织胜任力。因此，根据以往动态能力文献研究成果，动态能力分析研究框架可以分为以下四类：资源整合能力分析框架（Teece、Pisano 和 Shuen，1997）；动态能力过程分析框架（Eisenhardt 和 Martin，2000）；学习学派分析框架（Zollo 和 Winter，2002）；阶层能力分析框架（Winter，2003；Cepeda 和 Vera，2007）。

资源整合能力分析框架的主要观点认为动态能力是企业整合、构建和重组内外部资源以适应快速变化的环境的能力。这种能力主要指企业内部运行的、由过程和位置决定的高绩效能力过程。"过程"指协调和整合有用的资源过程和组织学习和转换的过程；"位置"则是指组织内部位置和外部位置的总和。内部位置主要指企业内部可以获得的特定资源，外部位置指企业在市场竞争中的地位和竞争状况。企业的位置决定了企业未来决策能够实现的程度。

过程学派分析框架的主要观点认为动态能力是与企业运行过程息息相关的，动态能力嵌入在组织过程当中，是个人知识和集体知识的整合。因此，动态能力具有专用性和难以转移的能力。Eisenhardt 和 Martin（2000）的研究主要从产品创新、战略决策制定等过程，分析了依附于这些过程的惯例是如何来整合、重构和获取资源，进而形成组织竞争优势的。同时该学派还特别强调动态环境的作用，并将环境动态性根据市场变化的程度分为适中变化和高速变化两种状态。因此，过程学派认为动态能力是组织不可模仿的能力，同时也是随着环境不断变化的能力。

学习学派分析框架的主要观点认为动态能力是集体学习的过程，是一种集体学习行为模式，组织通过集体学习能够系统地改进运营惯例，实现组织绩效的提升。因此，在学习学派研究中，组织可以通过有效的学习机制来改变组织动态能力。Nelson 和 Winter（1982）在研究中认为组织可以通过对一系列相互依赖的运营和惯例进行调整，进而构建组织动态能力。当然，影响企业集体学习的学习机制和运营惯例运作过程的因素还有很多，包括技术发展的速度、企业文化、组织结构等组织特征。综合以上研究可知，学习学派分析框架认为动态能力的两个主要来源是集体学习机制和组织惯例。

阶层能力分析框架的主要观点认为动态能力是组织的高阶层能力（Schreygg 和 Kliesch，2005）。Winter（2003）以及 Cepeda 和 Vera（2007）的研究都是根据组织能力阶层理论进行的，他们在研究成果中分别提出了常规能力或"零阶能力"与动态能力的概念，他们把常规能力或"零阶能力"定义为企业短期生存的能力，而把动态能力定义为扩展、改变或创造常规能力的高阶能力，并且认为高阶能力决定企业提升常规能力的速度。Wang 和 Ahmed（2007）的研究成果也认为：资源属于零阶能力；企业配置资源以实现目标并提升绩效的能力属于一阶动态能力；对企业构建竞争优势且具有战略意义的核心能力属于二阶动态能力；而三阶动态能力则是指企业为了适应环境变化而不断追求资源、能力和核心能力更新、重构和再造的能力。

2.2.1.1 动态能力维度及测量研究

动态能力如何进行测量一直是动态能力研究中的重点和热点，根据以往关于动态能力测量的文献研究发现，动态能力的测量可以分为两类：单维度测量和多维度测量。

（1）单维度测量。动态能力单维度测量研究主要是把动态能力作为一个单维构念进行测量。在已有的文献研究中，Wu（2006）的研究在探讨资源、动态能力和组织绩效之间的关系时，将动态能力作为单维构念来测量，主要采用了有关资源整合能力、学习能力和快速适应环境变化能力的题项来测量，并没有区分题项之间的维度；Wu（2007）在研究新建企业资源、动态能力和组织绩效之间关系时，同样没有区分动态能力维度，而是用企业资源整合能力、资源重构能力、学习能力和快速适应环境变化能力四个题项来测量。Zhou 和 Li（2010）的研究中，虽然将动态能力作为一个多维构念，但是他的研究主要聚焦于适应能力这个维度，并针对中国情境开发了四个题项来测量适应能力（分别涉及适应市场变化的能力、面对产业变革调整现有能力以维持竞争优势的能力、应对中国加入 WTO 所带来的挑战的能力、应对电子商务所带来的威胁的能力）。

（2）多维度测量。关于动态能力的多维度测量主要指两维度或者三维度及以上测量。测量方法主要有：两维度测量。研究者们主要是从组织具体战略和组织过程角度来进行测量的，例如 Hung（2007）把动态能力分为研发创新能力和组织战略能力两个维度；Danneels（2008）把二阶营销能力和二阶研发能力作为动态能力，并分别采用 8 个题项测量企业识别和进入新市场的能力，6 个题项测量企业识别和获取新技术的能力。另外 Liao（2009）用整合能力来测量企业动态能力，并将动态能力划分为机会识别型整合能力和机会利用型整合能力两个维度来进行有效测量。

三维度及三维度以上测量研究。在相关研究的学者中，Prieto（2009）的研究主要从知识创造、知识整合和知识重构能力三个维度来测量组织动态能力；Wu（2010）的研究主要是在秉承 Teece（1997）以及 Eisenhardt 和 Martin（2000）理论观点的基础上，通过企业访谈将动态能力分为资源整合能力、学习能力和资源重构能力三个维度，不过只用单一题项来测量每个维度；Mckelvie 和 Davidsson（2009）的研究主要探讨了企业资源基础与动态能力之间的关系，并把动态能力测量分为创意产生能力、市场破坏能力、新产品开发能力、新流程开发能力四个维度；贺小刚（2006）的研究通过理论分析和大量的社会调查，把动态能力划分为市场潜力、组织柔性、战略隔绝、组织学习和组织变革五个维度来测量，研究结果发现，动态能力对绩效起到了积极的促进作用，但是动态能力的不同维度对组织绩效所起到的具体作用是不一样的。其中最有解释力的是企业的市场潜力，其次是企业员工的变革能力和创新意识，最后是组织的柔性，组织学习对企业绩效的直接贡献并不显著。

通过对以上关于动态能力实证研究的文献分析发现，随着关于动态能力的实证研究不断增加，对动态能力维度划分和测量的研究也日益细化，但是不管是单维度测量研究还是多维度测量研究，基本都采用了 Teece（1997）界定的动态能力概念。

2.2.1.2 动态能力与组织绩效关系

动态能力与组织绩效关系的研究一直以来是动态能力研究的重点，因为企业构建动态能力的最终目的是提升组织绩效。尽管学者们对于动态能力的测量存在很大差异，但是学者们都普遍认为动态能力与组织绩效之间存在一定的正相关关系。从现有查阅到的文献来看，以下学者对动态能力与绩效关系的实证研究做出了贡献。

2 相关理论及文献评述

在动态能力与组织绩效的早期研究中，Pisano（1994）和 Grant（1996）的研究认为组织可以通过动态能力改变组织和战略惯例，进而帮助企业获取竞争优势，提升组织绩效；Teece 等（1997）的研究成果认为组织可以通过整合和重构自身资源来提升组织绩效，但是在他的研究中并没有实证这一结论；国内学者张建东（2000）的研究探讨了动态能力与跨期绩效的关系，通过对我国影碟机行业进行实地调研、问卷调查，并运用相应的数据分析方法，实证了动态能力与跨期绩效之间的相关关系。

Zott（2003）的研究探讨了动态能力属性与组织绩效之间的关系，并采用了计算机模拟的方法，但是并没有对动态能力的三个属性如何影响组织绩效进行具体研究；刘维宁（2004）采用了 Teece 等（1997）的动态能力关于构建、整合和重构三个维度的研究成果，并通过数据收集，实证分析了企业全球化知识管理能力、动态能力和国际竞争优势之间的关系。研究发现，动态能力是改变其现有资源的前提，并与国际竞争优势正相关。

王核成（2005）的研究通过实证数据验证了动态能力与组织绩效之间呈现显著的正相关关系；Ho-Yung 等（2006）的研究通过对生物技术企业的 485 份问卷调查分析，验证了动态能力与 NPD 项目绩效呈现高度的正相关关系；Menguo 和 Auh（2006）的研究采用了市场导向和创新两个维度测量动态能力，研究结果表明，当增加创新和市场导向时，动态能力与组织绩效的作用就会增强；Wu（2007）的研究对中国台湾高科技创新企业进行研究分析发现，组织动态能力越强，其组织绩效也就会越高，两者之间存在显著的正相关关系；Wang 和 Ahmed（2006）的研究指出，对于动态能力的研究更应该关注于长期绩效，为此，越来越多的研究者围绕组织动态能力与组织长期绩效开展了纵向研究（Pisano，2000；Rindova 和 Kotha，2001；Lampel 和 Shamsie，2003；Athreye，2005），研究结果也大多支持动态能力对组织绩效的正相关关系。同时，大量的研究成果也表明组织动态能力中的适应能力、吸收能力和创新能力对于预测企业的长期绩效是非常有效的。例如，Rindova 和 Kotha（2001）通过对雅虎公司进行案例研究，表明动态能力中的适应能力是企业获取竞争力优势的关键成功因素；Zahra 和 George（2002）的研究则认为组织吸收能力是企业获取竞争优势、提升组织绩效的关键所在；D'Este（2002）的研究认为企业创新能力是企业应对市场变化的重要保证，但是动态能力与组织绩效之间的关系并不直接,而是需要部分中介效应才能实现(Wang 和 Ahmed,2006)。

但是也有许多研究者认为组织动态能力与组织绩效之间的关系是模糊的,组织动态能力本身并不必然引致较高的企业绩效(Eisenhardt 和 Martin,2000)。他们认为,虽然组织动态能力概念是在环境剧烈变革的情景下得以提出,并用于解释企业持续竞争优势来源的,但这并不必然说明组织动态能力对组织绩效有直接影响效应。

动态能力测量研究一直是制约动态能力与组织绩效关系研究的关键所在,以上研究显然仍存在一些争议,因此,动态能力与组织绩效之间的关系研究仍需大量而广泛的实证研究。

2.2.2 动态能力文献研究小结

本书通过对现有关于动态能力的文献研究进行梳理,主要将动态能力研究分为两个方面的内容,即动态能力维度及测量研究、动态能力与组织绩效关系研究,归纳如表 2.1 所示。

表 2.1 动态能力研究归类

研究者	研究重点
动态能力维度及测量研究	
Teece 和 Pisano(1994)	动态能力概念及理论框架
Teece、Pisano、Amy Shuen(1997)	动态能力定义,动态能力形成的分析框架
Zollo、Winter(1999)	动态能力概念、作用
Masini 等(2004)	借助演化经济学的分析工具首先明确提出动态能力是运用和拓展兼而有之的高层次管理能力,是与环境相适应的自组织系统
Eisenhard、Martin(2000)	动态能力构成种类和不同环境下的特征
Wu(2010)	把动态能力作为整合型多维构念,认同 Teece(1994、1997)的动态能力维度划分法,把动态能力分为整合、学习和重构三个维度来测量

续表

研究者	研究重点
动态能力维度及测量研究	
Teece（2000、2007），O'Reilly 和 Tushman（2008）	把动态能力分为机会感知能力、机会利用能力和资源重构能力，并阐述了动态能力的微观机制
Zollo 和 Winter（2002）	分析高阶能力的存在，将能力分为一阶能力、二阶能力、三阶能力
Prieto（2009）	从知识观视角把动态能力分为知识创造能力、知识整合能力和知识重构能力三个维度
Mckelvie 和 Davidsson（2009）	研究企业资源基础与动态能力之间的关系，把企业动态能力分为创意产生能力、市场破坏能力、新产品开发能力、新流程开发能力四个维度
贺小刚（2006）	通过理论分析和大量的社会调查，把动态能力划分为市场潜力、组织柔性、战略隔绝、组织学习和组织变革五个维度
Danneels（2008、2010）	动态能力是构建新能力的能力，即二阶能力
Wu（2006、2007）	把动态能力作为整合型多维构念，采用 Teece（1994、1997）的动态能力维度划分法进行测量
Danneels（2008）	把二阶营销能力和二阶研发能力作为动态能力，并分别采用 8 个题项测量企业识别和进入新市场的能力，6 个题项测量企业识别和获取新技术的能力
Liao（2009）	用整合能力来测量企业动态能力，并把动态能力划分为机会识别型整合能力和机会利用型整合能力两个维度
动态能力与组织绩效关系研究	
Zollo（2003）	动态能力属性对组织绩效的影响
王核成（2005）	通过对长三角地区制造业企业进行实地调研验证了企业动态能力与企业绩效之间存在着正相关关系
张建东（2000）	通过对动态能力与企业跨期绩效关系的研究表明，动态能力与跨期绩效具有正相关关系
Menguo 和 Auh（2006）	提出动态能力的两个维度：市场导向和创新，研究结果表明，当增加创新这一维度时，市场导向这一动态能力对绩效的作用增强
Ho-Yung（2006）	研究了动态能力与 NPD 项目绩效的关系，证明了动态能力与 NPD 项目的绩效呈现高度的正相关关系

续表

研究者	研究重点
动态能力与组织绩效关系研究	
贺小刚（2006）	从动态能力的五个维度——市场潜力、组织柔性、战略隔绝、组织学习和组织变革来分析动态能力与组织绩效之间的关系
Wu（2007）	以中国台湾高科技创新企业为研究样本分析指出，这类企业的组织动态能力越强，其组织绩效也就越高
Zollo 和 Winter（2002），Winter（2003）	从组织惯例视角把动态能力理解为从事高度程式化、可重复活动的能力，解决了动态能力无限回归这个关键理论问题
Eisenhardt 和 Martin（2000）	动态能力嵌入在企业流程中，并由完成具体的战略和组织过程的能力构成，如产品开发、联盟和战略决策能力

（1）动态能力维度。通过动态能力文献研究发现，动态能力的维度划分虽然没有一致的标准，但是关于动态能力研究的内容主要分为两个部分，即环境动态性和适应环境变化的能力。本书依据 Teece（1997）关于动态能力的定义，"企业整合、构建和重组内部和外部竞争力以适应快速变化的环境的能力"，将动态能力的研究界定为两个内容：适应能力（主要指适应环境变化的能力）和整合能力（对内部资源与外部环境变化的整合能力）。

（2）动态能力与组织绩效关系。动态能力与组织绩效关系的文献研究表明，动态能力与组织绩效之间存在相关关系（Zollo，2003；Wu，2007），但是研究者却没有得出一致的结论。一些研究者认为动态能力一定能够带来组织绩效的提升（Zott，2003；王核成，2005）；但也有一些研究者表明，动态能力未必能够带来组织的高绩效（Eisenhardt 和 Martin，2000）。

2.3 变革型领导行为文献综述

领导行为研究一直是组织行为学领域非常重要的研究，主要探讨了领导者在领导过程中所表现出来的行为方式。而不同的领导行为则是与领导人的领导风格相关的。根据文献研究发现，领导风格大体经历了三个发展阶段：领导特质理论、领导行为理论和权变理论。在20世纪80年代后期的研究文献中，研究者根据领导者风格不同提出了领导归因理论、魅力型领导理论、变革型和交易型领导理论。从此，研究者开始关注变革型领导行为，并取得了丰富的研究成果。

2.3.1 变革型领导行为文献研究

Burns（1978）的研究首次系统地提出了变革型领导行为和交易型领导行为理论，自此，众多的研究者开始进行相关理论和实证研究，这也是领导理论研究中的一个重大贡献。特别是Bass（1985）《领导与超越期望的绩效》的研究，对变革型领导进行了构建，有力地推动了变革型领导行为研究的发展。

关于变革型领导行为内涵的研究一直以来都存在着争议，由于学者们的研究重点不一致，对于变革型领导的定义也就存在差异性。其中，Burns（1978）的研究将变革型领导行为定义为"寻求员工的潜在动力，满足他们高层次需求，使得员工全面发展……领导者发展一种相互鼓励和提升的员工关系，以有利于员工转换成为领导"。领导者通过对下属工作积极性的激发来实现组织目标和自我目标的实现。变革型领导行为主要通过唤起员工的需求来推动员工个人、团体和组织来实现创新和变革。

Bass（1985、1995）的研究认为具有变革型领导行为的领导者本身具有非常强烈的内在价值感，他们通过唤起和激发下属高层次的需要来使员工意识到自己承担任务的重要价值，进而建立相互信任的氛围来促使员工为了组织利益而牺牲自我利益，达到组织绩效的提升。变革型领导者通过对下属的工作动机和价值观的影响，鼓励下属愿意为工作付出更多的努力，实现让员工表现出超乎基本要求的组织行为。

变革型领导者通过改变和转换员工的高层次需要和价值观，通过构建一种企业文化和愿景，并与组织员工不断沟通和交流实现价值观念和愿景的分享，鼓励员工开发自己的能力，并鼓励员工进行创新和变革尝试，进而实现组织变革和组织创新（Avolio和Bass，1999）。变革型领导行为不仅能有效激励下属跟随领导者，更能使下属坚定组织的共同愿景和价值观，并在创新和变革中给予领导者行为大力支持，从而有利于变革型领导者实现组织变革和创新。

随着变革型领导行为研究的不断深入,关于变革型领导行为的研究内容也越来越丰富,这有力地推动了变革型领导研究的发展。众多学者在变革型领导行为内涵研究中做出了重要贡献:Sergiovanni(1990)的研究认为变革型领导行为是一种具有附加值的情感领导方式,它通过强调员工高层次需要和员工内在动机来激发组织成员行为,从而达到超越原有动机和愿望的目的,因此,这种领导行为具有文化和道德意义;Leithwood(1992)的研究则认为变革型领导行为是通过领导者构建共同的愿景为内在动因,通过分享、投入、热情和刺激等手段,来实现在工作中改变并提升下属工作积极性和行为方式,使下属对组织愿景和未来充满希望;Wilmore 和 Thomas(2001)的研究认为变革型领导行为是一种合作和决策分享的取向,变革型领导者通过强调下属专业技能的发展和充分授权来鼓励和激励下属进行变革和创新。Robbins(2001)的研究认为变革型领导行为是通过变革型领导者的魅力特质带来下属和员工的追随,进而激发下属和员工的创造力;同时变革型领导者还通过对下属的个性化关怀和智能激发,从而使下属在工作中愿意尽最大努力来达到组织目标。Waldman、Ramirez、House 和 Puranam(2001)的研究认为变革型领导行为所体现的是领导者和员工之间的关系,在这种关系中,领导者会对员工和下属的行为产生有利影响,变革型领导者主要通过构建组织愿景、传达组织使命感以及通过在工作中表现出的决心和对下属的高绩效期望,从而使下属能够坚定地跟随领导者,并在工作中感到愉快,对领导者产生钦佩和尊重之情;Ackoff(2007)的研究则指出变革型领导者能够通过构建一种组织愿景(即使这种愿景很难实现,但是下属和其追随者仍然相信能够实现),通过激发和唤起员工的激情和高层次需求,使员工甚至愿意牺牲个人利益来达到组织目标,变革型领导者在这个过程中总能不断地给下属和追随者一种动力和愿景来实现组织目标。

2.3.1.1 变革型领导行为维度及测量研究

(1)变革型领导行为维度划分。本书通过对以往变革型领导行为文献研究进行梳理,发现关于变革型领导行为维度研究主要有以下几种不同的视角:

Bass(1985、1995)的研究最早提出变革型领导行为领导魅力、感召力、智能激发、个性化关怀四个维度的划分。其后的研究者 Avolin(1990)的研究将变

2 相关理论及文献评述

革型领导行为维度概括为领导魅力、领导感召力、智力激发、个性化关怀四种。以上变革型领导行为划分主要是从领导者单方面的特质和行为进行的,主要探讨了变革型领导行为对员工挖掘自身潜力、提升绩效水平的影响。

Podsakoff（1990）等的研究对 Bass（1985、1995）的研究成果进一步扩展,提出了变革型领导行为六维度:促进合作、个性化关怀、榜样示范、表达愿景、提出高期望和智能激发。而随后 Chen、Farh（1995）的研究则对 Podsakoff（1990）的六维度研究进一步分类,分为关系导向和任务导向两个维度,其中:关系导向主要指促进合作、个性化关怀、榜样示范;任务导向主要包括表达愿景、提出高期望、智能激发。领导者就是通过这两种导向的变革型领导行为来激发员工积极性和创造性、提升组织绩效的。

Waldman（2001）的研究不仅是关注领导者的一个方面,而是同时关注领导者与其追随者之间的相互影响,在 Waldman、Ramirez、House 和 Puranam（2001）的研究中,他们将变革型领导行为定义为组织中领导者和员工之间有利关系的影响组合。此外还有一些研究者对变革型领导行为进行维度研究（如,Leith Wood,1992;Pillai、Sehriesheim 和 Williams,1999）,但这些研究之间并没有实质性区别。

关于变革型领导行为在中国情境下的研究,我国学者李超平（2005）将变革型领导行为划分为:德行垂范、领导魅力、愿景激励及个性化关怀四个维度。其中:领导魅力,个性化关怀和愿景激励与 Bass（1995）的研究中的维度划分相一致;而德行垂范这个维度则是中国情境下的独特维度,与我国的社会文化密切相关,这也与我国学者凌文栓等（1987）有关中国领导行为理论的研究结果相一致。因此,变革型领导行为维度划分具有多维性,在不同的研究背景和文化环境中,其维度具有权变性。

（2）变革型领导行为测量研究。目前关于变革型领导行为的测量研究主要是依据变革型领导行为维度研究进行的,并在实证研究中得到了证实。以下研究者为变革型领导行为测量研究做出了重要贡献。

Bass（1985）的研究根据变革型领导行为四维度划分编制了"多要素领导风格问卷"（Multifactor Leadership Questionnaire, MLQ）。MLQ 量表提供了能够区分有效领导行为和无效领导行为的重要工具,容易操作,并在跨文化、跨组织类型研究中得到了应用，量表的信度和效度得到了部分实证研究的检验（Bass，1985）。例如孟慧（2004）的研究对变革型领导行为在中国情境下进行了实证研究，发现尽管中西方文化存在较大差异，但是变革型领导行为的理论框架在中国文化背景下还是适用的。但是，MLQ 量表的结构效度在许多研究中存在较大的质疑和争论。

李超平和时勘（2003）的研究则为中国情境下变革型领导测量提供了工具。他们的研究发现，领导魅力、智能激发和个性化关怀对下属的额外努力具有正向影响，而感召力与下属额外努力的关系不显著。在此基础上，李超平等编制了变革型领导问卷（Transformational Leadership Questionnaire，TLQ），并通过内部一致性分析、项目分析、探索性因素分析、验证性因素分析等，对问卷信度、区分度与构想效度进行了检验，结果表明 TLQ 具有良好的信度与效度。但是，这部分工作还需要国内不同区域、不同行业和性质企业样本的验证。

黄品全（2006）编修了变革型领导测量工具，包括描绘愿景、树立榜样、促进合作、高度期许、个别支持、才智激发 6 个维度、23 个题项。愿景即清楚地揭示共同的目标与价值；树立榜样乃身为表率、以身作则；促进合作乃强调团队合作；高度期许乃期许成员有优异潜力、高水平工作表现；个别支持乃尊重成员个人的感受与需求；才智激发乃激励成员在工作上思索、寻求更佳的解决方案与创新。由于黄品全的研究是以中国台湾餐饮行业为样本，因此其改编的测量工具在中国文化背景下具有一定程度的适应性。Kouzes 和 Posner（1992）以工作团队为分析单位，编制了"团队领导行为量表"（Team Leadership Practices Inventory，LPI），成为国外研究团队领导的有效工具。LPI 包括 5 个维度、30 个题项，涉及挑战陈规、达成共识、调动成员、模范表率以及激发热情。在 LPI 5 个维度上，有效领导者的得分显著高于效能低下的领导者的得分。

2.3.1.2 变革型领导行为研究内容

根据已有的文献研究发现，变革型领导研究主要集中于如何测量有效变革型领导，为此，很多学者进行了有效的研究，主要是关于变革型领导与员工工作态度和动机研究、变革型领导与工作绩效及员工行为研究、变革型领导与创新氛围研究、变革型领导与组织创新绩效研究（Bass，1990；Dvir、Eden、Avolio、

Shamir，2002；Masi 和 Cooke，2000）。

（1）变革型领导与员工工作态度和动机研究。变革型领导积极关注、理解并试图解决每一个下属的需要，并通过感召力提升员工高层次追求；员工在感受到这种关注后更有可能为了长远目标而努力工作以不负领导期望，最终导致工作满意度、承诺等态度和动机变量的改善和提高。变革型领导与员工工作态度和动机研究已经获得了很多非常有价值的结论，例如，Judge（2004）采用元分析技术对1995~2003 年有关变革型领导与员工工作态度和动机研究表明，变革型领导与下属的工作满意度、对领导的满意度以及工作动机等变量之间均存在显著正相关关系。

随着变革型领导行为研究内容的不断深入，近些年来的研究开始关注于变革型领导与工作态度之间的调节和中介效应。例如，Avolio（2004）的研究发现结构距离对变革型领导和组织承诺关系具有调节作用，直接领导者的变革型领导行为与下属的组织承诺并无显著相关关系；间接领导者的变革型领导行为与下属的组织承诺则存在显著的正相关关系，进一步的研究表明心理授权在两者之间起着中介效应。Walumbwa（2004、2005）的研究探讨了效能感在变革型领导与相关工作结果关系中的作用。Walumbwa（2005）的研究则是通过对中国、印度、美国样本的研究发现，变革型领导与组织承诺及工作满意度均显著正相关，自我效能感对变革型领导与组织承诺及工作满意度之间的关系均具有显著的正向调节作用，集体效能感对变革型领导与组织承诺的关系具有显著的正向调节作用。Nemanich（2007）的研究发现目标清晰度和支持创新的氛围对变革型领导与工作满意度之间的关系具有部分中介作用。

另外，还有一些学者探讨了变革型领导各个维度对工作态度和动机的影响作用（Keegan，2004；李超平，2006）。综合以上研究可以发现，变革型领导与员工工作态度和动机之间存在正向相关关系，为以后组织绩效研究提供了实证及理论基础。

（2）变革型领导与工作绩效及员工行为研究。变革型领导对员工工作态度和动机具有积极影响，而员工工作态度和动机与工作绩效提升又有着重要关系。因此，变革型领导与员工工作绩效关系研究也是变革型领导研究的一个重要内容。

Rowold（2007）以某公共运输公司的员工为研究对象，发现变革型领导行为对部门利润存在直接且显著的正向影响。Judge（2004）的研究也验证了变革型领导与工作绩效之间存在显著正相关关系。同时，也有另外一些学者探讨了变革型领导者与工作绩效之间的中介和调节效用。Bass（2003）的研究发现，在不确定性条件下，集体效能感和群体内聚力对变革型领导与团队绩效关系具有部分中介作用。Howell（2005）的研究发现，物理距离对变革型领导与下属绩效之间存在调节作用。

一些研究也对变革型领导对员工行为的影响进行研究，研究表明，变革型领导对员工行为具有显著正向影响。李超平（2006）的研究表明，变革型领导的个性化关怀显著地影响员工工作行为。Wang（2005）的研究发现，领导成员交换在变革型领导与员工行为关系中具有中介作用。综合以上文献研究，变革型领导不但对组织绩效具有正向积极影响，而且还能通过其领导魅力、感召力、智能激发、个性化关怀影响员工行为。

（3）变革型领导与创新研究。变革型领导与创新之间的研究主要包括变革型领导与员工创造性研究、变革型领导与创新氛围研究。

变革型领导的一个重要特征就是善于创造一种鼓励创新的特定环境和氛围，能够使员工感到自己探索和尝试使用新技术和新方法进行工作时不会受到惩罚。因此，变革型领导能够激发员工的创造性和革新精神，继而提升组织创新水平。在已有的文献研究中，Ozaralli（2003）的研究表明，变革型领导与下属创新性之间存在显著正相关关系，并且下属的授权知觉对上述关系具有显著的中介作用；Shin（2003）的研究显示，变革型领导与下属创造性之间显著正相关，并且保持性（指一种偏好和谐人际关系的价值观）对这一关系具有调节效应，保持性较高，变革型领导与下属创造性之间的相关性亦更为显著。Jung（2003）的调查显示，变革型领导与授权、支持创新及组织创新存在显著正相关关系；支持创新与组织创新显著正相关，但授权与组织创新却显著负相关。

变革型领导通过创造一种创新氛围来鼓励和激励下属积极参与创新，进而提升组织创新能力。王扬眉（2006）的研究认为变革型领导者对企业文化和创新氛围能够产生直接影响，并在研究中解释了变革型领导风格与企业文化和创新氛围的协同性；Politis（2004）的研究认为变革型领导有利于员工创造、形成创新的工作环境。Dackert 等（2004）以 14 个制造团队为样本，验证了领导行为与团队创新氛围之间的关系，发现变革型领导与团队整体创新氛围之间存在正向相关关系。虽然大部分文献研究验证了变革型领导与创新氛围之间存在着正向相关关系，但是也有学者的研究结果不支持这一结论（Dormeyer，2003；Ekvall，1996）。

2.3.2 变革型领导行为文献研究小结

2.3.2.1 变革型领导内涵及维度

综合以上文献研究，依据 Bass（1985、1995）的研究将变革型领导定义界定为"领导者通过强烈的内在价值感和观念体系，通过让下属意识到自己承担任务的重要意义，激发高层次需求，建立相互信任的氛围，促使下属为了组织利益而牺牲自我利益，并最终取得超乎期望的绩效"。变革型领导改变或转换员工的需求和思考方式，通过创设一种企业愿景，并就此与员工沟通，接受员工反馈和建议时鼓励他们开发自己的能力，以促进组织创新与变革（Bass 和 Avolio，1999）。

同时本书依据 Bass 和 Avolio（1990）的研究，采用变革型领导四维划分方法对变革型领导进行测量，主要包括：领导魅力、领导感召力、智力激发、个性化关怀。①领导魅力：是指领导者具有为追随者创造和展现富有吸引力的愿景，并通过个人魅力和激动人心的言语激发追随者的高层次需求、信任、激情和工作潜能的能力；②领导感召力：是指领导者具有通过增强追随者的自豪感，为其提供克服困难的信息和树立更高的期望，进而激发、引导追随者为了组织利益超越个人利益、为团体的远大目标努力工作的能力；③智力激发：是指领导者具有通过引导员工对现状和假设提出挑战、采用创新视角看待问题以及用新方法解决问题，激发员工创新，挑战自我，改变信念的能力；④个性化关怀：是指领导者通过支持、鼓励和辅导关注追随者成长，为其创造学习机会和支持性组织氛围，激发他们更高层次潜能的能力。

2.3.2.2 变革型领导与组织惯例更新关系

变革型领导能够影响组织公民行为，进而影响组织行为（Wang，2005），因此，变革型领导能够对组织行为产生积极作用。而组织惯例更新是组织行为进行更新和创新的行为，因此，变革型领导对组织惯例优化也同样具有积极影响。同时，变革型领导对组织创新氛围具有的积极影响（Politis，2004）以及对员工创造力（Jung，2003）的影响都能影响组织惯例更新的效果。

根据以往的研究，组织惯例更新受到组织学习倾向的影响，因此本书考虑到组织学习倾向在变革型领导和组织惯例更新之间的中介效应。因为变革型领导在学习承诺、愿景分享、开放心智方面具有积极影响，而这三个因素也正是组织学习倾向的研究内容，所以变革型领导通过影响组织学习倾向，进而影响组织惯例更新。

2.4　技术创新能力文献综述

自 Schumpeter（1934）提出"创新"和"发明"两个概念后，创新的研究就一直受到学术界的重视，但是由于兴趣和观点不同，各研究者对创新的理解也就各有差异（Wolfe，1994）。目前的研究主要将创新分为管理创新和技术创新，管理创新包括系统、政策、方案和服务创新；而技术创新主要指产品、过程及设备创新。本书主要关注的是技术创新，也就是关于产品和流程的创新。

2.4.1　技术创新能力文献研究

技术创新能力研究一直是创新研究的热点，大量的学者对影响企业技术创新能力的因素以及在理论上应该如何进行技术创新能力测量进行了研究，形成了丰富的研究成果。本书通过对国内外技术创新能力研究成果的梳理发现，目前关于影响企业技术创新能力的因素主要集中于以下几个方面：

一是企业规模和组织架构能够影响技术创新能力。Pavitt（1987）等通过研究发现，企业技术创新能力与企业规模之间呈现"U"形关系。Scherer 和 Ross（1990）、Chen 和 Chien（2004）等也认为由于企业规模效益而带来了管理、成本的降低，进而提升了企业技术创新能力。Dewar 和 Dutton（1986）、Hoskisson 和 Hitt（1988）从组织架构与集权和分权的角度研究企业技术创新能力。

二是公司治理结构能够影响技术创新能力。Lee 和 O'Neill（2003）发现不同的治理机制也会影响到企业的技术创新能力。随后的研究者们分别从大股东和职业经理人、董事会、高管团队等角度研究与企业技术创新能力之间的关系。Fahlenbrach（2007）认为，企业创始人大股东与职业经理人在企业技术创新方面的动力不同，导致企业技术创新能力会有很大差异性；Baumol（1990）、Murphy（1991）、Acemoglu（1995）等探讨了企业家对企业技术创新活动的重要性。Baysinger、Kosnik 和 Turk（1991）及任大兵、阎大颖（2008）主要从董事会角度研究了内外部董事比例、连锁董事对企业技术创新能力的影响。

三是组织学习和知识创造能够影响技术创新能力。Tippins 和 Sohi（2003）主要研究了组织学习在提升企业技术创新能力中的作用，而 Matusik（2002）则主要从组织中私有知识和公共知识的不同来研究两种知识对企业技术创新能力的差异性；我国学者谢洪明（2007）对学习、创新、核心能力和技术创新能力之间的相互影响路径和作用机制进行了实证研究，认为组织学习必须通过创新才能提高企业绩效，技术创新能力是提高企业竞争力的一个中间环节。隋佳（2007）通过对知识管理的研究，探讨了企业通过知识管理提升企业技术创新能力的路径分析。

四是组织氛围及组织激励能够影响技术创新能力。组织氛围对技术创新能力的影响一直以来都受到研究学者的重视。James、Hartman 等在 20 世纪 70 年代就指出组织氛围可以使个人接收到组织期望他的行为表现信息，然后个人也会控制自己的行为来回报这些期望。之后的很多学者也都进一步证明了组织内部创新氛围的各个因素对企业技术创新能力的提升具有非常重要的意义（Amabile，1998；George 和 Zhou，2001；Shalley 和 Gilson，2004；傅世侠、罗玲玲，2005；赵建英、梁嘉骅，2006）。郭高帅、师帅（2006）认为必须对创新进行足够的组织激励，并且拥有足够的知识才能提高企业技术创新能力，可以通过引入股票和期权激励来提升企业技术创新能力。

五是员工创新行为能够影响技术创新能力。虽然也有不少学者研究了提升企业技术创新能力过程中员工创新行为的重要性，但是这些研究主要集中于对员工创新行为的内部动机和外部动机（Amabile，1996），以及组织创新氛围对员工创新行为的影响（翟青，2006）。

六是创新惯性及惯例能够影响技术创新能力。Narula（2002）通过对创新惯性和组织结构惯性对企业技术创新能力进行分析；Nelson 和 Winter（1982）在 *An Evolutionary Theory of Economic Change* 一书中通过"惯例"来分析企业技术创新的搜寻、变异；随后的学者对惯例以及惯例在实证中的应用进行了大量研究（Feleman，2003、2004；Markus C. Becker，2006、2008）。我国学者李长青、张术丹（2006）提出了利用演化理论的思想来分析企业技术创新行为，但没有进一步探讨惯例与企业技术创新能力之间的关系；杨玉秀（2004）从演化经济学的角度分析了创新的动力源泉，并对变异、搜寻、选择在创新中的作用进行了分析，但没有对惯例在技术创新中的路径进行探讨。

2.4.2 技术创新能力测量研究

由于技术创新能力本身的特点决定了我们很难直接衡量技术创新的质量和数量（Hill，1979），因此以往的文献研究并没有统一的测量技术创新能力指标，研究者根据研究的重点制定了不同的测量指标体系。

我国学者官建成（2004）在研究中将技术创新能力分为 7 个维度，分别为学习能力、研究开发能力、生产制造能力、市场营销能力、资源配置能力、组织创新能力和战略计划能力，并通过对我国制造业的调研，利用回归分析的方法验证了企业技术创新能力与创新绩效之间的关系。梅小安、彭俊武（2001）采用了弱势指标倍数法来评价企业技术创新能力；胡恩华（2001）运用集合、权重和模糊数学方法，构建了企业技术创新能力指标评价体系；康凯、邢静、张会云、齐莉丽（2002）则是采用了密切值法建立了企业技术创新能力多层次分解评价模型；等等。

Jacobsson（1996）的研究则是从技术创新能力的投入和产出两个维度来衡量。技术创新投入型指标：R&D 经费，正式 R&D 的存在，同其他机构的合作创新程度，员工教育背景等；技术创新能力产出型指标：主要包括专利和创新两大方面，其中最主要的是专利指标，以及由此延伸的基于专利的创新指标和引用个数指标；其次是来源不同的创新数目指标。孙晓峰（2007）将技术创新能力评价指标分为 4 个维度，分别为企业投入能力、R&D 能力、投入产出效率、企业组织管理能力，并对每个维度进行了指标度量。

谢洪明（2006）在市场导向和组织创新研究中，将组织创新分为管理创新和技术创新两种，并分别探讨了管理创新和技术创新与市场导向企业之间的关系。在该研究中，谢洪明主要用新技术使用和新产品效益作为考核技术创新能力的指标，并认为这两种创新会相互影响进而影响组织绩效。

2.4.3 技术创新能力文献研究小结

通过对技术创新理论文献研究发现，技术创新能力的研究主要集中于技术创新能力的评价和指标体系构建上，但是由于对技术创新能力研究重点不一致也就导致了评价和考核标准不一致，为今后的实证研究带来了困难。本书关于技术创新能力的研究主要有以下几个要点：

第一，技术创新能力界定：技术创新能力主要指产品和技术的创新，企业通过研发和采用新技术，推广新产品而带来了效率的提升，进而提升了企业竞争优势。

第二，已有的文献研究中开始探讨组织惯例与企业技术创新能力之间的关系（Narula，2002；李长青、张术丹；2006），但是两者的研究并没有深入研究组织惯例与技术创新能力之间的路径影响机制以及进行数据验证。因此，本书将进一步研究组织惯例更新与企业技术创新能力之间的关系。

3 组织惯例更新的影响因素及效能研究模型

本章介绍组织惯例更新的影响因素及效能模型的主要研究内容，并根据模型提出研究假设。主要内容包括：组织惯例更新的影响因素研究模型；组织惯例更新的效能研究模型；组织惯例更新的效能与组织绩效关系研究模型；组织惯例更新的影响因素及效能研究全模型。

3.1 组织惯例更新的影响因素

3.1.1 CEO变革型领导行为与组织惯例更新

变革型领导的概念最早是由 Downton（1973）提出的，随后的很多学者对这一概念进行了大量研究。最近的20多年变革型领导研究中，以 Bass 等所做的工作最具代表性。Bass（1985、1995）提出了变革型领导行为的综合理论框架，并开发了相应的测量工具。他们认为，变革型领导者具有非常强烈的内在价值感和观念体系，他们通过让下属意识到所承担任务的重要意义，激发其高层次需要，建立相互信任的氛围，促使下属为了团队或者组织的利益而超越个人利益，并产生超过期望的工作结果。

在 Bass 等的研究中，变革型领导主要通过4个维度来测量（Bass 和 Avolio，1990），即领导魅力、领导感召力、智力激发、个性化关怀。

3 组织惯例更新的影响因素及效能研究模型

组织惯例更新是指当组织惯例执行的环境发生变化时，组织惯例一方面通过遗传和变异实现更新，保证组织惯例的适应性；另一方面组织惯例也会搜寻新的、更有效的组织惯例，并进行市场选择，实现组织惯例创新，形成新的组织惯例。因此，组织惯例更新可以用两个维度来度量：组织惯例更新和组织惯例创新。组织惯例具有很强的路径依赖性和情景依赖性（Teece 和 Pisano，1994；Cohen 等，1996；Cohendet 和 Llerena，2003），所以，一旦企业外部环境发生变化时，组织惯例就要实现更新和创新两个过程。

组织惯例更新过程表现为，组织惯例会将变化的环境因素引入组织惯例的遗传和复制过程。在这个过程中，组织惯例通过遗传和环境变化引起的变异，不断地复制组织行为，实现组织惯例的更新。更新后的组织惯例既保持了原组织惯例的稳定执行，同时也吸收了环境的变化，我们把这个过程称为组织惯例更新。

组织惯例更新过程变现为，当企业外部环境发生变化时，组织惯例吸收的环境变化因素会改变企业原有的组织惯例，进而形成一个或者多个新的组织惯例。此时，企业就要进行组织惯例的搜寻和选择过程（Nelson 和 Winter，1982），企业通过不断的试错过程实现组织惯例的优胜劣汰，最终会通过市场选择来选择新的组织惯例作为企业的行为模式，实现组织惯例的创新过程（Nelson 和 Winter，1982）。这个过程有两个非常重要的机制，一个是试错机制，另一个是选择机制。试错机制就是当组织惯例能够成功实现组织目标时就可能增加组织惯例的执行；而当组织惯例不能实现组织目标时就减少组织惯例的执行（Cyert 和 March，1963）。选择机制就是企业从众多可选择的组织惯例中采用那些效率较高的组织惯例，而选择的主要依据则是组织以前成功或者失败的经验和历史（Rander，1986）。因此，企业通过组织惯例的动态优化实现组织惯例与执行惯例的环境之间的动态匹配，最大限度地发挥组织惯例效能。

但是，组织中存在一些因素会影响组织惯例更新，概括起来主要有以下三个方面。第一，组织惯例的执行者本身就缺乏动力去更新和创新组织惯例（Cohen，1984）。因为现有的组织惯例执行者可以从执行现有组织惯例过程中获得益处，例如执行现有的组织惯例可以使其付出更少的努力，或者现有的组织惯例执行可以使其保持权威等，一旦现有的组织惯例发生变化，其获得的利益和好处就会丧失，因此，现有惯例的执行者就不会主动去更新组织惯例实现与执行环境的动态匹配。第二，在组织学习过程中容易缺乏更新或创新组织惯例的激励机制（Nonaka，1994）。因为在组织学习中会有一种根深蒂固的个人取向就是避免太大风险的保守主义，在组织惯例的更新和创新过程中，组织惯例的执行者面临较大的不确定性风险，进而阻碍组织惯例更新过程。而企业如果不能制定有效的激励机制改变这种保守主义倾向，鼓励个体在组织学习中创造新知识，组织惯例更新也就很难实现。第三，个体学习和集体学习冲突的风险（Argyris和Schon，1978）。企业内部缺乏一种有效整合个体学习和集体学习的机制，经常会出现企业内部员工所做的和企业所说的不一致。

变革型领导能够影响组织惯例已经得到了不少学者的研究证明。例如在Cohendet等（2000a、2000b）的研究中，明确指出变革型领导可以从多个层面影响组织惯例。首先，变革型领导影响组织惯例执行者行为。许多的研究证明变革型领导能够影响员工的工作态度和动机，变革型领导者能够积极关注、理解并试图解决每一个下属的需要，并通过感召力将这些需要提升为更高层次的追求；感觉自己受到关注的下属更有可能为了长远的目标而努力工作以不负领导者的高度期望，这将最终导致工作满意度、承诺等态度变量的改善和提高。例如Judge（2004）和Walumbwa（2004、2005）的研究都证明了变革型领导能够影响组织员工。因此，变革型领导会影响组织惯例的执行者，使组织惯例的执行者有动力或者动机去参与组织惯例的更新过程。其次，变革型领导影响组织惯例选择过程。变革型领导的创新思想和创新意识使变革型领导对环境变化具有更强的敏感性，将新知识和新技术引入企业，进而形成新的组织惯例适应环境变化，在这个过程中变革型领导对环境变化的敏感程度会影响组织惯例更新过程。最后，变革型领导的创新思想和创新意识影响组织惯例创新过程。变革型领导会支持和鼓励创新思想和创新行为，并为之制定有效的激励机制以激励员工参与创新过程，这也为组织惯例的创新提供了源泉。新技术、新思想的引入会产生更多的新的组织惯例，也就为组织惯例的选择提供了基础。因此，变革型领导有利于组织惯例更新。据此，本书提出如下研究假设：

H1：CEO变革型领导行为与组织惯例更新具有显著正向关系。

3 组织惯例更新的影响因素及效能研究模型

3.1.2 组织学习倾向与变革型领导、组织惯例更新的关系

Garvin（1993）定义组织学习是一种企业为应对新技术、新知识变化，改变组织行为而获取知识，创造知识和转移知识的技巧。大部分的学者将组织学习视为企业认知过程和不断地适应环境变化而进行学习的过程。一些学者认为组织行为的改变必须通过学习才能完成（Fiol 和 Lyles，1985）；而其他的一些学者则认为改变组织行为只需要改变它们的思维方式就能实现（Huber，1991）。有的学者研究认为企业收集市场信息的机制通过组织学习也能改变企业行为（Sinkula，1994），而其他的研究者认为企业需要有共享的心智模式、共享的组织愿景、解决问题的开放式想法才能最终改变企业行为（Senge，1990、1992）。Argyris 和 Schon（1978）认为组织学习是以知识的形式将信息积累，是组织成员检查组织存在的问题，并通过重新构建组织行为的理论以及把组织学习结果应用到组织过程中，进而加以纠正的过程。在这里我们可以发现，组织学习过程涉及两个方面，那就是组织知识的获取和看待组织学习的价值。

组织学习倾向的研究主要有两个值得关注的方向：一些学者强调有用的信息经过组织学习后而产生新知识、传播新知识的机制（Huber，1991）；另一些学者认为企业是一个有认知能力的企业，要求企业分享心智模式，分享组织愿景，解决问题的开放思考（Senge，1990）。

组织学习倾向的中心问题就是组织对待组织学习的基本价值观。该价值观会直接影响组织能否有可能营造学习的氛围，进而形成组织学习的文化。如果一个组织在组织学习价值观上关注很少，或者对待组织学习价值观尚未形成，那么该组织也就很难形成有效的组织学习，组织学习基本不可能发生（Norman，1985；Sackmann，1991）。组织学习倾向也会影响组织对现有知识利用程度的满意度，影响组织对所获取知识的学习、编译和最大化的应用成果（Argyris 和 Schon，1978）。在已有的研究中表明，组织学习承诺、共享愿景、开放心智是影响组织学习倾向的三个重要因素（Day，1991；Tobin，1993）。

学习承诺。学习承诺会增强组织学习倾向，鼓励组织成员积极获取新知识，并进行知识的创新和转移。如果一个组织缺乏组织学习承诺，就很难形成一种学

习氛围和文化，组织学习效率也将很低（Norman，1985；Sackmann，1991）。学习承诺、组织学习的原则和标准是有关系的（Senge，1990），例如是否对组织学习行为进行有效激励。Galer 和 Vander Heijden（1992）认为文化适合学习（Culture Amenable to Learning）是提高企业对环境变化敏感程度能力的先决条件。Shaw 和 Perkins（1991）坚持认为，通过学习效率高的公司可以反映出来，公司必须要把组织学习当作一种基本的价值观，组织学习是企业获取核心竞争优势的重要途径，公司必须让员工了解其原因和影响并让组织学习他们的行动，才能获得更高的学习效率。

开放心智。心智模式（Mental Models）反映人的世界观和价值观，是人们持有的对世界如何运作的看法。同时，心智模式也会限制我们对思考和行动的认知（Day 和 Nedungadi，1994）。过去成功的或者失败的组织学习都会对现有的组织学习心智模式产生影响。但是，随着环境的变化，这些组织学习的心智模式可能不再正确，如果仍然按原有的方式进行运作，就会影响组织学习的效果，除非开放心智去质疑原有的组织学习假设（Day，1994；Porac 和 Thomas，1990；Senge，1992；Sinkula，1994）。开放心智同"忘却"这个概念紧密联系（Nystrom 和 Starbuck，1984）。当一个组织能够主动地去质疑长期运作的学习模式，就进入了"忘却"的第一个阶段。因此，组织只有开放心智才能接受新生事物，组织需要鼓励大家去打破常规，去主动学习新知识和新技能，这样才能营造很强的创新氛围，员工才敢于去发明创造，促进学习效率提升进而提高组织绩效。我们不难看出，开放心智深深地影响了组织学习的强度。

共享愿景。共享愿景与学习承诺和开放心智的不同之处在于，它并不像学习承诺和开放心智那样直接影响组织学习倾向的强度，但是它却是组织学习倾向中非常关键的一个因素。大部分学者对组织学习做文献回顾时，都把共享愿景的构念当作组织学习的核心基础，因为其提供了学习的方向，是促进或提升组织成员能量（Energy）、承诺和目标的一个焦点。组织成员没有承诺和赞同组织所确定的发展方向，就会没有学习的动力（McKee，1992；Norman，1985；Senge，1990）。此外，如果没有共享愿景，组织中的每个人就可能很少了解组织对员工的期望，也很少了解将会按什么标准来衡量绩效，或者是组织运作是基于何种理论来运作的。在这种充满不确定性的外部环境下，即使员工有动力去学习，他们也很难知道去学习什么内容，所以共享愿景将对提高组织学习能力起到方向性的重要作用。

领导行为能够影响组织学习倾向在已有的研究中已经得到广泛证实（Slater 和 Narver，1995）。Versa 和 Crossan（2004）通过定性分析，建立了基于变革型领导、交易型领导与组织学习的 4I 模型，探讨了领导行为对组织学习的前向和后向反馈影响，而变革型领导对组织学习倾向的影响主要有以下三个方面。

变革型领导有利于组织学习承诺。组织学习承诺是对待组织学习的基本价值观，作为变革型领导者本身就是组织学习的倡导者。Avolio 等（2004）的研究发现变革型领导对组织承诺具有正向影响。变革型领导者通过自身的行为表率，积极参与组织学习，通过构建有效的学习激励机制，营造浓厚的组织学习氛围；变革型领导的个人品质魅力和感召力有利于分享组织学习愿景。变革型领导者通过对组织学习愿景的共同创造和宣传，在组织内部营造积极学习的氛围，与组织成员一起开展组织学习，形成具有凝聚力和向心力的学习团队，增强组织学习倾向。同时，变革型领导由于企业人格魅力和品质感召力会影响和带动下属为共同的组织愿景而努力奋斗，变革型领导通过对团队内部施加影响，促进下属之间的信任和合作，使他们为了共同的团队目标而努力，并在促进下属知识共享、组织认同、角色内绩效和组织公民行为等方面具有重要作用。Yang（2007）的研究也认为变革型领导对知识分享和愿景分享具有正向作用；变革型领导的创新意识和智力开发有利于组织学习开放心智模式。变革型领导者本身就是知识创新者，同时也鼓励下属创新和挑战自我，包括向下属灌输新理念，启发下属发表新见解和鼓励下属采用新手段和新方法解决问题。通过变革型领导者智力激发可以使组织成员在组织学习过程中更加积极主动，并敢于挑战和质疑原有的知识和惯例，有利于增强组织学习能力。变革型领导者在实际工作中不断锻炼自身的领导魅力和感召力，同时建立组织信任，使员工感受到强烈的组织信任感，将有助于提升领导者的权威，使员工越发表现出对组织的认同、参与和忠诚。因此，变革型领导对组织学习倾向有正向影响作用。据此，本书提出如下研究假设：

H2：CEO 变革型领导行为与组织学习倾向具有显著正向关系。

组织惯例更新是组织惯例更新和组织惯例创新的过程。组织惯例更新过程离不开组织学习，因为组织惯例本身就是从集体学习开始的。因此，组织学习倾向对组织惯例更新具有正向积极影响。一方面,组织学习倾向较高会在企业内部形成较好的组织学习氛围,因为较高的学习倾向会带来一致的学习承诺、共同愿景分享和开放的心智模式。在这种情况下,企业员工会积极参与组织学习,并不断分享学习经验和知识,有效实现个人学习与集体学习、个人知识和集体知识、显性知识与隐性知识的相互交换,有利于新知识、新技术和操作程序的产生。更多新知识、新技术的运用也就为组织惯例更新带来了更多选择。组织惯例会通过试错、选择机制(Cyert 和 March,1963)对组织学习成果进行市场选择(Rander,1986),最终实现组织惯例有效更新。另一方面,组织学习倾向较高时,组织成员学习心智更加开放,对组织内部和外部环境变化的敏感性更高,组织成员敢于质疑和挑战原有的组织惯例和学习模式,这也为组织惯例更新提供了动力源泉。

组织惯例创新过程也离不开较高的组织学习倾向。组织惯例更新是组织惯例的搜寻、变异、选择过程,组织惯例更新实现了组织惯例的遗传和复制,保持了组织稳定性(Cyert 和 March,1963;Nelson 和 Winter,1982),而组织惯例创新则是实现了组织惯例变革(Feldman 和 Rafaeli,2002;Nelson 和 Winter,1982)。由于市场、环境和技术的动态性,要求企业对新市场、新技术保持较高的敏感性,才能在竞争中处于有利地位。因此,组织学习倾向对组织惯例创新具有正向积极影响。一方面,组织学习倾向较高有利于创新性组织学习氛围的形成,创新性的组织学习氛围有利于新知识和新技术的产生和应用,新知识和新技术的应用有利于组织惯例的"搜寻";另一方面,组织学习倾向高有利于组织学习开放心智,开放心智有利于组织员工主动搜寻新技术、新知识,有利于创新知识和新技术的引入,有利于组织员工发明创造,促进学习效率的提升进而实现组织惯例创新。

因此,组织学习倾向是影响组织惯例更新的动力源泉。组织学习倾向高有利于提高组织成员学习的积极性,有利于良好的学习氛围形成、有效的学习激励机制形成,有利于新技术、新知识的学习和引入,更有利于集体学习和个人学习成果之间的转换,进而有利于新知识、新技术的产生和运用,为组织惯例更新提供了动力源泉。因此,组织学习倾向在变革型领导和组织惯例更新之间起着中介作用,变革型领导对组织学习倾向具有正向的影响,进而有利于组织惯例更新(见图 3.1)。据此,本书提出如下研究假设:

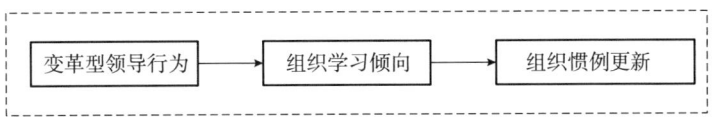

图 3.1　组织惯例更新的影响因素模型

H3：组织学习倾向与组织惯例更新具有显著正向关系。

H4：组织学习倾向在 CEO 变革型领导行为与组织惯例更新的关系中起着中介作用。

3.2　组织惯例更新与其效能的关系

3.2.1　组织惯例更新与动态能力

动态能力的观点在管理文献中的关注度近年来不断增加（Teece、Pisano 和 Shuen，1997），特别是在战略管理领域和组织领域的文献中，利用动态能力来研究战略选择和环境条件之间的关系引起了研究者们很大的兴趣（Thompson，1967），当今经济发展给企业的生存环境带来了巨大挑战，不断变化而又复杂的动态环境给企业的竞争力和技术创新能力带来了风险，企业不能适应环境的变化就会给企业绩效带来负面的影响（Audia、Locke 和 Smith，2000）。最近的研究表明企业保持竞争优势的平均年限越来越短（Wiggins 和 Ruefli，2005），特别是在复杂或者高速变化的环境中，企业很难获得长期竞争优势。因此，面对环境的动态变化，企业应该建立连续的竞争优势以应对不断变化的环境（D'Aveni，1994；Eisenhardt 和 Martin，2000）。那么企业怎样才能成功地应对环境变化带来的挑战呢？动态能力的研究为企业和研究者解决这一关键问题提供了很好的视角。Teece 等（1997）的 *Dynamic Capabilities and Strategic Management* 一书发表后，对动态能力的研究起到了巨大的推动作用。一方面，在国际顶级期刊上发表的关于动态能力的文章不断增加；另一方面，动态能力研究应用领域也越来越广泛，例如市场营销（Menguc 和 Auh，2006）、人力资源管理（Thompson，2007）、运营管理（Fixson，2005）等领域。

目前关于动态能力的研究大致可以分为以下四个学派：第一，整合学派，代表人物是 Teece、Pisano 和 Shuen 等。他们认为动态能力是企业整合、构建和重组内外部竞争优势以应付快速变化环境的能力。其中，"动态"强调的是与快速变化的环境相匹配；"能力"强调的是适应、整合和重组内外部资源、技能以匹配环境变化需求的能力。他们还提出了动态能力的分析框架，位置、路径、过程。"位置"强调的是内部企业可获得特定资源与外部企业相关的市场资产状况，企业现在的位置决定了未来决策能够实现的程度；"路径"强调的是企业过去的历史和企业演化形成的模式，企业的未来依赖于目前路径及其形成的力量；"过程"强调的是组合，协调和整合有用资源以及组织学习和知识的转换过程可以确保组织持续的适应和变化能力。第二，过程学派，代表人物是 Kusunoki、Nonaka 和 Nagata 等。他们提出了基于知识动力的动态能力模型，认为动态能力嵌入知识动态相互作用的过程中，是个人和集体知识的链接和整合模式，由于竞争对手无法直接涉及知识动力，所以动态能力是最具专有性和最难以转移的能力。Eisenhardt 和 Martin（2000）提出了基于过程的动态能力分析框架。他们认为动态能力是诸如产品创新、战略决策制定和联盟等可辨识的、特定的过程，通过依附于这些过程的惯例来整合、重构、获取和释放资源，从而成为新的竞争优势来源。同时，过程学派特别强调动态环境的作用，认为动态能力的结构特征依据市场变化的实际程度而定，一般情况下，市场分为适中变化和高速变化两种状态。因此，与环境相适应，动态能力有两大类型：在适中变化的市场中，动态能力类似传统的惯例概念，也就是具有逐渐变化的能力驱动模式的概念；与之相反，在高速变化的市场中，动态能力表现为简单的、经验性的、多变的惯例形式。第三，学习学派，他们认为动态能力是学习和稳定的集体行为模式。"学习和稳定的模式"系统地揭示了动态能力是结构化和连续性的，学习机制可以改变组织惯例，进而形成动态能力。Nelson 和 Winter 认为"组织是一系列相互依赖的运营和管理惯例，这些惯例在绩效反馈的基础上缓慢演化"。即使环境并不是动态变化的，同样可以实现对"组织惯例"的整合、构建和重组。第四，自组织理论学派。Masini 等

(2004)借助演化经济学的分析工具——自组织理论,首先明确提出动态能力是运用和拓展兼而有之的高层次管理能力,是与环境相适应的自组织系统。Schreygg和Kliesch(2005)则在Teece、Pisano和Shuen(1997)的研究基础上提出了一个基于双重过程(Dual-process)的动态能力自组织系统模型:一方面是基于整合已胜任完成特定任务过程的运营层次(Operational Level)能力;另一方面是基于监控运营能力运行过程的、由各种协调和控制机制构成的监控能力(Monitoring and Controlling)。两种能力协同互动,共同演进,才能保证在特定领域获取持续竞争优势。

综合以上四个学派的研究我们发现,动态能力关注的领域主要有两个:一个是环境适应性,即企业如何去适应环境的变化;另一个是如何整合内外部资源,使之与变化的环境相匹配。因此,本书主要借鉴了Teece等的研究成果。

Teece等(1997)基于资源基础理论提出了动态能力的概念。资源基础理论认为企业获取竞争优势的来源是企业独特的资源和能力,这些资源和能力具有有价值的、稀缺的、不易模仿的、可组织的特性。资源就是企业所能控制的或者拥有的资产;能力是指企业开发、利用、整合这些资源达到最终目的的能力(Amit和Schoemaker,1993)。资源基础理论假设企业所拥有的资源和能力是具有异质性的,而且这种异质性会一直存在。只要企业所拥有的资源和能力是有价值的、稀缺的、不易模仿的、可组织的,企业就可以从这些资源和能力中获取竞争优势(Barney,1991)。然而,资源基础理论对于资源和能力的研究被认为是静态的研究,当用来解释动态环境下企业竞争优势时就不够充分有力(Priem和Butler,2001)。最终,Teece和他的研究者们提出了动态能力研究框架,弥补了研究的空白。尽管Teece和Pisano(1994)已经引入了动态能力的概念,但是真正引起研究者关注的还是他们1997年的那篇文章。

Teece等(1997)将动态能力定义为:"企业整合、构建和重组内外部优势(Competences)以应付快速变化环境的能力"。他们的研究框架主要包含了以下几个方面的内容:第一,将概念的本质归类为能力,特别强调了这种能力在战略管理中的重要作用;第二,详细阐述了这种能力的作用是整合、构建和重构内外部竞争优势,并从演化经济学的视角阐述了惯例、路径依赖、组织学习在能力中的作用(Nelson和Winter,1982);第三,他们更加关注快速变化的环境,丰富了资源基础理论解释动态环境下企业能力的成果;第四,他们假设动态能力是组织构建的而不是靠购买就可以得到的,并且这种能力和企业的成长和演化以及创新过程紧密地联系在一起,这种观点也和演化经济学的观点相一致;第五,他们强调资源基础理论认为的资源和能力与动态能力是不一样的,因为动态能力是建立在公司独特的路径、流程和资源定位之上的;第六,他们强调企业动态能力最直接的产出就是形成企业持续竞争优势。

组织惯例更新所带来的结果就是组织惯例能够根据环境或者技术的变化进行更新和创新,进而使企业与变化了的环境和技术相匹配,因此,组织惯例更新对动态能力具有正向影响作用,主要表现在以下三个方面:

(1) 组织惯例更新有利于企业更加适应不断变化的环境。组织惯例更新过程是指组织惯例从一个稳定状态向另一个稳定状态变化过程中所实现的,将变化的环境和技术因素融入组织惯例中,并进行组织惯例的搜寻和选择的过程,进而实现组织惯例与变化了的环境相匹配,增强企业的环境适应能力。因此,组织惯例更新为企业带来的最大好处就是优化后的组织惯例与环境的匹配性更好,使企业与外部环境的适应性更强,从而使企业能够在不断变化的环境中获取持续竞争优势。

(2) 组织惯例更新有利于整合内部知识和能力,使之与外部环境相匹配,进而影响动态能力。组织惯例更新过程是指组织惯例能够根据环境的变化,将变化的环境因素引入组织惯例中来,组织惯例能够将这种变化的环境因素结合企业内部知识和能力进行整合和重组,进而产生新的组织惯例。在这个过程中,组织惯例的遗传和复制能力起到了重要作用。更新后的组织惯例既保留了原有组织惯例的优势,又引入了新的变化因素,实现了组织惯例的更新。更新后的组织惯例是对原有组织知识和能力的有效整合及重组,优化了企业知识和能力,进而有利于企业动态能力的构建和形成。Nelson 和 Winter 也认为"组织是一系列相互依赖的运营和管理惯例,这些惯例在绩效反馈的基础上不断演化,组织惯例演化的过程也就是不断构建企业动态能力的过程"。Winter(2003)、Cepeda 和 Vera(2007)提出的关于组织能力阶层理论认为动态能力属于第三阶层能力,即企业为了适应环境变化而不断追求资源、能力和核心能力更新、重构和再造的能力。Zollo 和 Winter(2002)、Winter(2003)从组织惯例视角分析了企业高阶能力的存在,并把组织能力界定为高水平的组织惯例,因此动态能力也具备了组织惯例的特征,即动态能力必须是通过学习获得的,从事高度程式化、可重复活动的能力,并且部分建立在隐性知识的基础之上。因此,组织惯例更新对动态能力的形成和构建具有正向作用。

(3)组织惯例更新有利于企业使用新技术和新知识来整合企业资源和能力,影响动态能力。组织惯例创新过程是组织惯例搜寻、选择的过程,组织惯例通过不断地搜寻实现新技术、新知识与企业原有知识和资源的整合,并形成新的组织惯例,在这些新形成的组织惯例中有些是要被淘汰的,而有些则是会不断被复制和使用的。在这一过程中组织惯例的试错(Cyert 和 March,1963)、选择(Rander,1986)机制则保证了被选择不断复制执行的组织惯例是效率较高的组织惯例,而这些组织惯例实现了企业内部资源的有效整合和利用,进而构成了企业动态能力的知识和能力的源泉。综上所述,组织惯例更新对动态能力具有正向的影响。据此,本书提出如下研究假设:

H5:组织惯例更新与动态能力具有显著正向关系。

3.2.2 动态能力与组织惯例更新、技术创新能力的关系

Teece 和 Pisano(1994)关于动态能力的研究主要强调了两个方面:①动态方面,强调环境适应性;②能力方面,强调企业构建和配置内外部资源的能力。因此,动态能力能够实现企业内外部资源的整合与外部环境之间的适应性。而技术创新能力则是企业如何将资源高效地转化为产品、技术和服务的能力。因此,动态能力与技术创新能力之间存在密切关系。

动态能力强调的第一个方面是"动态",即外部环境的多变性,这里包括经营环境和市场的多变性,也包括技术环境的多变性。企业动态能力能够增强组织对外部环境、市场和技术的适应性,能够使组织根据经营环境和市场的变化调整经营战略方向;能够使企业根据外部技术环境的变化及时更新技术和引入新技术,提升企业技术创新能力。因此,动态能力能够使企业及时了解外部环境和技术变化,开发新产品,研发新技术,应对环境和技术变化,提升了企业技术创新能力,获取竞争优势。

动态能力强调的第二个方面是"能力",即企业对内外部资源的整合和协调能力。具备较强动态能力的企业能够为组织带来内部资源的整合和创新以及内部资源与外部环境和战略目标之间的协调,进而提供具有竞争力的产品和服务。而技术创新活动正是所有企业资源的集合体,并不是企业内部一两种资源的简单相加,也不是特定的职能部门的活动,而是需要资源、环境和能力之间相互作用、互为补充。因此,企业动态能力能够为技术创新带来内外部资源的有效整合和协调,进而有利于企业利用资源的互补性和协调性来开发新产品,研发新技术,提升企业技术创新能力。

因此,组织动态能力构建为企业技术创新能力的提升提供了基本保障,也是企业技术创新能力提升的动力源泉。据此,本书提出如下研究假设:

H6:动态能力与技术创新能力具有显著正向关系。

组织惯例更新与技术创新能力之间的研究是本书的一个创新点,目前的文献研究比较缺乏,但是组织惯例与技术创新能力之间的关系和路径已有不少文献进行了研究。Narula(2002)、李长青和张术丹(2006)的研究探讨了组织惯例与企业技术创新能力之间的关系,但是他们并没有深入研究组织惯例与技术创新能力之间的路径影响机制以及进行数据验证。王永伟(2011)的研究探讨了组织惯例对企业技术创新方式选择的影响,并通过彩电行业数据和TCL国际化进程进行了案例分析;组织惯例和行业惯例在企业技术创新进程中具有重要作用,只有那些组织惯例与行业惯例相似的企业才能在技术创新中获取行业竞争优势。Runde(2009)的研究主要探讨了规则和惯例在产品创新过程中的作用,因此,组织惯例与技术创新能力之间有着密切关系。但是组织惯例本身具有稳定性和惰性,使得它又会成为技术创新中的障碍(Feldman,2000),所以,组织惯例更新显得尤为重要。组织惯例更新对技术创新能力的影响主要有以下四个方面:

一是组织惯例更新能够为组织带来资源的整合和有效利用,进而提升企业技术创新能力。技术创新能力提升不单单是科研部门的任务,而是需要各部门之间和各种资源之间相互配合、互为补充,这样才能带来新技术和新产品的研发和推广。组织管理动态优化过程中不论是更新的组织惯例还是新引入的组织惯例都是对组织资源和环境的整合和协调,有利于企业推广和采用新技术、新流程,提高产品和技术的研发效率,进而提升企业技术创新能力。

二是组织惯例更新实现了组织惯例与外部环境以及组织资源之间的匹配性，淘汰了效率低下的组织惯例，进而保留和优化了效率高的组织惯例，通过组织惯例搜寻，引入新的组织惯例。

三是组织惯例更新不仅优化了原有的流程和提高了流程效率，同时也使企业保持了对环境和技术的敏锐性，能够及时了解和把握市场与技术的变化方向，为企业技术创新提供了帮助。因此，组织惯例更新有利于企业保持对新技术和新环境的敏锐性，有利于企业新技术研发和新产品开发，进而提升企业技术创新能力。

四是组织惯例更新有利于企业流程优化和新技术引入，提升企业技术创新能力。组织惯例更新是一个组织惯例更新和新惯例引入的过程，在这个过程中，更新的组织惯例提高了流程效率，有利于提高企业生产效率、提升企业竞争力；新惯例的引入则是为企业提供了新的发展动力，这种新惯例带来知识和技术的更新与整合，有利于企业技术创新和资源的有效综合利用，进而提升企业技术创新能力。因此，组织惯例更新带来了企业技术创新能力的提升。据此，本书提出如下假设：

H7：组织惯例更新与技术创新能力具有显著正向关系。

鉴于动态能力不仅是组织惯例更新的效能，同时也会影响企业技术创新能力的提升（见图3.2），因此，动态能力在组织惯例更新和技术创新能力之间起着中介作用。据此，本书提出如下假设：

H8：动态能力在组织惯例更新与组织绩效的关系中起着中介作用。

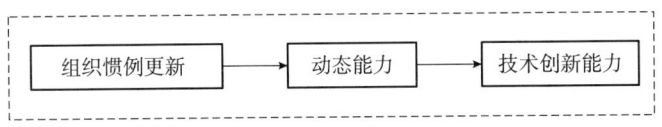

图 3.2　组织惯例更新的效能模型

3.3 组织惯例更新的效能与组织绩效的关系

3.3.1 动态能力与组织绩效

在已有的文献研究中有很多的学者研究了动态能力与组织绩效之间的关系，普遍认为企业动态能力与企业绩效之间呈现一定的正相关关系。Lansit 和 Clark (1994) 研究了计算机和汽车行业的动态能力，研究表明一个企业在产品开发中知识整合能力对企业绩效改善具有显著正相关关系。这个研究从某种程度上提供了动态能力对企业绩效具有正向影响的证据，激发了以后的研究者们对动态能力的定量研究。随后，Pisano (1994)、Grant (1996) 的研究指出，企业可以依据动态能力改变自身资源基础以创造新的价值增长空间，进而帮助企业赢得竞争优势。Teece (1997) 的研究指出，企业整合和重构自身资源和能力对其经营绩效具有显著的正相关关系。国内学者张建东 (2000) 通过对动态能力与企业跨期绩效关系的研究表明，动态能力与跨期绩效具有正相关关系。跨期绩效是相对于当期绩效而言的，跨期绩效的形成基础是企业通过吸收现存知识存量以及进行新知识学习从而形成的二期能力。二期能力是相对一期能力而言的，是形成跨期绩效的重要基础。他通过对我国影碟机行业的实地调研、问卷调查，采用相应的数据分析方法，构建了动态能力作用于跨期绩效的模型。Zott (2003) 主要研究动态能力属性对企业绩效的影响，运用了计算机模拟模型，以资源配置为分析单元建立了动态能力模型。研究结果认为动态能力之所以对企业绩效有正的相关作用，是因为动态能力的三个属性——配置资源的时机、成本和学习与绩效存在相关关系，由于该学者是以计算机进行的模拟研究，所以还没有对动态能力的这三个属性对企业绩效产生怎样的影响进行具体研究。我国学者刘维宁 (2004) 按照 Teece 等 (1997) 的动态能力战略框架将动态能力分成建构能力、整合能力和重构能力三个维度，通过大量数据验证企业全球化知识管理能力、动态能力和国际竞争优势之间的关系，研究发现动态能力是组织改变其现有资源根基的前提，也是组织产生新价值的能力,与企业绩效具有显著的正相关关系。王核成(2005)通过对长三角地区制造业企业进行实地调研、问卷调查,并对所收集的数据运用SPSS软件进行统计分析和因子分析,验证了企业动态能力与企业绩效之间也存在正相关关系。Menguo和Auh(2006)提出了动态能力的两个维度——市场导向和创新,他们认为市场导向的实践很容易模仿,它和互补性资源创新相结合增加了动态能力的价值性、稀缺性、难以模仿性和难以替代性。研究结果表明当增加创新这一维度时,市场导向这一动态能力对绩效的作用增强了。Ho-Yung(2006)研究了动态能力与NPD项目绩效的关系,结合RBV的观点,通过对来自生物技术企业的485份问卷进行SPSS统计分析和因子分析,证明了动态能力与NPD项目的绩效呈现高度的正相关关系。贺小刚(2006)从动态能力的5个维度——市场潜力、组织柔性、战略隔绝、组织学习和组织变革来分析动态能力与组织绩效之间的关系,通过大规模的问卷调查分析,发现动态能力对绩效起到了积极的促进作用,但是不同的因子所起到的作用是不一样的。Wu(2007)以中国台湾高科技新创企业的研究样本分析指出,这类企业的组织动态能力越强,其组织绩效也就越高。

一方面,动态能力增强了企业对外部环境变化的能力,能够有效调节自身资源和能力与外部环境的适应性,实现组织资源和能力与外部环境的匹配,从而最大限度地提高资源和能力的效率,进而提升组织绩效;另一方面,动态能力增强了企业对内部企业资源的整合能力,实现企业内部资源的有效综合利用,提升了组织资源的利用效率,提升了组织绩效;同时企业动态能力的增强也有利于企业内部各部门之间的协调和配合,有利于提高组织运行效率,进而提升组织绩效。因此,动态能力与组织绩效之间存在显著的正相关关系。据此,本书提出如下研究假设:

H9:动态能力与组织绩效具有显著正向关系。

3.3.2 技术创新能力与动态能力、组织绩效的关系

大部分的研究认为技术创新能力与组织绩效之间存在正相关关系(Chambers和Jennings,2002),但是目前国内关于技术创新能力与企业绩效的研究成果还不

成熟，大多的研究是近几年才开始的，而且大部分集中于技术创新能力评价指标体系和创新绩效上（陈劲、郑刚，2004；Ahuja、Katila，2001），而关于技术创新能力与组织绩效之间关系的实证研究较少。

但是本书研究认为企业技术创新能力能够显著提升组织绩效，主要表现在以下两个方面：

一方面，企业技术创新能力能够带来企业在产品上的竞争优势，进而提升组织绩效。组织绩效提升来源于所提供的产品在市场中的竞争地位和竞争优势，因此，只有企业提供了具有竞争力的产品才能在激烈的市场竞争中获取利润，提升组织绩效，而技术创新能力则是企业产品市场竞争力的保障。

技术创新能力是企业研发新产品的保障。在激烈的市场竞争中，企业只有不断地推出丰富多样的产品，才能在市场竞争中获取利润，而推出丰富多样的产品背后需要企业强大的技术创新能力的支持。这就要求企业能够根据市场环境和技术变化的趋势进行新产品的研究，引领行业产品发展趋势，从而能够在市场中获取较高的市场地位，提升组织绩效。因此，技术创新能力是企业提升市场竞争能力和提升组织绩效的保障。

另一方面，技术创新能力能够为企业带来技术上的竞争优势，进而提升组织绩效。当今世界的竞争是技术的竞争，而技术的来源则主要依靠技术创新能力的提升，因此，拥有先进的技术，就可以依靠技术优势获取市场竞争的垄断地位，提升组织绩效。企业技术创新能力强能够为企业研发新技术提供强大的能力支撑，能够使企业通过技术创新不断提升竞争力，依靠技术来获取竞争优势、提升组织绩效。

总之，技术创新能力能够为企业带来技术和产品在市场上的竞争地位和竞争优势，进而实现组织绩效的提升。据此，本书提出如下假设：

H10：技术创新能力与组织绩效具有显著正向关系。

动态能力能够使企业紧跟环境和技术的变化，有效地整合和协调内外部资源，实现组织资源、能力与环境的匹配性，有利于提升企业技术创新能力。同时，技术创新能力的提升带来了产品和技术在市场竞争中的竞争优势，有利于企业通过产品和技术的竞争优势获取利润，进而提升组织绩效（见图3.3）。因此，在动态能力与组织绩效关系中，技术创新能够实现企业动态能力效能的实现，通

3 组织惯例更新的影响因素及效能研究模型

过提供有竞争力的产品和技术来提升组织绩效。据此，本书提出如下假设：

H11：技术创新能力在动态能力与组织绩效之间起着中介作用。

图 3.3　组织惯例更新的效能与组织绩效关系模型

3.4　组织惯例更新的影响因素及效能研究全模型

根据以上文献研究内容，本书构建了组织惯例更新的影响因素及效能研究全模型。本模型包括组织惯例更新的影响因素研究、组织惯例更新与其效能关系研究、组织惯例更新的效能与组织绩效关系研究三部分，即变革型领导通过影响组织学习倾向，进而影响组织惯例更新；组织惯例更新与组织动态能力和技术创新能力之间的路径研究；组织惯例更新的效能与组织绩效之间的关系研究，即动态能力和技术创新能力与组织绩效之间的关系研究。本书研究模型主要关系假设汇总及结构方程模型见表 3.1 和图 3.4。

表 3.1　本书研究假设关系汇总

假设
H1：CEO 变革型领导行为与组织惯例更新具有显著正向关系
H2：CEO 变革型领导行为与组织学习倾向具有显著正向关系
H3：组织学习倾向与组织惯例更新具有显著正向关系
H4：组织学习倾向在 CEO 变革型领导行为与组织惯例更新的关系中起着中介作用
H5：组织惯例更新与动态能力具有显著正向关系
H6：动态能力与技术创新能力具有显著正向关系
H7：组织惯例更新与技术创新能力具有显著正向关系
H8：动态能力在组织惯例更新与组织绩效的关系中起着中介作用

续表

假设
H9：动态能力与组织绩效具有显著正向关系
H10：技术创新能力与组织绩效具有显著正向关系
H11：技术创新能力在动态能力与组织绩效之间起着中介作用

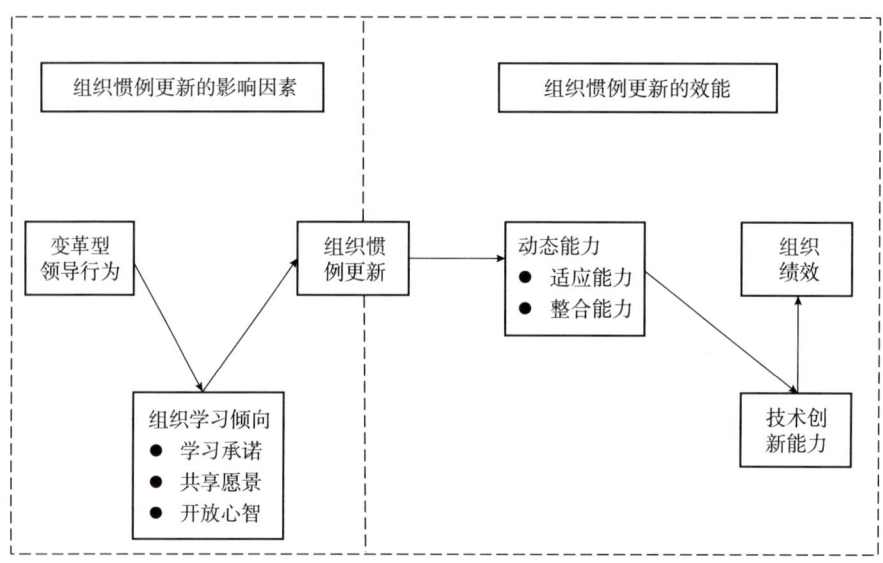

图 3.4　组织惯例更新的影响因素及效能研究全模型

4 研究方法及程序

本章主要介绍本书的研究方法和程序，为进行模型的实证数据检验提供科学的理论依据。主要内容包括：各变量测量量表来源；本书所采用的数据处理方法和程序；样本数据描述性统计分析结果；各变量量表的信度及效度检验结果。

4.1 各研究变量测量量表

4.1.1 变革型领导行为测量量表

Bass（1985、1995）认为，变革型领导者具有非常强烈的内在价值感和观念体系，他们通过让下属意识到自己承担任务的重要意义，激发高层次需求，建立相互信任的氛围，促使下属为了组织利益而牺牲自我利益，并最终取得超乎期望的绩效。变革型领导通过影响员工的情绪、动机、价值观等，从而使员工愿意为工作付出额外的努力。

Bass 和 Avolio（1990）的研究从 4 个维度对 CEO 变革型领导进行有效测量：①领导魅力；②领导感召力；③智能激发；④个性化关怀。该量表共有 8 个题项，分别是：在完成目标的过程中显示出决心；让他（她）的高层团队成员感觉愉快；为了企业（或集体）利益，不计较个人得失；表现出很能干、有魄力和自信；向高层团队成员表达对他们高绩效的期望；充满激情地谈论需要完成的任务；给大家描绘鼓舞人心的未来。该量表的 Cronbach's Alpha 值为 0.90，其中 4 个维度的效度分别为：0.93、0.92、0.88、0.85。该量表采用 Likert 五分量表计分，五个程度分别为"非常不同意"、"较不同意"、"一般"、"较同意"、"非常同意"。许多关于 CEO 变革型领导的研究均采用了该量表（Waldman 等，2001；Yang Ling、Zeki Simsek、Michael 和 Veiga，2008），这表明该量表具有良好的信度。

4.1.2 组织学习倾向测量量表

组织学习倾向量表采用 Sinkula（1997）的量表，该量表的信度和效度得到了 Baker 和 Sinkula（1999）研究的进一步验证。该量表包含 11 个测项，可以分为 3 个维度，即：①学习承诺。主要测量企业对组织学习的态度和价值观，认为组织学习是一种投资而不是一种成本（Sinkula，1997）。②开放心智。主要通过测量企业能否积极回应企业现有的各种顾客、市场和业务流程的假设（Sinkula，1997）。③分享愿景。主要测量企业各部门各层级是否有一致的目标和实现这一目标的动力（Baker 和 Sinkula，1999）。

该量表共有 11 个题项，分别为：①主管们认为本公司的学习能力对建立我们的竞争优势非常重要；②将学习视为改进的主要方法是本公司的基本价值观之一；③本公司将员工的学习视为一项投资而不是成本费用；④本公司认为学习是公司生存的必要保障；⑤本公司内部有一个共同的奋斗目标；⑥本公司内部各个层级和部门都认同组织的愿景；⑦本公司所有的员工都努力去实现公司的目标；⑧本公司的员工都觉得他们对公司未来的发展负有责任；⑨本公司经常反思对于顾客的各种假设；⑩本公司经常反思对于市场的各种假设；⑪本公司经常反思对于顾客信息的解释。该量表采用 Likert 五分量表计分，五个程度分别为"非常不同意"、"较不同意"、"一般"、"较同意"、"非常同意"。量表 Cronbach's Alpha 值为 0.90（$X^2 = 99.637$，$p < 0.01$，$GFI = 0.923$，$CFI = 0.954$），这表明该量表具有良好的信度。

4.1.3 组织惯例更新测量量表

组织惯例是企业所有的规则和可预见的行为模式的总称（Nelson 和 Winter，

1982)。本书通过对组织惯例研究文献的梳理和归纳,概括形成了本书关于组织惯例的内在结构,并界定组织惯例为组织成员执行任务时自觉执行组织规范的过程,是组织规范和组织行为的总称。由于本书研究组织惯例是从动态视角进行的,研究不同周期间组织惯例更新为企业动态能力和技术创新能力带来的影响,因此,本书将组织惯例更新界定为组织惯例更新和组织惯例创新过程。

由于关于组织惯例更新测量尚无可借鉴的成熟量表,因此,需要进行问卷开发。本书首先进行了公司访谈,主要包括以下几个问题:

(1) 贵公司经营过程中很多的规则和行为是怎么形成的?

(2) 贵公司中是否存在一些效率比较低的规则和做事方式?你们是怎么办的?

(3) 随着时间的推移,环境的变化,公司的很多规则或者工作方式是否有变化?如果有,你们是怎么做的?

(4) 贵公司是如何引进新知识和新技术来学习的?如何将学习的结果形成规则和做事方式的?

访谈对象主要是公司中层及高层管理者,其中中层管理者8人,高层管理者3人,以下是部分管理人员的访谈实录摘要。

A公司高层管理者认为,本公司在经营过程中的很多规则和行为都是经过"发现问题—制定预防制度—进一步完善—形成制度"这样一个过程实现的。其中,目前来看公司还存在一些效率低下的规则和做事方式,例如,有些流程较复杂(以后在不影响工作的前提下,可以尽量缩减流程环节);制度较多;存在多重领导现象。公司经常通过外派人员学习新的知识和技术来实现对新技术和新知识的学习。

B公司高层管理人员认为,本公司能够通过变革来实现对效率低下的组织规则和行为方式的更新。同时公司注重用新技术和员工技能培训来提升组织效率,采用的主要方法是:每年人力资源部都会招聘新员工,新鲜血液的加入会提高办公效率;公司每个月基本上都会组织员工外出参加各种学习或培训,回来之后组织分享,大家共同学习、共同成长;公司有开放分享的制度,可以写改善提案,可以给公司邮箱发邮件,也可以直接找相关领导反馈,只要有好的思路方法,公司一般都会采纳。

C公司中层管理人员认为，由于公司规模较小，因此很多事情的处理方式都是比较随意的，没有成文规定，但是大家做事情都有一定的操作规范；目前公司在沟通有效性以及岗位技能方面存在很大不足，由于公司主要是单位领导一人说了算，所以想改变比较困难。不过公司也想通过引入新的管理方法和新技术来改变组织现状，每次引入新技术和学习新技能时总有专人进行指导和实践，直到熟练掌握技能并能应用。

D公司高层管理人员认为，本公司能够通过一套操作规范和制度来有效经营，同时也会根据环境变化进行适时更新，比如说通过流程优化建议、技术创新建议等方式。当新技术引入时，公司能够及时进行有效培训，并能迅速将该技术在生产中推广应用，提升组织效率。目前来讲，公司有一套专门的流程和规则来实现技术和流程的更新和改善。

以上列出了四家公司的中高层经理的访谈内容摘要，通过对以上访谈信息的有效整理，本书共列出了11个测量组织惯例更新的测量题项：

（1）公司能够根据环境和业务的变化及时更新操作流程、规则和工作方式；

（2）新的操作流程、规则和工作方式很快能够在公司中得到推广和应用；

（3）公司员工关于有效改善内部操作流程、规则和工作方式的建议能够很快被采纳；

（4）公司鼓励员工开发和试行新的操作流程、规则和工作方式来提高工作效率；

（5）我们通过考核和评价公司的操作流程、规则和工作方式，并将效率较高的操作流程、规则和工作方式在公司内推广；

（6）公司能够为员工及时提供关于新的操作流程、规则和工作方式的培训和指导；

（7）公司员工通过遵循新的操作流程、规则和工作方式来提高工作效率；

（8）公司员工很快能够接受和应用新的操作流程、规则和工作方式来提高工作效率；

（9）公司非常重视新的操作流程、规则和工作方式实施后的效率提升；

（10）公司会主动进行操作流程、规则和工作方式的变革以迎接新挑战；

（11）当现有操作流程、规则无法适应现行市场需要时，公司会主动进行变革。

为了保证量表的内容效度，本书还邀请了三位组织惯例研究专家（两位教授，一位助理教授）对上述 11 个题项进行讨论和筛选，在综合考虑内容效度以及文字表述和企业实际情况后，将该问卷进行小范围预调研。选择了 30 位在企业担任中层或者高层的管理人员填写该量表，并个别进行跟踪访谈，征求意见。数据结果显示，该量表的信度为 0.922，探索性因子分析结果显示单因子得分中第一个因子和第二个因子得分低于 0.50。验证性因子结果显示：χ^2 为 49.03，自由度为 35，TLI 指标为 0.897，CFI 指标为 0.920，RMSEA 指标为 0.118。

因此，在对测量题项进行修正后，删除因子得分低于 0.50 的两个题项后，问卷信度为 0.913，验证性因子结果分析指标得到了明显改善：χ^2 为 21.8，自由度为 20，TLI 指标为 0.982，CFI 指标为 0.987，RMSEA 指标为 0.055。

最终，在对问卷进行有效修正之后形成了以下关于组织惯例更新的 8 个测量题项：

(1) 企业员工提出的改善组织规范的建议能够很快被采纳；

(2) 企业鼓励员工参与到组织规范的修订过程中；

(3) 企业能够定期考察和评估已有组织规范的运作效率；

(4) 企业能够及时地为员工提供新组织规范的培训和指导；

(5) 企业员工能够很快地接受并运用新的组织规范；

(6) 企业会对新组织规范实施后的效果进行定期的评估；

(7) 企业能够主动进行组织规范的变革以迎接内外部新的挑战；

(8) 企业鼓励员工定期提交改善组织规范的提案。

本书之所以作这样的处理，一方面旨在根据企业实际工作者在问卷填写过程中对于问卷项目理解的难易程度，着力避免部分题目的歧义；另一方面还采用 SPSS18.0 对这批数据进行了基本的描述统计、测项分析，检验了数据的峰度、偏度，从中删除了个别不是很理想的项目。此外，采用 SPSS18.0 对数据进行了信度分析，结果表明 Cronbach's Alpha 系数为 0.913，比较理想。整个预测试量表以 Likert 五分量表计分，五个程度分别为"非常不同意"、"较不同意"、"一般"、"较同意"、"非常同意"。

4.1.4 动态能力测量量表

Teece(1997)关于动态能力的定义为:"企业整合、构建和重组内部和外部竞争力以适应快速变化的环境的能力",将动态能力的研究界定为两个内容:适应能力(主要指适应环境变化的能力)和整合能力(对内部资源与外部环境变化的整合能力)。适应能力题项主要引用 Nidumolu 和 Knotts(1998)的研究;整合能力题项主要引用 Pavlou 和 El Sawy(2006)的研究。该量表采用 Likert 五分量表计分,五个程度分别为"非常不同意"、"较不同意"、"一般"、"较同意"、"非常同意"。该量表 Cronbach's Alpha 系数为 0.86,其中适应能力和整合能力 Cronbach's Alpha 系数分别为 0.89 和 0.87,这表明该量表具有较好的信度。该量表测量题项分别为:能够从外部环境的变化中识别出发展机会;能够对客户需求作出快速的反应;能够为客户提供个性化的产品和服务;能够以快于竞争对手的速度进入目标市场;能够以快于竞争对手的速度推出新产品和服务;能够迅速应对竞争对手的价格调整;各部门间能有效地协作,以应对快速变化的外部环境;各部门间能协同处理出现的问题;能整合各部门的业务活动以满足独特的客户需求;各部门的目标与企业总体的战略目标高度协调;对于各部门的职责范围有统一而明确的规定;能够根据战略目标变化及时调整业务组合。

4.1.5 组织绩效测量量表

组织绩效的测量采用 Luo 和 Park(2001)以及 Tan 和 Litschert(1994)的研究成果,该量表共包括 4 个测量题项:与其他公司相比本公司的总销售量,总销售增长率,市场占有率,在行业中的竞争地位。要求调研对象根据公司情况对以上题项进行五分量表回答:"1"代表"很低";"2"代表"较低";"3"代表"一般";"4"代表"较高";"5"代表"很高"。该问卷 Cronbach's Alpha 值为 0.82,CFI 指标和 IFI 指标分别为 0.90 和 0.91,这表明该量表具有较好的信度。

4.1.6 技术创新能力

技术创新能力是引用谢洪明（2006）的研究成果，采用的8个测量题项已经在一些研究中得到验证，主要包括：与其他公司相比本企业新产品上市成功率；新技术被同行业采用的程度；新产品和新技术创造商机；产品创新知名度；产品创新获得的奖项；新产品线丰富程度；新产品在行业中的地位；新产品和新技术的利润来源状况。中高层经理对这8个问项进行五分量表回答："1"代表"很低"；"2"代表"较低"；"3"代表"一般"；"4"代表"较高"；"5"代表"很高"。该问卷Cronbach's Alpha值为0.82，CFI指标和IFI指标分别为0.90和0.91，这表明该量表具有较好的信度。

4.1.7 控制变量

为了排除多余的影响，本书控制了企业的规模、成立时间、所有制类型、行业以及所在地区五个变量。企业规模："0"代表100人以下；"1"代表100~500人；"2"代表500~2000人；"3"代表2000人以上。企业成立时间："0"代表3年以下；"1"代表3~5年；"2"代表5~10年；"3"代表10年以上。企业所有制类型："0"代表私有制企业；"1"代表国有企业；"2"代表外资企业。企业所在行业："0"代表制造业；"1"代表服务业。企业所在区域："0"代表上海；"1"代表新疆；"2"代表山东；"3"代表其他。

在变革型领导研究中，本书控制了变革型领导的性别、年龄、工作年限和是否是创始人四个变量。变革型领导性别："0"代表男性；"1"代表女性。变革型领导年龄："0"代表30岁以下；"1"代表30~40岁；"2"代表40~50岁；"3"代表50岁以上。变革型领导工作年限："0"代表3年以下；"1"代表3~5年；"2"代表5~10年；"3"代表10年以上。变革型领导是否是创始人："0"代表是；"1"代表否。

4.2 数据分析方法及程度

回收问卷以后,本书主要采用 AMOS17 与 SPSS16 软件作为数据的分析工具对收集的数据进行分析和处理,分析程序如下:

4.2.1 描述性统计分析

包含样本基本数据的描述,作各变量的次数分配及百分比分析,以了解样本分布情形。另外,以平均数及标准差来描述变革型领导行为、组织学习倾向、组织惯例更新、动态能力、技术创新能力与组织绩效等各个因素,以了解样本企业的主管对这些相关变量的一般认识,并利用单因素多变量方差分析对背景变量所造成的影响作检验。

4.2.2 信度与效度检验

在社会与管理科学研究中,研究者通常使用测量或调查工具,以收集实证性的量化资料,其中会涉及这些资料的可靠度和正确性等问题,而其中关键在于测量或调查工具的信度与效度。针对问卷的效度与信度分析,本书将进行信度、内容效度、收敛效度和区别效度的检测。

(1) 信度。信度(Reliability)是指不同测量者使用同一测量工具的一致性水平,用于反映相同条件下重复测量结果的近似程度,信度一般可通过检验测量工具的内部一致性(Internal Consistency)来实现。本书将采用 Cronbach's α 值进行信度检验,该指标已经被证实是检验多维度量表可靠性的有效指标。如果构面的 α 值大于 0.7,则显示该研究的问卷具有良好的信度(Nunnally,1978)。

(2) 内容效度。内容效度(Content Validity)即表面效度(Face Validity),是指量表逻辑上能够清晰反映出研究中所要测量的概念的内容,一般可通过主观进行判断。若测量内容(问卷)涵盖所有研究计划所要探讨的架构及内容,就可以说是具有优良的内容效度，问卷内容能够涵盖欲测量的问题时，表示其内容效度很高。

（3）收敛效度。收敛效度（Convergent Validity）是指对一个理论概念进行测量，当它与相同架构的不同测量工具高度相关时，说明该测量工具具有收敛效度。也就是说，一个变量发展出的多个问项，最后是否会收敛于一个因素中。本书采用验证性因素分析（Confirmatory Factor Analysis）检验各变项是否具备良好的收敛效度。

（4）区别效度。区别效度（discriminant Validity）指的是量表区别不同维度或概念的程度，当量表与不同概念的测量工具相关程度很低时，说明该量表具有区别效度（Sekaran，1992）。Anderson和Gerbing（1988）的区别效度的检验方式为：分别将两两构面的相关系数限定为1，然后将此限定模式与原测量模式进行卡方差异度检验，如果限定模式卡方值较原测量模式大且达显著性水平时，则表示此两构面有区别效度。

4.2.3　探索性因子分析

本书利用SPSS统计软件进行探索因子分析，首先依据分析结果将创新意愿、组织文化、组织学习、激励机制、创新投入、技术机会能力、市场定位能力、创新绩效中因素负荷量较低的题目（item）加以剔除，进而确定分析的变量的项目数。因子分析（factor analysis）可以完成这一过程。因子分析最主要在于因子结构的简单化，它可以用较少的维数来表示原来的资料结构，希望能以最少的共同因子对总变量作出最大的解释，而又能保持原有资料结构提供的大部分信息。因而抽取的因子越少越好，但抽取因子的累计解释的方差则越大越好。

4.2.4　验证性因素分析

用于测试各因素衡量问项的信度、聚合效度。

4.2.5 结构方程模型分析

本书以 LISREL8.70 来执行结构方程模型分析,针对回收资料进行验证性分析,以探讨研究模型中各变量间的因果关系,并检验模型中所提出的各个假设。

结构方程模型的检验分成两个阶段进行分析,首先进行的是测量模式,以防止因测量误差引起的研究模型的误差,以及当第二阶段检验结果不显著时,无法区别究竟是测量问题还是构念间关系的问题。测量模式所采取的方法为验证性因素分析(Confirmatory Factor Analysis,CFA),用来检验各构面的测量问项是否符合收敛效度和区别效度,测量模式完成后接着进行结构模式分析,以验证研究架构的合理性,并检验本书的各个假设。在模型参数的估算上,采用极大似然法;而在模式的适合度检验方面,则从基本的适配标准(preliminary fit criteria)、整体模式适配度(overall model fit)及模式内在结构适配度(fit of internal structure of model)三方面的各项指标作为判定的依据(Bagozzi 和 Yi,1988)。

4.3 样本数据

在本书数据收集过程中,问卷的发放地点并不是随机的,而是在笔者比较容易得到支持的区域发放。但是,问卷的发放是随机的,主要是在 MBA 学员和 EMBA 学员当中随机发放,并当场回收问卷。本书的问卷收集主要集中于上海、新疆和山东三个地区。

上海地区问卷主要来源于上海财经大学 EMBA 学员和复旦大学 EMBA、MBA 学员,以及抽取的一些企业样本;新疆地区问卷主要来源于新疆财经大学 EMBA、MBA 学员;山东地区问卷主要来源于山东日照高新技术产业园区和日照市交通运输局下属企业。本书调研问卷填写对象为企业中层管理者或者高层管理者,每一家企业由中层管理者或高层管理者填写一份问卷。囿于资金限制,问卷采取的是一次性收集方式,MBA 学员和 EMBA 学员问卷采取现场填写方式,因此问卷回收率较高,而且对填制过程中出现的问题进行现场解决;企业问卷委托山东省日照市高新技术产业园区一名科长和交通运输局一名处长负责发放,并于回收后快递至上海。因此,本次问卷收集工作得到了老师和同学们的鼎力帮助方能顺利完成。

本书调研共发放问卷300份,实际回收问卷246份,剔除填写信息不完整问卷后共得到实际有效问卷219份。本次数据收集实际回收率为82%,问卷有效率为73%。

在样本结构方面,CEO以男性居多,占87.2%,出任工作年限在10年以上者占52.5%;在企业样本方面,企业规模在500人以上者占54.8%,其中成立时间在10年以上者占67.1%,企业所处行业较集中于服务业,占65.3%。在样本地区方面,上海地区占30.1%,新疆地区占54.3%,山东地区占12.3%,其他地区占3.2%。整体样本情况见表4.1。

表4.1 数据样本基本情况描述

基本特征	样本数量	百分比(%)	基本特征	样本数量	百分比(%)
CEO性别			企业规模		
男	191	87.2	100人以下	47	21.5
女	28	12.8	100~500人	52	23.7
CEO年龄			500~2000人	41	18.7
30岁以下	9	4.1	2000人以上	79	36.1
30~40岁	46	21	企业成立时间		
40~50岁	108	49.3	3年以下	10	4.6
50岁以上	56	25.6	3~5年	18	8.2
CEO工作年限			5~10年	44	20.1
3年以下	21	9.6	10年以上	157	67.1
3~5年	32	14.6	企业所有制类型		
5~10年	51	23.3	私有企业	75	34.2
10年以上	115	52.5	国有企业	109	49.8
CEO是否是创始人			外资企业	35	16
是	66	30.1	企业所在地区		
否	153	69.9	上海	66	30.1

续表

基本特征	样本数量	百分比（%）	基本特征	样本数量	百分比（%）
企业所处行业			新疆	119	54.3
制造业	76	34.7	山东	27	12.3
服务业	143	65.3	其他	7	3.2

4.4 变量信度及效度分析

本书所涉及的变量包括变革型领导行为、组织学习倾向、组织惯例更新、动态能力、组织绩效、技术创新能力六个方面。变革型领导行为、组织学习倾向、动态能力、技术创新能力、组织绩效问卷测项来源于已有的文献，很多学者都曾使用这些量表测量相关变量，本书在最终确认问卷之前，通过咨询相关领域的专家、预试并修正问卷的部分提法、内容，因此问卷应具有较好的内容效度。组织惯例更新量表是本书开发的量表，在开发量表前已进行前期预调研，并咨询该领域专家意见，因此，本书将对这些量表进行信度及效度检验。综上考虑，本节将对以上六个变量以 Cronbach's Alpha 系数分析来检验各变量量表的信度，以 GFI、CFI、TLI、RMSEA 等验证性因子指标检验量表建构效度。由于信度系数大小没有统一的标准，但是大多数学者认为，信度系数如果在 0.9 以上则信度甚佳，在 0.8 以上是信度较好，如果在 0.65 以上则问卷是可以接受的，如果在 0.6 以下则问卷价值较低。关于验证性因子指标，学术界普遍认为在大样本情况下：GFI（拟合优度指数）、CFI（比较拟合指数）、NFI（规范拟合指数）大于 0.9，RMSEA（近似均方根残差）值小于 0.08，表明模型与数据的拟合程度很好，RMSEA（近似均方根残差）值小于 0.1 尚可接受。

（1）变革型领导行为测量量表。变革型领导变量测量主要是引用 Bass 和 Avolio（1990）的研究成果，共有 8 个测量题项。从信度检验的结果发现该量表的 Cronbach's Alpha 值为 0.879，该量表的验证性因子分析结果为：$X^2 = 46.574$，$P < 0.01$；$GFI = 0.945$，$CFI = 0.965$；$TLI = 0.951$；$RMSEA = 0.078$。各衡量题项的因

素负荷值都达到显著水平,这表示该量表各题项的收敛效度在可接受的范围,该量表具有较好的信度和效度。

(2)组织学习倾向测量量表。组织学习倾向量表测量主要采用 Sinkula (1997) 的量表,该量表共有 3 个维度,11 个测量题项。由信度检验的结果可知,该量表的 Cronbach's Alpha 值为 0.908,3 个维度的信度系数分别为 0.846、0.872、0.895。通过对该量表进行验证性因子分析发现,验证性因子分析结果为:$\chi^2 =$ 84.036,$P<0.01$,GFI = 0.929,CFI = 0.970,TLI = 0.960,RMSEA = 0.069。各衡量题项的因素负荷值都达到显著水平,这表示该量表各题项的收敛效度在可接受的范围,该量表具有较好的信度和效度。

(3)组织惯例更新变量测量。组织惯例更新量表是本书新开发的量表,通过文献梳理、与相关领域专家讨论、企业访谈、前期预测试,共形成 8 个测量题项进行正式调研。首先,根据检验该量表的信度,通过 SPSS18.0 进行信度检验,该量表的 Cronbach's Alpha 值为 0.923,显示较好的信度。其次,进行探索性因子分析,因子得分情况和 KMO 值见表 4.2。

表 4.2 因子得分及 KMO 值

测量题项	因子得分	KOM 值
1. 企业员工提出的改善组织规范的建议能够很快被采纳	0.653	
2. 企业鼓励员工参与到组织规范的修订过程中	0.608	
3. 企业能够定期考察和评估已有组织规范的运作效率	0.636	
4. 企业能够及时地为员工提供新组织规范的培训和指导	0.596	0.927
5. 企业员工能够很快地接受并运用新的组织规范	0.630	
6. 企业会对新组织规范实施后的效果进行定期的评估	0.737	
7. 企业能够主动进行组织规范的变革以迎接内外部新的挑战	0.649	
8. 企业鼓励员工定期提交改善组织规范的提案	0.624	

最后,对该量表进行验证性因子分析,运用 AMOS17.0 软件进行验证性因子分析,通过对数据运算得出验证性因子分析结果为:$\chi^2 = 57.540$,$P<0.01$,GFI = 0.936,CFI = 0.964,TLI = 0.950,RMSEA = 0.068。各衡量题项的因素负荷值都达到显著水平,这表示该量表各题项的收敛效度在可接受的范围。组织惯例更新各

测量题项因子载荷见图4.1。

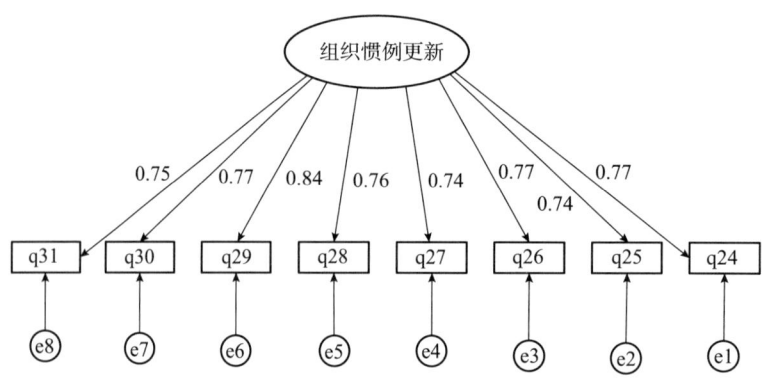

图4.1　组织惯例更新验证性因子分析结果

（4）动态能力测量量表。动态能力变量测量主要采用 Nidumolu 和 Knotts （1998）以及 Pavlou 和 El Sawy（2006）的研究成果，分别用环境适应能力和资源整合能力来度量动态能力。通过数据分析可知该量表 Cronbach's Alpha 值为 0.884，两个维度的 Cronbach's Alpha 值分别为 0.812 和 0.794。验证性因子分析结果为：$\chi^2 = 19.332$，$P < 0.01$；GFI = 0.976；CFI = 0.991；TLI = 0.985；RMSEA = 0.047。该量表信度指标及验证性因子分析结果尚佳，这表明该量表具有较好的信度和效度。动态能力量表各测项因子载荷见图4.2。

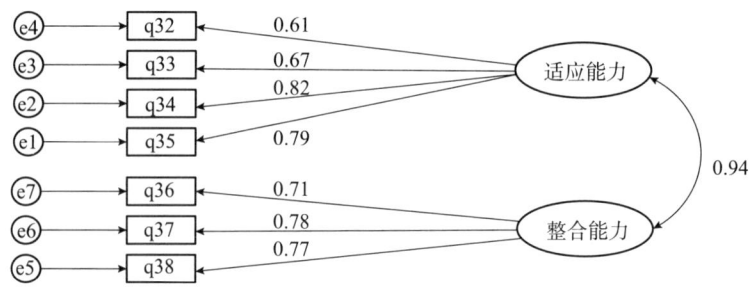

图4.2　动态能力二阶验证性因子分析结果

（5）组织绩效变量测量。组织绩效的测量采用 Luo 以及 Park（2001）和 Tan

和 Litschert（1994）的研究成果，该量表共包括 4 个测量题项：与其他公司相比本公司的总销售量，总销售增长率，市场占有率，在行业中的竞争地位。要求调研对象根据公司情况对以上题项进行五分量表回答："1"代表"很低"；"2"代表"较低"；"3"代表"一般"；"4"代表"较高"；"5"代表"很高"。通过对该量表进行信度分析，该量表 Cronbach's Alpha 值为 0.873。对该量表进行验证性因子分析，验证性因子分析结果为：$\chi^2 = 3.553$，$P < 0.01$；GFI = 0.992；CFI = 0.996；TLI = 0.989；RMSEA = 0.06。各衡量题项的因素负荷值都达到显著水平，这表示该量表各题项的收敛效度在可接受的范围，该量表具有较好的信度和效度。组织绩效各测量题项因子载荷见图 4.3。

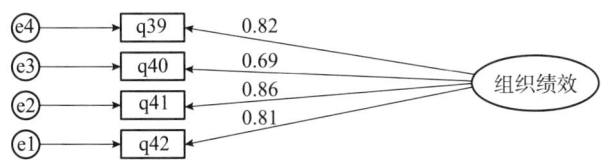

图 4.3　组织绩效验证性因子分析结果

（6）技术创新能力变量测量。技术创新能力量表采用谢洪明（2006）的研究成果，主要包括：与其他公司相比本企业新产品上市成功率；新技术被同行业采用程度；新产品和新技术创造商机；产品创新知名度；产品创新获得的奖项；新产品线丰富程度；新产品在行业中的地位；新产品和新技术的利润来源状况，共 8 个测量题项。通过 Likert 五点量表，受测者根据相关题项分别回答其同意程度。通过对数据进行分析可知，该量表 Cronbach's Alpha 值为 0.933，各测项因子得分均在 0.5 以上，具有较好的信度；该变量的验证性因子分析结果为：$\chi^2 = 33.85$，$P<0.01$；GFI = 0.962；CFI = 0.987；TLI = 0.982；RMSEA = 0.056。各衡量题项的因素负荷值都达到显著水平，这表示该量表各题项的收敛效度在可接受的范围，该量表具有较好的信度和效度。技术创新各测量题项因子载荷见图 4.4。

（7）控制变量。以往的研究表明变革型领导行为会受到其个人背景变量的影响（Tushman 和 Romanelli，1992）。因此本书将变革型 CEO 行为的背景变量（CEO 的性别、年龄、企业工作年限、是否是企业创始人）作为控制变量。其中：

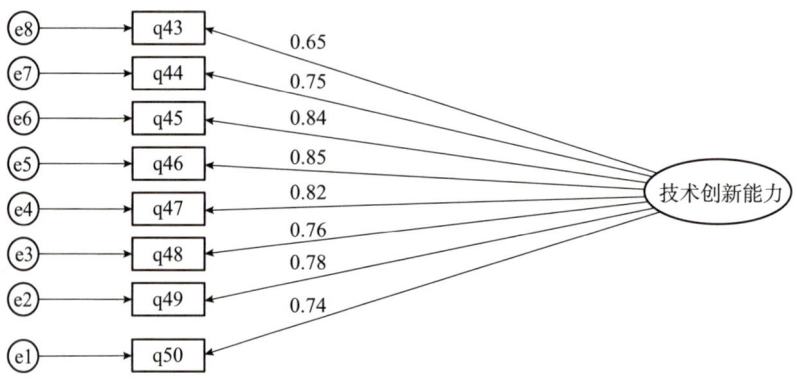

图 4.4 技术创新能力验证性因子分析结果

CEO 性别 "0" 表示男性,"1" 表示女性;CEO 年龄 "0" 表示 30 岁以下,"1" 表示 30~40 岁,"2" 表示 40~50 岁,"3" 表示 50 岁以上;CEO 在企业工作年限 "0" 表示 3 年以下,"1" 表示 3~5 年,"2" 表示 5~10 年,"3" 表示 10 年以上;CEO 是否是企业创始人:"0" 表示是,"1" 表示否。

另外,由于组织惯例受到企业规模和成立时间、所在行业和地区的影响(Waldman 等,2001)。因此,本书也将企业规模、成立时间、所在行业、所在地区、所有制性质作为控制变量。其中:企业规模 "0" 表示 100 人以下,"1" 表示 100~500 人,"2" 表示 500~2000 人,"3" 表示 2000 人以上;企业成立时间 "0" 表示 3 年以下,"1" 表示 3~5 年,"2" 表示 5~10 年,"3" 表示 10 年以上;企业所在地区 "0" 表示上海,"1" 表示新疆,"2" 表示山东,"3" 表示其他;企业所有制类型 "0" 表示私有企业,"1" 表示国有企业,"2" 表示外资企业;企业所在行业 "0" 表示制造业,"1" 表示服务业。

5 实证结果分析

本章主要是对模型数据进行结果分析,并对模型假设进行数据检验,共分为五节。第一节主要是对模型变量进行验证性结果分析;第二节主要是对各变量间相关关系进行描述和相关关系系数分析;第三节主要是对本书的结构方程模型结果进行分析;第四节主要是对模型假设进行数据结果检验和分析。

5.1 模型变量验证性因素分析

大多数研究者都认识到同源误差是目前行为学研究中的一个潜在问题,这种由测量方法而非构念造成的变异会对研究变量间的相关关系产生严重的影响,甚至会使研究导致错误结论。为使本书研究结论更加可靠,我们利用 Harman 单因素检验就该模型所用的测量指标进行未旋转的因素分析,最终分析出七个特征根大于1的因子,而且所有的因子对结果的解释力都小于50%(单个因子的最大解释力为38.3%)。因此表明本书不存在同源误差问题。

本书模型中共有六个目标变量,分别为变革型领导、组织学习倾向、组织惯例更新、动态能力、技术创新、组织绩效。在数据收集过程中一份调研问卷是由一个调研对象填写的,因此数据存在同源性。所以,本书对以上六个研究变量进行验证性因子分析,以检验这些变量之间的异质性。首先,对六因素变量模型进行验证性因子分析,主要包括变革型领导、组织学习倾向、组织惯例更新、动态能力、技术创新、组织绩效,其中组织学习倾向和动态能力为二阶结构模型。运用 AMOS 软件进行操作,并采用结果方程模型中的 CFI、RMSEA、TLI 这三个指标

组织惯例更新的影响因素及效能研究

来检验模型的拟合度。通过AMOS17.0软件运行,结果显示二阶六变量全模型的指标检验拟合度较好,该模型的拟合指标分别为:$\chi^2 = 1502.60$,$P<0.01$;TLI = 0.913;CFI = 0.919;RMSEA = 0.05,拟合度较好。另外,该模型中各变量的因子载荷显著,这表明各变量都具有较好的聚合效度。

其次,将变量组织学习倾向和动态能力由二阶因子改为一阶因子后,对全变量模型进行验证性因子分析,数据显示该全模型的χ^2值以及TLI、CFI、RMSEA等指标均有显著变化,模型拟合度较二阶全模型较差。

最后,根据变量之间的关系,将六变量模型中,两个变量合并后再做全模型验证性因子分析,分别为动态能力变量与技术创新变量合并、组织惯例更新与动态能力变量合并、组织惯例更新与组织学习倾向变量合并、动态能力与组织学习倾向变量合并、组织绩效与技术创新变量合并、变革型领导与组织学习倾向变量合并、六变量合并为单一变量模型。合并之后分别对以上五因素二阶变量全模型进行验证性因子分析,数据结果显示,五因素二阶变量全模型拟合指标均较差于六因素二阶变量全模型指标,$\Delta\chi^2$的变化均较显著。因此说明六因素二阶变量全模型拟合度较好,所以,该论文模型中的六个研究变量之间的差异性是显著的,依据以上研究数据结果,本书将采用六变量二阶全模型进行理论验证和检验。各变量全模型验证性因子分析结果见表5.1。由此可见,上述检验虽然无法排除同源方差威胁,但却可以提供证据说明同方差问题并不严重,不至于对后续研究产生影响。

表 5.1 变量全模型验证性因子分析拟合指标结果

模型	χ^2	df	$\Delta\chi^2$	TLI	CFI	RMSEA
六变量二阶因子模型	1502.60	969		0.913	0.919	0.050
五变量模型-1: 组织学习倾向一阶因子模型	1817.57	972	314.97(3)	0.863	0.871	0.063
五变量模型-2: 动态能力与技术创新能力变量合并	1834.05	976	331.48(7)	0.861	0.869	0.064
五变量模型-3: 组织惯例更新与动态能力合并	1685.69	976	183.09(7)	0.885	0.892	0.058

续表

模型	χ²	df	Δχ²	TLI	CFI	RMSEA
五变量模型-4： 组织惯例更新与组织学习倾向合并	2020.23	977	517.63（8）	0.831	0.841	0.070
五变量模型-5： 动态能力与组织学习倾向合并	2007.78	979	505.18（10）	0.834	0.843	0.069
五变量模型-6： 技术创新能力与组织绩效合并	1704.93	974	202.33（5）	0.881	0.888	0.059
五变量模型-7： 变革型领导行为与组织学习倾向合并	2143.57	977	640.97（8）	0.811	0.822	0.074
六变量合并为一个变量模型	3472.28	989	1969.68（20）	0.603	0.621	0.107

注：TLI 是塔克—刘易斯指数；CFI 是比较拟合指数；RMSEA 是近似均方根误差。

5.2 模型变量间两两相关系数分析

本节主要是对模型研究变量进行描述性统计，通过运用 SPSS16.0 统计软件对数据进行 Zero-order Pearson Correlations 相关系数分析，并计算各变量的均值和标准差。

通过 SPSS16.0 软件对数据进行运算结果显示，首先关于控制变量中变革型 CEO 的年龄与 CEO 的任职年限之间具有显著相关性（r=0.288，P<0.01），同时也与企业的成立时间长短有显著相关性（r=0.243，P<0.01）；变革型领导的任职年限与企业的规模和企业成立时间之间显著相关（r=0.246，P<0.01；r=0.368，P<0.01），但是与企业所处的行业具有显著负相关（r=-0.131，P<0.05）；变革型领导是否是企业创始人与企业所有制性质、企业规模和企业成立时间长短具有显著相关性（r=0.363，P<0.01；r=0.314，P<0.01；r=0.226，P<0.01）；企业所有制性质与企业规模、企业成立时间长短、企业技术创新和企业绩效具有显著相关性（r=0.336，P<0.01；r=0.264，P<0.01；r=0.162，P<0.05；r=

0.137，P<0.05），但是与企业所在的区域显著负相关（r=-0.368，P<0.01）；企业规模与企业成立时间长短、企业技术创新能力、企业绩效显著正相关（r=0.501，P<0.01；r=165，P<0.05；r=0.137，P<0.05），但是与企业所在的行业和地区显著负相关（r=-0.175，P<0.01；r=-0.248，P<0.01）；企业成立时间的长短与企业绩效显著正相关（r=0.201，P<0.01）；企业所处的行业与企业技术创新能力显著负相关（r=-0.178，P<0.01）；企业所处的地区与组织学习倾向和动态能力之间具有显著相关性（r=0.149，P<0.05；r=0.137，P<0.05）。

另外，数据结果还显示变革型领导与组织学习倾向和组织惯例更新之间具有显著相关性（r=0.602，P<0.01；r=0.559，P<0.01）；组织惯例更新与企业动态能力、技术创新和组织绩效之间也具有显著相关性（r=0.715，P<0.01；r=0.562，P<0.01；r=0.364，P<0.01）；企业动态能力、技术创新能力与组织绩效之间也存在显著相关性（r=0.635，P<0.01；r=0.476，P<0.01）。各变量之间相关关系见表5.2。

通过对以上数据结果分析可知，变量之间关系与本书模型预期的相关关系具有较好的一致性。要验证本书模型的合理性还需要将各个变量放在结构方程模型中进行检验和验证，因此，在第三节内容中，我们将对本书模型进行验证和分析。

5 实证结果分析

表 5.2 本书研究中各变量均值、标准差和相关系数

变量	1	2	3	4	5	6	7	8	9	10	11	12	13	14	15
1. CEO年龄															
2. CEO性别	-0.034														
3. CEO年限	0.288**	0.037													
4. CEO是否是创始人	-0.030	0.073	-0.085												
5. 所有制性质	0.147*	-0.038	0.069	0.363**											
6. 公司规模	0.170*	-0.017	0.246**	0.314**	0.336**										
7. 公司年限	0.243**	-0.032	0.368**	0.226**	0.264**	0.501**									
8. 行业	0.063	-0.123*	-0.131*	0.002	-0.116	-0.096	-0.175**								
9. 地区	-0.015	-0.071	-0.008	-0.116	-0.368**	-0.248**	-0.049	0.083							
10. 变革型领导行为	-0.021	-0.013	0.084	-0.118	-0.038	0.021	0.013	-0.117	0.046	(0.90)					

续表

变量	1	2	3	4	5	6	7	8	9	10	11	12	13	14	15
11. 组织学习倾向	0.028	0.022	0.055	-0.125	-0.025	0.005	0.043	-0.065	0.149*	0.602**	(**0.90**)				
12. 组织惯例更新	-0.020	0.023	0.064	-0.077	0.044	0.070	0.057	-0.165*	0.012	0.559**	0.719**	(**0.82**)			
13. 动态能力	0.010	0.049	0.086	-0.115	-0.021	0.031	0.059	-0.108	0.137*	0.527**	0.699**	0.715**	(**0.86**)		
14. 技术创新能力	0.104	0.095	0.075	0.035	0.162*	0.165*	0.091	-0.178*	-0.009	0.371**	0.560**	0.562**	0.635**	(**0.92**)	
15. 组织绩效	0.120	0.104	0.117	-0.032	0.137*	0.223**	0.201**	-0.071	-0.071	0.218**	0.319**	0.364**	0.476**	0.635**	(**0.82**)
均值	1.96	0.13	2.19	0.70	0.82	1.69	2.50	0.65	0.89	4.14	3.77	3.60	3.73	3.44	3.61
标准差	0.795	0.335	1.01	0.46	0.69	1.17	0.83	0.48	0.74	0.61	0.63	0.69	0.66	0.73	0.74

注：N=219；** 表示 P≤0.01；* P 表示 ≤0.05（two-tailed）；括号内黑体标注的是各个变量测量时的信度值。

5.3 结构方程模型数据结果分析

结构方程模型评估的首要任务是用样本数据对所设定的模型参数进行估计，再根据这些参数估计来重建方差和协方差，然后尽可能地将重建的方差和协方差矩阵与观测的方差和协方差矩阵相匹配；引申的方差和协方差矩阵匹配观测的方差和协方差矩阵的程度，决定了结构方程模型拟合样本数据的程度。模型重建的方差和协方差矩阵非常接近于观测的方差和协方差矩阵时，残差矩阵各元素接近于零，即表示模型拟合数据了。

为了验证理论模型的合理性与有效性，相关文献提出各种拟合指数用于评价 SEM 模型。整体拟合指数包括卡方值（X^2）、近似误差均方根（Root Mean Square Error of Approximation，RMSEA）、指数（Tucker-Lewis，TLI）、比较拟合指数（Comparative Fit Index，CFI）、拟合优度指数（Good-of-Fit Index，GFI）等。卡方值（X^2）越小，表明数据与计量模型的拟合程度越高。美国社会统计学者威顿（Blar Wheaton）等认为，卡方值与自由度之比在 5∶0 左右，表明模型与数据的拟合程度是可以接受的。有些学者采用更严格的标准。他们认为，卡方值与自由度之比为 2~3，模型与数据的拟合程度才是可以接受的。第二个指标是卡方检验的 P 值。P 值不显著，表明模型与数据的拟合程度较高。但卡方值受样本量的影响，样本量越大，卡方值也就越大，P 值一般都是显著的。因此，笔者主要根据比较拟合指数（CFI）、拟合优度指数（GFI）、均方根残差（RMR）、近似均方根残差（RMSEA）等指标，衡量模型与数据的拟合程度。学术界普遍认为，CFI、GFI、AGFI 大于 0.9，RMR 小于 0.05，RMSEA 小于 0.05，表明模型与数据的拟合程度很好。但也有学者认为，RMR 和 RMSEA 在 0.05 和 0.08 之间，AGFI 在 0.7 和 0.9 之间，模型与数据的拟合程度也是可以接受的（Chin 和 Todd，1995；Gefen、Straub 和 Boudream，2000；Sears 和 Varun，1995）；Steiger（1990）也认为，RMSEA 低于 0.1 表示好的拟合，低于 0.05 表示非常好的拟合。拟合程度指标及其建议值见表 5.3。

表 5.3　结构方程模型拟合程度指标及建议值

衡量拟合程度的指标	建议值
自由度	$\chi^2/df<3$
卡方值（χ^2）	
比较拟合指数（CFI）	大于 0.9
增量拟合指数（IFI）	大于 0.9
拟合优度指数（GFI）	大于 0.9
均方根残差（RMR）	小于 0.08
近似均方根残差（RMSEA）	小于 0.08
TLI（Tucker-Lewis）指数	大于 0.9

通过 AMOS17.0 软件对样本数据进行分析，得出本书所研究模型的标准化路径图和一些模型数据拟合指标。模型拟合指标数据结果显示：该模型的卡方值（χ^2）为 1532.97，自由度为 976，$\chi^2/df=1.57$，$P<0.001$，RMSEA=0.051，RMR=0.045，TLI=0.910，CFI=0.915。因此，本模型的拟合度较好。各拟合指标详见表 5.4。

表 5.4　结构方程模型各拟合度指标

Model	卡方值（χ^2）	χ^2/df	GFI	RMR	IFI	TLI	RMSEA	CFI
拟合结果	1532.97	1.57	0.764	0.045	0.916	0.910	0.051	0.915
理想结果		<3	>0.90	<0.08	>0.90	>0.90	<0.08	>0.90

通过运行 AMOS17.0 软件，本书得到模型的路径系数图（见图 5.1），并得到了该模型路径系数（见表 5.5）。从表 5.5 可以看出，变革型领导行为与组织学习倾向之间的关系是显著的，路径系数 r=0.69，$P<0.001$；组织学习倾向与组织惯例更新之间的关系也是显著的，路径系数 r=0.88，$P<0.001$。通过以上结构方程模型路径系数可以发现，变革型领导、组织学习倾向、组织惯例更新路径系数具有显著性，通过了模型假设检验。因此，变革型领导对组织惯例更新的影响作用路径机制是变革型领导通过构建组织学习倾向来影响组织惯例更新。

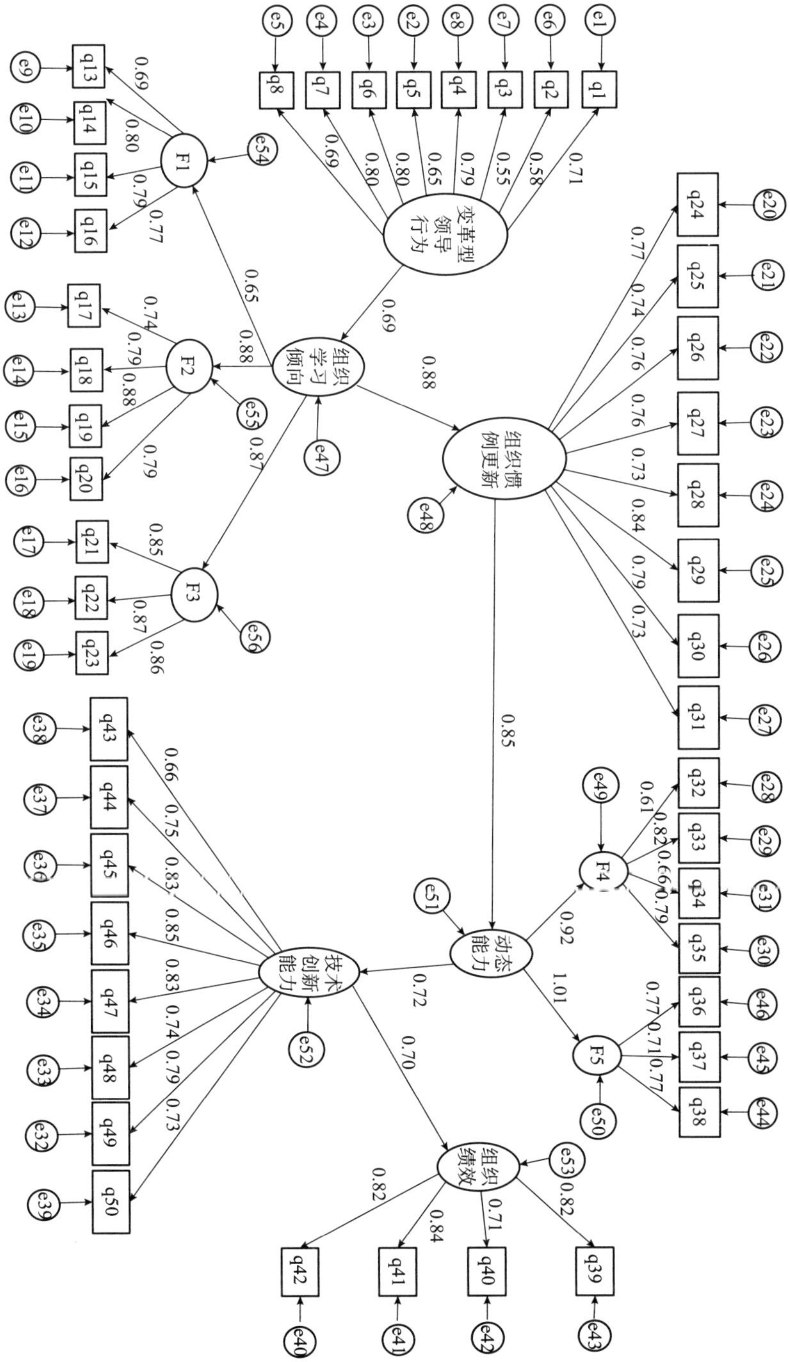

5 实证结果分析

图 5.1 本书结构方程模型标准化路径系数

在组织惯例更新效能路径关系中，组织惯例更新与动态能力之间的关系显著，路径系数 r=0.85，P<0.001；动态能力与技术创新能力之间的关系也是显著的，两者之间路径系数 r=0.72，P<0.001。通过以上结构方程模型路径系数可以发现，在组织惯例更新的效能路径中，组织惯例更新能够为企业带来动态能力进而有利于企业构建技术创新能力，提升组织绩效。因此，在组织惯例更新的效能研究中，组织惯例更新的效能路径具有显著性，通过了模型假设检验。

在组织惯例更新的效能与组织绩效路径研究中可以发现，技术创新能力与组织绩效之间的路径系数显著，两者之间的路径系数 r=0.70，P<0.001。通过动态能力来构建企业技术创新能力提升组织绩效的路径具有显著性。因此，在组织惯例更新的效能与组织绩效机制研究中，该路径具有显著性，通过了模型假设检验。假设检验情况见表5.5。

表5.5　理论模型的路径系数与假设检验

	Estimate	S. E.	C. R.	路径系数	P	假设验证
H2：组织学习倾向←变革型领导行为	0.817	0.103	7.907	0.69	***	是
H3：组织惯例更新←组织学习倾向	0.967	0.099	9.730	0.88	***	是
H5：动态能力←组织惯例更新	0.728	0.078	9.354	0.85	***	是
H6：技术创新能力←动态能力	0.802	0.096	8.390	0.72	***	是
H10：组织绩效←技术创新能力	0.781	0.087	8.984	0.70	***	是

注：*** 表示 P<0.1。

综上所述，在本书的结构方程模型路径研究中，组织惯例更新的影响因素研究、组织惯例更新的效能研究、组织惯例更新的效能与组织绩效关系研究假设均通过显著性检验，模型各项指标拟合效果较好。

5.4　模型假设关系检验

在结构方程模型的分析框架中，路径分析是一种将观测变量之间的关系以模型化的方式进行分析的一种统计技术，其主要特色是可以利用测量变量之间的共变情形，同时顾及模型当中的所有参数，并配合研究者所提出的特定假设模型或修正模型，检验理论模型与观察数据的匹配性，找出最佳模型。正如上所述，SEM在考察观测变量与其构念之间关系的同时，还可以分析潜在理论构念之间的关系。

5.4.1 模型直接影响、间接影响和总影响分析

运用AMOS7.0软件进行路径分析时，得出各变量之间的直接影响、间接影响和总影响，其中直接影响效果已在上述假设验证中说明，见表5.6。根据温忠麟等（2004）的观点，可以检验经过中介变量的路径上的回归系数乘积a×b是否显著，即检验H_0：a×b=0，如果拒绝原假设，中介效应显著，这种做法其实是将a×b作为中介效应，中介效应a×b实际上就是间接效应。

表5.6 模型中变量直接影响分析

自变量＼因变量	变革型领导	组织学习倾向	组织惯例更新	动态能力	技术创新能力	组织绩效
变革型领导		0.69	0.03			
组织学习倾向			0.88			
组织惯例更新				0.85	0.11	
动态能力					0.72	0.04
技术创新能力						0.70

间接影响可直接由两端点变量之间的直接效应标准回归系数相乘并加总获得。例如变革型领导对组织惯例更新的间接影响就等于变革型领导对组织学习倾向的标准化系数乘以组织学习倾向对组织惯例更新的标准化系数。总影响（Total Effect），可以从路径模型当中与该自变量和内生变量有关的所有显著与不显著的直接影响与间接影响的回归系数值加总得到，即：直接影响+间接影响=总影响。

模型中间接影响主要有三种：变革型领导对组织惯例更新的间接影响、组织惯例更新对技术创新能力的间接影响、动态能力对组织绩效的间接影响。变革型领导对组织惯例更新的间接影响=0.69×0.88=0.61，组织惯例更新对技术创新能

力的间接影响=0.85×0.72=0.61，动态能力对组织绩效的间接影响=0.72×0.70=0.50（见表5.7）。

表5.7 模型中变量间接影响分析

自变量＼因变量	变革型领导	组织学习倾向	组织惯例更新	动态能力	技术创新能力	组织绩效
变革型领导			0.61			
组织学习倾向						
组织惯例更新					0.61	
动态能力						0.50
技术创新能力						

最后是总影响分析，即：直接影响+间接影响=总影响。综合以上直接影响分析和间接影响分析，可得模型总影响分析结果，见表5.8。变革型领导对组织惯例更新的总影响为0.64，组织惯例更新对技术创新能力的总影响为0.72，动态能力对组织绩效的总影响为0.54。

表5.8 模型中变量总影响分析

自变量＼因变量	变革型领导	组织学习倾向	组织惯例更新	动态能力	技术创新能力	组织绩效
变革型领导		0.69	0.64			
组织学习倾向			0.88			
组织惯例更新				0.85	0.72	
动态能力					0.72	0.54
技术创新能力						0.70

5.4.2 组织学习倾向、动态能力、技术创新能力中介效应检验

通过以上路径分析发现，组织学习倾向、动态能力、技术创新能力在模型中起到中介效用，遗憾的是，AMOS17.0报表中没有附上中介效应的显著性检验

(t检验)和标准误。因此,本书将利用SPSS16.0层次回归分析法对中介效应显著性进行检验。在SPSS中进行中介效应检验主要分为以下四个步骤:第一步:将自变量(X)、中介变量(M)、因变量(Y)对应的潜变量的项目得分合并取均值并中心化。第二步:按温忠麟中介检验程序进行第一步检验,即检验方程$Y=cX+e$中的c是否显著。第三步:按温忠麟第二步检验程序分别检验$M=aX+e$和$Y=c'+bM+e$中的a和b的显著性,如果都显著,则亟须检验部分中介效应和完全中介效应;如果都不显著,则停止检验;如果a或b其中只有一个较显著,则进行Sobel检验。第四步:检验部分中介效应与完全中介效应的显著性,即检验c'的显著性。

5.4.2.1 组织学习倾向在变革型领导与组织惯例更新之间中介效应检验

第一步:检验变革型领导与组织惯例更新之间的显著性;第二步:检测变革型领导对组织学习倾向的显著性;第三步:将变革型领导和组织学习倾向同时作为自变量对组织惯例更新进行线性回归检测显著性。

在运用SPSS16.0对数据进行层次回归时,首先放入因变量,然后依次放入控制变量和中介变量,得出的数据如表5.9和表5.10所示。

表5.9 组织学习倾向中介效应模型

模型	R	R^2	调整R^2	标准估计的误差	统计量变化				
					R^2变化	F变化	df_1	df_2	F值变化显著性
1	0.559[a]	0.312	**0.309**	0.57377	0.312	98.532	1	217	0.000
2	0.736[b]	0.542	**0.538**	0.46939	0.230	108.240	1	216	0.000

注:a. 预测变量(常量):变革型领导;b. 预测变量(常量):变革型领导,组织学习倾向。

表5.10 组织学习倾向中介效应检验模型

	组织惯例更新		
	M1	M2	M3
控制变量			
CEO年龄	−0.041	−0.013	−0.039

续表

	组织惯例更新		
	M1	M2	M3
控制变量			
CEO 性别	0.024	0.030	0.008
CEO 年限	0.069	0.019	0.027
CEO 是否是创始人	-0.074	-0.013	0.022
自变量			
变革型领导行为		0.556**	0.195*
中介变量			
组织学习倾向			0.604**
R^2	0.012	0.31	0.54
ΔR^2	0.012	0.19	0.23
F	0.623	19.48**	42.17**
ΔF	0.623	93.80**	107.12**

注：N=219；** 表示 P<0.01；* P 表示<0.05。

通过以上数据结果显示，变革型领导行为对组织惯例更新具有显著正效应，相关系数 r=0.556，P<0.001。因此，变革型领导行为对组织惯例更新的显著性假设检验得到了验证和支持。当放入中介变量组织学习倾向时，变革型领导的相关系数由 0.556 减少到 0.195，但是仍然具有显著性，说明组织学习倾向在变革型领导和组织惯例更新之间起到了部分中介效应。同时我们也可以发现，在多层线性回归分析中，F 值和 ΔF 均具有显著性。同时，本书也将进一步探讨组织学习倾向在变革型领导和组织惯例更新之间中介效应的大小。

运用 SPSS16.0 进行数据分析，进行变革型领导与组织学习倾向之间关系的显著性检验，得出的数据如表 5.11 和表 5.12 所示。

表5.11　变革型领导行为与组织学习倾向模型

模型	R	R^2	调整 R^2	标准估计的误差	统计量变化				
					R^2 变化	F 变化	df_1	df_2	Sig. F 变化
1	0.607a	0.368	0.35	0.50671	0.349	117.71	1	213	**0.000**

注：a. 预测变量（常量）：变革型领导。

5 实证结果分析

表 5.12 变革型领导行为与组织学习倾向相关系数

模型	非标准化系数		标准系数	t	Sig.
	β	标准误差	Beta		
（常量）	1.188	0.235		5.048	0.000
变革型领导行为	0.624	0.056	**0.598**	11.098	**0.000**

注：a. 因变量：组织学习倾向。

由表 5.11 和表 5.12 的数据可知，变革型领导与组织学习倾向之间具有显著正相关关系，相关系数 r=0.598，P<0.001。

由以上数据可知，组织学习倾向具有部分中介效应，变革型领导对组织惯例更新的中介效应不完全通过中介变量组织学习倾向的中介来达到其影响，因为变革型领导对组织惯例更新有直接影响。中介效应占总效应的比值为 effect = a×b/c = 0.604×0.598/0.556 = 0.65，中介效应解释了因变量的方差变异为 Sqrt（0.538 - 0.309）= 0.4785。

因此，以上数据验证了组织学习倾向在变革型领导和组织惯例更新之间起到了部分中介效应，其中中介效应占总效应的比值为 0.65，中介效应解释了因变量 47.85%的方差变异。

5.4.2.2 动态能力在组织惯例更新与技术创新能力之间的中介效应检验

第一步：检验组织惯例更新与技术创新能力之间的显著性；第二步：检验组织惯例更新对动态能力的显著性；第三步：将组织惯例更新和动态能力同时作为自变量对技术创新能力进行线性回归，检测显著性。

在运用 SPSS16.0 对数据进行层次回归时，首先放入因变量，然后依次放入控制变量和中介变量。得出的数据如表 5.13 和表 5.14 所示。

表 5.13 动态能力中介效应检验模型

模型	R	R^2	调整 R^2	标准估计的误差	统计量变化				
					R^2 变化	F 变化	df_1	df_2	Sig. F 变化
1	0.260[a]	0.068	0.046	0.70909	0.068	3.098	5	213	0.010
2	0.591[b]	0.350	0.331	0.59369	0.282	91.857	1	212	0.000

续表

模型	R	R^2	调整 R^2	标准估计的误差	统计量变化				
					R^2变化	F 变化	df_1	df_2	Sig. F 变化
3	0.683^c	0.467	0.449	0.53894	0.117	46.263	1	211	0.000

注：a. 预测变量（常量）：地区，公司年限，行业，所有制性质，公司规模；b. 预测变量（常量）：地区，公司年限，行业，所有制性质，公司规模，组织惯例更新；c. 预测变量（常量）：地区，公司年限，行业，所有制性质，公司规模，组织惯例更新，动态能力。

表5.14 动态能力中介效应检验模型

	动态能力		
	M1	M2	M3
控制变量			
所有制	0.143	0.128	0.135
公司规模	0.122	0.103	0.101
公司年限	−0.019	−0.029	−0.042
行业	0.152	−0.067	−0.068
地区	0.085	0.061	−0.002
自变量			
组织惯例更新		**0.539****	**0.185***
中介变量			
动态能力			**0.498****
R^2	0.068	0.35	0.47
ΔR^2	0.068	0.28	0.12
F	3.10	18.99**	26.36**
ΔF	3.10	91.86**	46.26**

注：N=219；**表示 P<0.01；*表示 P<0.05。

由表5.13和表5.14的数据可知，组织惯例更新对技术创新能力具有显著正效应，相关系数 r=0.539，P<0.001，因此，组织惯例更新对技术创新能力的假设得到了验证和支持。而当放入中介变量动态能力时，组织惯例更新与技术创新能力之间的相关系数由0.539减少到0.185，但是仍然具有显著性，说明动态能力

在组织惯例更新和技术创新能力之间起到了部分中介效应。同时，在多层次回归模型分析中，F值和ΔF值均具有显著性。本书也将进一步探讨动态能力在组织惯例更新和技术创新能力之间中介效应的大小。

运用SPSS16.0进行数据分析，进行组织惯例更新与技术创新能力之间关系的显著性检验，得出的数据如表5.15和表5.16所示。

表5.15　组织惯例更新与动态能力模型

模型	R	R^2	调整 R^2	标准估计的误差	统计量变化				
					R^2变化	F变化	df_1	df_2	Sig. F变化
1	0.727[a]	0.528	0.515	0.46130	0.492	221.099	1	212	**0.000**

注：a. 预测变量（常量）：组织惯例更新。

表5.16　组织惯例更新与动态能力模型相关系数

模型	非标准化系数		标准化系数	t	Sig.
	β	标准误差	Beta		
1 （常量）	1.13	0.207		5.458	0.000
组织惯例更新	0.684	0.046	**0.713**	14.869	**0.000**

由表5.15和表5.16的数据可知，组织惯例更新与动态能力之间具有显著正相关关系，相关系数$r=0.713$，$P<0.001$。

由以上数据可知，动态能力具有部分中介效应，组织惯例更新对技术创新能力的中介效应不完全通过中介变量动态能力的中介来达到其影响，因为组织惯例更新对技术创新能力有直接影响。中介效应占总效应的比值为 effect = $a \times b/c$ = $0.498 \times 0.713/0.539 = 0.66$，中介效应解释了因变量的方差变异为 Sqrt（0.449 - 0.331）= 0.3435。

因此，以上数据验证了动态能力在组织惯例更新和技术创新能力之间起到了部分中介效应，其中中介效应占总效应的比值为0.66，中介效应解释了因变量34.35%的方差变异。

5.4.2.3　技术创新能力在动态能力与组织绩效之间中介效应检验

第一步：检验动态能力与组织绩效之间的显著性；第二步：检验动态能力对

技术创新能力的显著性；第三步：将动态能力和技术创新能力同时作为自变量对组织绩效进行线性回归检测显著性。

在运用 SPSS16.0 对数据进行层次回归时，首先放入因变量，然后依次放入控制变量和中介变量，得出的数据如表 5.17 和表 5.18 所示。

表 5.17　技术创新能力中介效应检验模型摘要

模型	R	R^2	调整 R^2	标准估计的误差	统计量变化				
					R^2 变化	F 变化	df_1	df_2	Sig. F 变化
1	0.253[a]	0.064	0.042	0.72771	0.064	2.913	5	213	0.014
2	0.537[b]	0.288	**0.268**	0.63617	0.224	66.710	1	212	0.000
3	0.668[c]	0.446	**0.428**	0.56239	0.158	60.269	1	211	0.000

注：a. 预测变量（常量）：地区，公司年限，行业，所有制性质，公司规模；b. 预测变量（常量）：地区，公司年限，行业，所有制性质，公司规模，动态能力；c. 预测变量（常量）：地区，公司年限，行业，所有制性质，公司规模，技术创新能力，动态能力。

表 5.18　技术创新能力中介效应检验模型

	组织绩效		
	M1	M2	M3
控制变量			
所有制性质	0.054	0.051	−0.024
公司规模	0.141	0.127	0.072
公司年限	0.112	0.094	0.117
行业	−0.029	0.025	0.069
地区	−0.008	−0.084	−0.076
自变量			
动态能力		**0.482****	**0.144**
中介变量			
技术创新能力			**0.536****
R^2	0.064	0.288	0.446
ΔR^2	0.064	0.224	0.158
F	2.91	14.30**	24.29**

续表

	组织绩效		
	M1	M2	M3
中介变量			
ΔF	2.91	66.71**	60.27**

注：N=219；**表示 P<0.01；*表示 P<0.05。

由表 5.18 的数据可知，动态能力对组织绩效具有显著正效应，相关系数 r=0.482，P<0.001，因此，动态能力对组织绩效的显著性正效应假设得到了验证和支持。而当放入中介变量技术创新能力时，动态能力与组织绩效之间的相关系数由 0.482 减少到 0.144，没有通过显著性检验，说明技术创新能力在动态能力和组织绩效之间起到了中介效应。本书也将进一步探讨技术创新能力在动态能力和组织绩效之间的中介效应的大小。

运用 SPSS16.0 进行数据分析，进行动态能力与技术创新能力之间关系的显著性检验，得出的数据如表 5.19 和表 5.20 所示。

表 5.19 动态能力与技术创新能力模型

模型	R	R^2	调整 R^2	标准估计的误差	统计量变化				
					R^2 变化	F 变化	df_1	df_2	Sig. F 变化
1	0.671ª	0.450	0.435	0.54574	0.383	147.597	1	212	**0.000**

注：a. 预测变量（常量）：地区，公司年限，行业，所有制性质，公司规模，动态能力。

表 5.20 动态能力与技术创新能力模型相关系数

模型		非标准化系数		标准化系数	t	Sig.
		β	标准误差	Beta		
1	（常量）	0.816	0.252		3.246	0.000
	动态能力	0.691	0.057	**0.63**	12.149	**0.000**

由表 5.19 和表 5.20 的数据可知，动态能力与技术创新能力之间具有显著正相关关系，相关系数 r=0.63，P<0.001。

由以上数据可知,技术创新能力具有中介效应,动态能力对组织绩效的中介效应不完全通过中介变量技术创新能力的中介来达到其影响,因为动态能力对组织绩效有直接影响。

中介效应占总效应的比值为:effect = a×b/c = 0.536×0.63/0.482 = 0.7,中介效应解释了因变量的方差变异为 Sqrt(0.428−0.268)= 0.4。因此,以上数据验证了技术创新能力在动态能力和组织绩效之间起到了中介效应,其中中介效应占总效应的比值为 0.7,中介效应解释了因变量 40% 的方差变异。

通过以上数据,本书检验了组织学习倾向、动态能力、技术创新能力的中介效应,数据分析结果显示:组织学习倾向在变革型领导与组织惯例更新之间起到了部分中介效应,中介效应占总效应的比例为 65%,中介效应解释因变量 47.85% 的方差变异;动态能力在组织惯例更新与技术创新能力之间起到了部分中介效应,中介效应占总效应的比例为 66%,中介效应解释了因变量 34.45% 的方差变异;技术创新能力在动态能力与组织绩效之间起到部分中介效应,中介效应占总效应的比例为 70%,中介效应解释了因变量 40% 的方差变异。假设验证情况见表 5.21。

表 5.21 中介效应假设检验

假设	相关系数及显著性	中介效应占总效应比	中介效应解释因变量方差变异(%)	假设验证
H1:CEO 变革型领导行为与组织惯例更新具有显著正向关系	0.556**			支持
H7:组织惯例更新与技术创新能力具有显著正向关系	0.539**			支持
H9:动态能力与组织绩效具有显著正向关系	0.482**			支持
H4:变革型领导—组织学习倾向—组织惯例更新		0.65	47.85	部分中介
H8:组织惯例更新—动态能力—技术创新能力		0.66	34.35	部分中介
H11:动态能力—技术创新能力—组织绩效		0.70	40	中介

注:** 表示 P<0.01。

5.5 假设讨论

本书运用 SPSS16.0 和 AMOS17.0 统计软件对数据进行分析,并依据数据分析结果检验了模型的各项假设,进而验证了模型的合理性。本节将主要依据数据分析结果对本书提出的 11 个研究假设进行讨论。

(1) 变革型领导行为与组织惯例更新关系假设。变革型领导行为对组织惯例更新具有正向显著影响的假设得到了数据支持,并通过了显著性检验,两者之间的相关关系系数 $r=0.556$,$P<0.001$,具有显著性。由于变革型领导行为能够通过自身魅力或者愿景分享来影响和改变组织员工行为和愿景(李超平,2006),进而能够影响组织惯例更新的进程。因此,变革型领导行为是影响组织惯例更新的一个重要因素。本章的相关数据也实证了这一假设,并通过了显著性检验。

(2) 变革型领导行为与组织学习倾向关系假设。变革型领导对组织学习倾向具有正向显著影响的假设在模型中通过了显著性检验,两者之间的路径系数 $r=0.68$,$P<0.001$,具有显著性。变革型领导对组织学习愿景分享和知识分享具有正向影响,因此变革型领导对组织学习倾向具有正向显著性影响。本书的研究结果与以往的研究结论具有相似之处(Avolio,2004;Yang,2007),再次证明了变革型领导在改进组织学习进程中的积极作用。

(3) 组织学习倾向与组织惯例更新关系假设。组织学习倾向对组织惯例更新具有正向显著影响的假设在模型中通过了显著性检验,两者之间的路径系数 $r=0.85$,$P<0.001$,具有显著性。组织学习倾向越好的企业,会带来企业内部一致的组织承诺、知识分享、愿景分享,有利于新知识和新技术的学习和应用,同时也为组织惯例的搜寻、创新提供了动力源泉,有利于组织惯例更新。因此,组织学习倾向在组织惯例更新进程中具有积极显著作用。

(4) 组织惯例更新与动态能力关系假设。组织惯例更新对动态能力具有正向显著影响的假设在模型中通过了显著性检验,两者之间的路径系数 $r=0.84$,$P<0.001$,具有显著性。组织惯例更新使企业能够快速适应市场环境的变化,并将新技术和新的组织惯例快速应用到企业流程当中,增强企业竞争力,有利于企业动态能力的形

成。因此，组织惯例更新对动态能力具有正向显著影响，这也与以往的研究结论有相似之处，Winter（2003）、Cepeda 和 Vera（2007）都曾在研究中表明组织惯例在企业动态能力形成中具有正向积极影响，此结论在本书的研究中也再次得到了验证。

（5）组织惯例更新与技术创新能力关系假设。组织惯例更新对技术创新能力具有正向显著影响的假设得到了数据支持，并通过了显著性检验，两者之间的相关系数 $r=0.539$，$P<0.001$，具有显著性。组织惯例更新能够为企业带来新的流程和操作规范，有利于新技术、新知识和新惯例的引入，而这些新引入的技术、知识和惯例能够为组织技术和流程的创新提升提供源源不断的智力支持，进而提升组织技术创新能力。因此，组织惯例更新能够显著影响企业技术创新能力，而这一假设在本书中也得到了数据支持和验证，并通过了显著性检验。

（6）动态能力与技术创新能力关系假设。动态能力对技术创新能力具有正向显著影响的假设在模型中通过了显著性检验，两者之间的路径系数 $r=0.61$，$P<0.001$，具有显著性。动态能力能够为企业带来更强的适应环境的能力和内外部资源的整合能力，特别是内外部资源的整合，能够为企业开发新产品、研发新技术提供源源不断的动力支持，能够使企业在行业竞争中处于有利地位，提升企业技术创新能力。因此，动态能力的形成有利于企业技术创新能力的提升。

（7）动态能力与组织绩效关系假设。动态能力与组织绩效之间具有正向显著影响的假设得到了数据支持，并通过了显著性检验，两者之间的相关系数 $r=0.539$，$P<0.001$，具有显著性。动态能力能够提升组织绩效在已有文献中得到了证实，一方面，动态能力能够使组织更加适应环境和市场变化，使能力与环境相适应；另一方面，动态能力能够带来组织内部资源的有效整合，进而提升组织效能，提升组织绩效。在本书的研究中，相关数据实证了组织动态能力与组织绩效之间的显著性关系。

（8）技术创新能力与组织绩效关系假设。技术创新能力对组织绩效具有正向显著影响的假设在模型中通过了显著性检验，两者之间的路径系数 $r=0.66$，$P<0.001$，具有显著性。本书研究的技术创新能力主要体现为新技术研发和新产品推广，较强的技术创新能力能够为企业带来新技术，并能不断开发出新产品，获取市场竞争地位和竞争优势，进而带来组织绩效的提升。以往的研究也证明了技术创新能力与组织绩效之间存在着正向相关关系（谢洪明，2006），本书的研究也再次验证了这一观点。

5 实证结果分析

(9) 组织学习倾向在变革型领导与组织惯例更新之间的中介效应。变革型领导对组织惯例更新的相关系数在加入了组织学习倾向中介变量后,相关系数虽然从 0.556 降低到了 0.196,但是仍然具有显著性。因此,组织学习倾向在变革型领导与组织惯例更新之间起着部分中介效应,中介效应占总效应的比例为 0.65。因此,在企业组织惯例更新进程中,提高企业组织学习倾向仍然是一条重要途径。

(10) 动态能力在组织惯例更新与技术创新能力之间的中介效应。组织惯例更新与技术创新能力的相关系数在加入了中介变量动态能力后,相关系数从 0.539 降低到 0.185,但是仍然具有显著性。因此,动态能力在组织惯例更新与技术创新能力之间起着部分中介效应,中介效应占总效应的比例为 0.66。因此,在提升企业技术创新能力的进程中,动态能力起着非常重要的作用。

(11) 技术创新能力在动态能力与组织绩效之间的中介效应。动态能力对组织绩效的相关系数在加入了技术创新能力中介变量后,相关系数从 0.482 降低到了 0.114,不具有显著性,说明技术创新能力在动态能力与组织绩效的关系中起到了中介效应,中介效应占总效应的比例为 0.7。因此,在动态能力与组织绩效关系中,提升企业技术创新能力是一条重要途径。

各假设关系的验证结果如表 5.22 所示。

表 5.22 各假设关系验证结果汇总

假设	假设验证
H1：CEO 变革型领导行为与组织惯例更新具有显著正向关系	支持
H2：CEO 变革型领导行为与组织学习倾向有显著正向关系	支持
H3：组织学习倾向与组织惯例更新有显著正向关系	支持
H4：组织学习倾向在 CEO 变革型领导行为与组织惯例更新的关系中起着中介作用	部分中介
H5：组织惯例更新与动态能力具有显著正向关系	支持
H6：动态能力与技术创新能力具有显著正向关系	支持
H7：组织惯例更新与技术创新能力具有显著正向关系	支持
H8：动态能力在组织惯例更新与组织绩效的关系中起着中介作用	部分中介
H9：动态能力与组织绩效具有显著正向关系	支持
H10：技术创新能力与组织绩效具有显著正向关系	支持
H11：技术创新能力在动态能力与组织绩效之间起着中介作用	支持

6 组织惯例更新的影响因素及效能案例分析

本章主要通过对诺基亚和苹果手机近十年来的组织惯例更新进程进行对比分析，探讨组织惯例更新进程对企业竞争能力的影响以及影响组织惯例更新的因素，进一步验证本书研究的模型，为组织惯例更新的影响因素及效能研究提供案例支持。

之所以选择诺基亚和苹果手机作为本案例的研究对象，一方面是因为手机行业是一个技术创新能力比较强的行业，另一方面是因为近十年来两家公司都进行了组织惯例更新，但是组织惯例更新进程却存在差异性，这也就为本研究提供了较好的案例资料。

在手机市场由 2G 时代向 3G 时代转型的过程中，由于新技术的出现，两家手机企业都面临着组织惯例更新问题，即如何有效更新和创新原有组织惯例，并形成新的组织惯例，实现组织惯例更新。也正是由于两家公司的组织惯例更新进程不一致才导致了近十年来两家公司的竞争力发生了重大转变。

从图 6.1 可以发现，苹果公司在 2002~2007 年股价变动并不大，虽然有增长，但是增长趋势比较缓慢。但是从 2007 年开始，苹果公司股价整体上呈现快速增长的趋势，也就是在这一年，苹果智能手机开始上市，拉开了手机 3G 时代到来的序幕。

从诺基亚公司 2002~2011 年股价变动的情况来看，它可以分为两个阶段。第一个阶段是 2002~2007 年，在这一期间，诺基亚公司股票价格基本处于稳定的状态；第二个阶段是 2007~2011 年，诺基亚公司股票价格出现急速下滑的趋势，2007 年以智能手机为标志的 3G 时代到来，使得诺基亚公司的竞争力下降。

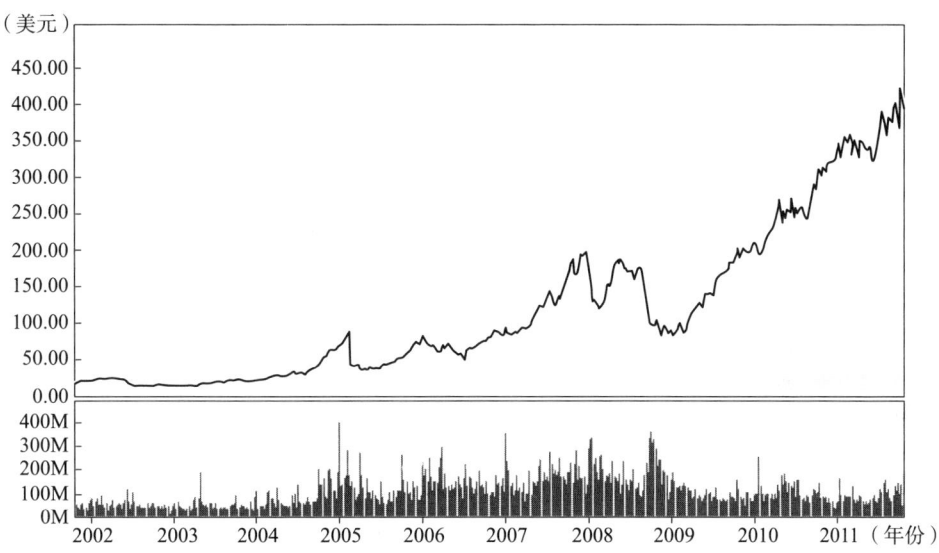

图 6.1　苹果公司 2002~2011 年股票价格变动情况（2002~2011 年）

资料来源：苹果公司官方网站。

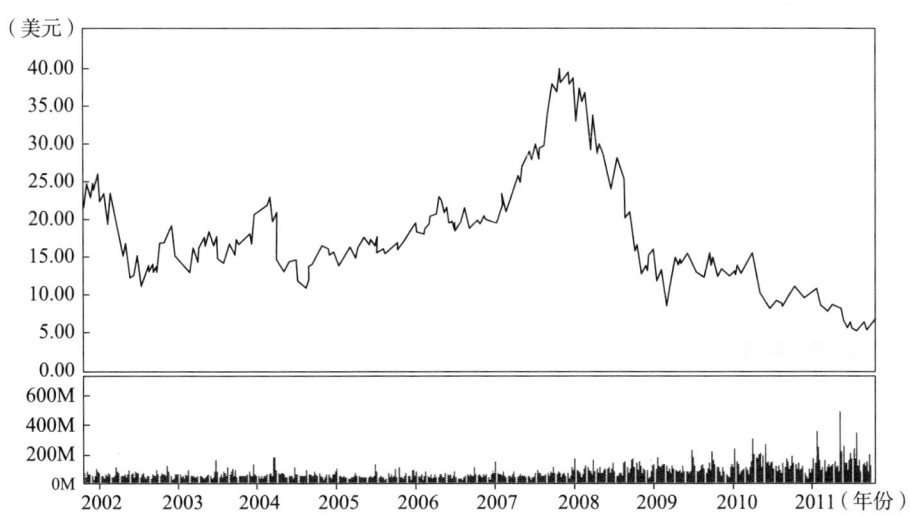

图 6.2　诺基亚手机 2002~2011 年股票价格变动情况（2002~2011 年）

资料来源：诺基亚公司官方网站。

同时，通过 2000~2011 年诺基亚公司和苹果公司的市值变化可以看出，从

2008年开始，苹果公司已经在手机行业市场竞争中超越了诺基亚公司，成为3G时代的代表，引领新的智能手机时代。

表6.1　诺基亚公司和苹果公司 2000~2011 年市值变化　　（单位：亿元）

	2000年	2008年	2011年
诺基亚	69478	18811	6699
苹果	2838	37491	90000

资料来源：网易财经。

在这里我们不禁要问，为什么2G时代的霸主诺基亚没能在3G时代到来时迎头赶上，巩固自己的霸主地位呢？难道仅仅是因为苹果公司的创新能力更强，而诺基亚公司的创新能力较差吗？在这里，我们不得不反思的一个问题就是：诺基亚公司和苹果公司为了面对3G时代的新技术竞争，都加大了对新技术和新产品的研发，那么，为什么诺基亚的各种产品和技术却落后于苹果公司呢？本书通过对两家公司组织惯例的更新进程进行了对比分析，找出影响组织惯例更新的主要因素以及组织惯例更新进程差异而导致企业竞争能力差异的原因。

6.1　组织惯例更新相关理论

6.1.1　组织惯例更新的内在结构

本章主要通过对组织惯例内在结构文献研究的梳理，概括组织惯例内在结构四阶段模型，为组织惯例更新提供理论支持。

6.1.1.1　组织惯例内在结构特征

组织惯例的内在结构文献研究。关于组织惯例的内在结构学者们进行了研究，为组织惯例的案例研究和实证研究提供了帮助。概括起来共有三种观点：Pentland 和 Ruter（1994）认为组织惯例是一种语法模式。他们以语法和造句来类

6 组织惯例更新的影响因素及效能案例分析

比惯例，认为惯例有其规则和可采取行动的备选方案，惯例规则对组织成员各种行动的组织方式起引导作用而不是决定作用。组织成员在执行惯例时，就如同依照语法造句一样，至于组织成员按照什么样的语法结构去造句并没有深入解释，仍然不能解释组织惯例的内在结构。Feldman 和 Pentland（2003、2005）从组织惯例内生性的问题上提出了组织惯例内生发展模型，认为组织惯例包括两个部分：表述部分（Ostensive）和执行部分（Performative）。表述部分是组织惯例的观念形式，是组织惯例抽象化、一般化的概念；执行部分指在特定时间和地点由特定的成员实施组织惯例的特定行为，是组织惯例的实践部分。这两个部分对组织惯例的存在都是必不可少的。表述部分可以被编码为标准运作过程，或者作为一种行为准则而存在；组织惯例的执行部分则由于每一个参与者对组织惯例的理解都是建立在其角色和观点之上的，是即兴发挥的，因此即使组织惯例是由同样的人多次来执行，也会随着情景变化而调整。因此这种观点认为组织惯例变化本质上是内生的，新组织惯例是组织惯例两个方面持续运动的结果，并认为组织惯例可以成为组织柔性和变化的来源。第三种观点认为组织惯例可以分为三个层次，分别为行为规则、程序规则、习性层次。组织惯例是行为规则（Gersick 和 Hackman，1990；Dosi 等，1992）。在集体层面（多人参与）作为惯例形式存在，在个人层面（单个人）作为习惯形式存在（Dosi 等，2000）。"重复发生的相互作用模式"专用词很恰当地解释了作为行为规则的组织惯例形式。组织惯例是"规章、标准的操作程序"（Cohen，1991；Cyert 和 March，1963）。Feldman 和 Pentland（2003）提出了"执行"和"表述"两个专门用词来区分两个不同的层次。"表述"主要指组织惯例中那些抽象的、叙述的类型，"执行"主要指特定的人在特定的时间特定的地方的实际行为。组织惯例习性层次（Hodgson，2003；Hodgson 和 Knudsen，2003、2004a、2004b）。这些学者把惯例看作是"习性"来解释某一行为或想法（Hodgson，2003；Hodgson 和 Knudsen，2003、2004a、2004b）。他们包括组织结构和个人习惯以及由于触发因素而产生的一些有序的行为。

通过以上文献研究我们可知，关于组织惯例内在结构研究一直没有一致的研究结论，各研究者结合研究内容和研究方法形成独特的组织惯例内在研究结构视角。因此，本书也将主要结合以往文献研究成果对组织惯例内在结构进行分析和总结，形成组织惯例内在结构四阶段模型，为本书案例分析提供理论支持。

6.1.1.2 组织惯例的内在结构

通过对以上组织惯例特征及内在结构文献的研究，本书将组织惯例内在结构界定为四个阶段：集体学习、组织共识、组织规范、组织行为。

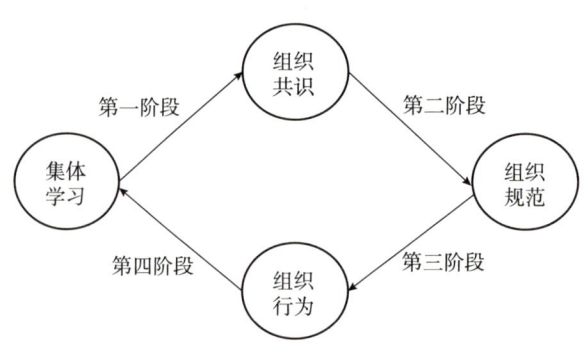

图 6.3　组织惯例形成过程

组织惯例内在结构四阶段模型也就是组织惯例更新过程，是组织惯例为了适应环境变化，通过集体学习开始进行组织惯例调整的过程。集体学习既包括吸收环境变化因素后的学习也包括新知识和新技术的学习。因此，组织惯例更新能够实现组织惯例适应环境变化，淘汰不适应新环境效能低的组织惯例，更新和"搜寻"引入新的适应新环境和效能高的组织惯例。而由于不同企业集体学习进程不一致也就导致了组织惯例更新进程存在差异性，进而导致了企业竞争力差异。

6.1.2　组织惯例更新进程与企业竞争力关系

由于环境变化或者新技术、新知识的出现，企业需要开展集体学习进行员工培训和学习。通过集体学习组织成员能够实现相互学习和知识分享，并积累新技术的生产经验，逐渐在企业员工内部形成一些关于新知识的"组织记忆"和"缄默知识"，增加了企业关于新知识的知识储备，同时也增强了企业的新技术应用能力和新技术的开发能力，组织成员形成一致的组织共识。

由于组织成员之间的相互学习和相互分享，使得新技术在企业内部的应用和

6 组织惯例更新的影响因素及效能案例分析

推广也就变得十分容易，组织成员之间逐渐会形成一种关于新知识的组织共识，当企业内部员工需要应用新技术执行任务时会主动地执行这种组织共识。同时，员工也开始不断地对形成的组织共识进行不断的试错、选择，最终将执行效率较高，执行效果较好的组织共识形成员工共同遵守的组织规范。此时也就完成了组织惯例的第二个转变组织共识升华、内化为组织规范。

新的组织规范会成为组织员工执行任务和进行选择的准则，从而提升组织工作的效率，提升了企业能力，增强了企业竞争力。此时也完成组织惯例的第三个转变组织规则成为组织行为的行为规范，新的组织惯例也就形成了。企业会在新组织惯例的指导下，复制着组织高效率的行为，提升企业竞争力。组织惯例完成更新。

当然也会出现第二种情况，新技术的出现，企业引入新技术，在企业内部出现了新技术和原有技术并存的状况。由于新技术的出现，企业内部员工之间也就出现新技术和原有技术之间的选择和学习，在这个过程中成员之间既有相互学习，也有相互之间的知识保密。同时由于原有组织惯例的存在，也会对新技术的存在产生排斥。此时，组织内部会逐渐形成两种格局，一种是原有组织惯例的拥护者，另一种是新技术的使用者。同时，新技术也会在其使用者之间逐渐形成共识，组织规范、组织行为、组织惯例完成更新。但是组织内部一直会出现原有组织惯例和新组织惯例执行者之间的斗争，组织内部之间的知识共识很难形成，组织规范很难统一，组织行为也就很难一致。于是就出现了原有的组织惯例不能指导组织行为，新的组织惯例尚未形成。组织惯例不能有效实现动态优化，丧失了对未来市场的判断能力，丧失市场机会，企业竞争力也就丧失了。

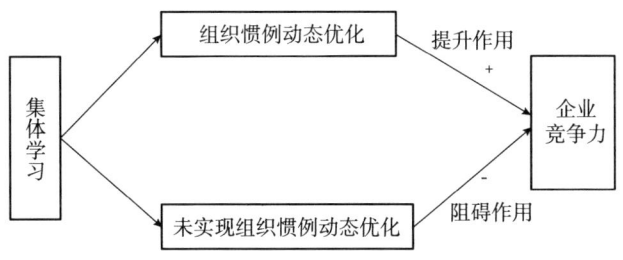

图 6.4　组织惯例更新与企业竞争力关系图

6.2 苹果手机组织惯例更新进程分析

2G时代手机的创新似乎更多地停留在手机外观设计方面，但是在计算能力方面，尤其是面对人们快速增长的互联网以及移动互联网应用需求方面并没有太大突破，除了继续维持语音通话以及短信和扩展的彩信功能外，几乎没有任何新应用能够打动人心，因此，如何在移动互联网上进行更大程度的创新是接下来手机行业发展的方向，毫无疑问，苹果公司走在了时代的前沿。下面我们将探讨一下苹果公司强劲增长背后的动力源泉。

6.2.1 重塑设计文化，形成新的组织共识

苹果手机现在的成功，不得不从1997年乔布斯回归苹果公司开始谈起。1997年，乔布斯回到了亲手创立的苹果公司，当时的苹果公司已经岌岌可危，市值不到40亿美元。乔布斯回到苹果公司做的第一件事情是重塑苹果公司的设计文化，推出了iMac和自成一体的操作系统Mac OSX，让苹果重新成为"酷品牌"的代表。乔布斯还专门创意了"Think Different"（另类思考）的广告语，一方面让消费者重新认识了苹果，另一方面是激发公司员工的创新动力。

但是资本市场对乔布斯的举动并不领情，iMac就像以前的苹果公司产品一样，属于典型的"非主流"人士使用的，并没有给苹果公司的市值带来什么积极的影响。不过，从1997年开始，可以隐约看到推动苹果公司前进的动力——创新在不断凝聚。

6.2.2 苹果手机转型，新的商业模式形成，形成新的组织规范

在推出宏大的"Think Different"系列广告数年之后，乔布斯开始转变思路——"如何重新定义自己是一家什么样的企业"。乔布斯不再将苹果公司仅仅定义为拥有独自品牌的个人电脑供应商，而是向高端电子消费品和服务企业转

6 组织惯例更新的影响因素及效能案例分析

型。在2001年，苹果公司推出了iPod；2003年推出了绑定iPod的终端平台iTunes。因此，在苹果公司转型的过程中iPod功不可没。2001年，当时市面上类似MP3的音乐播放器比比皆是，不过乔布斯预见的却是音乐领域即将发生的变革：传统音乐的利润正在下滑，"音乐迷"更愿意从互联网上下载音乐而不是把唱片买回家。于是，创新设计的iPod+iTunes组合给用户带来了独特的体验：iTunes的存在让更多人方便地下载和整理音乐，从而大大促进了iPod的销售，这也由此开创了一种全新的商业模式：将硬件、软件和服务融为一体，造就了一个数字媒体的发布渠道，有人将这种模式称为硬件即服务（Hardware as a Service，HaaS）。此后，苹果又在iPhone和iPad身上如法炮制，通过在线商店App Store构建了一套完整的产业链生态系统。从此，苹果公司关于新产品和新技术的应用规范逐渐形成。

6.2.3 新的组织惯例形成，新商业模式不断成功复制

2007年，苹果公司发布了iPhone，掀起了一场手机革命。除了产品设计本身的创新外，苹果公司还沿用了iTunes和iPod上的应用，在2008年推出了App Store，并和iTunes无缝对接。iPhone+App Store的组合赋予了苹果公司的主导地位，引领了手机革命。和iPod颠覆了音乐产业一样，iPhone也成功地颠覆了手机产业。

2010年初，苹果公司又推出了iPad。这款产品采用了和iPhone同样的操作系统，外观也像一个放大版的iPhone，在应用软件方面也沿用了iPhone+App Store的模式。苹果公司的过人之处，不仅在于它为新技术提供了时尚的设计，更重要的是，它把新技术和卓越的商业模式结合起来。不管是iPhone+App Store组合还是iPad+App Store组合都成功地复制了iPod+iTunes的模式，将硬件、软件和服务融为一体，创立了3G时代新的商业模式。

苹果公司在将互联网技术成功引入手机行业领域后，通过不断的产品创新和商业模式的创新，颠覆了原有2G时代的手机行业规则和商业模式，将新技术与卓越的商业模式结合在一起，开创了一个全新的商业模式：将硬件、软件和服务融为一体。同时形成了新的盈利模式，苹果公司在明确客户主张和公司盈利模式

方面做了很多的创新，从而在为客户创造价值的同时，也为公司创造了价值。苹果公司不断地在不同的产品之间复制、传递新技术时代的商业模式，新的组织惯例也就成为企业竞争力提升的主要动力源泉。

"历史上没有一个大公司曾成功地持续创新，而长盛不衰的关键正是完全、纯粹的创新"，这种想法使得乔布斯始终把创新放在第一位。一方面苹果公司鼓励个人主义，因为个人主义可以创造差异，苹果公司倾向于雇用那些有思想、懂得自我激励的人，这也是创立之初的苹果公司激发员工创造力的重要法宝。另一方面反主流文化是苹果公司企业文化的另一个重要元素。员工坚信，苹果公司的动力来自他们，管理层的角色功能是为他们创造能够激发他们创造力的、最佳的工作环境。

创新为苹果公司的复兴注入了动力，也为苹果公司在3G智能手机时代竞争提供了源源不断的支持。新的组织惯例形成，使得其创立的商业模式可以在新产品中得到成功复制，提升了企业的竞争力。从2008年开始，苹果公司净利润都获得了较快增长。

表 6.2　苹果公司年报数据　　　　　　　　　　单位：美元

营业分段净销售额	2010 年	增长率（%）	2009 年	增长率（%）	2008 年
美国净销售额	24498	29	18981	15	16552
欧洲净销售额	18692	58	11810	28	9233
日本净销售额	3981	75	2279	32	1728
亚太地区净销售额	8256	160	3179	18	2686
净销售零售额	9798	47	6656	9	7292
净销售总额	65225	52	42905	14	37491

资料来源：苹果公司官网。

表 6.3　IDC 对全球五大智能手机厂商评价

供应商	2011 年		2010 年		年增长率（%）
	出货量（百万）	市场份额（%）	出货量（百万）	市场份额（%）	
苹果	20.3	19.1	8.4	13.0	141.7
三星	17.3	16.2	3.6	5.6	380.6

6 组织惯例更新的影响因素及效能案例分析

续表

供应商	2011年		2010年		年增长率（%）
	出货量（百万）	市场份额（%）	出货量（百万）	市场份额（%）	
诺基亚	16.7	15.7	24.0	37.3	-30.4
黑莓	12.4	11.6	11.2	17.4	10.7
HTC	11.7	11.0	4.4	6.8	165.9
其他	28.1	26.4	12.8	19.9	119.5
总计	106.5	100	64.4	100	65.4

资料来源：网易财经。

2011年第二季度，苹果取代了诺基亚成为智能手机销量新晋冠军。自从苹果公司于2007年推出了首部iPhone之后，苹果公司在硬件、软件和渠道开发领域的注意力占有率和市场占有率方面均获得了极大成功。

6.3 诺基亚手机组织惯例更新进程分析

20年前，陷入危机的诺基亚公司果断地抛弃了其他产业，只瞄准一点——手机，此次决断带领诺基亚公司走上了手机行业的辉煌之路。诺基亚以其超强的成本控制能力，持续的产品创新在手机市场独占鳌头。2G时代层出不穷的诺基亚手机每一款都代表着一次经典性创新。曾在诺基亚公司工作15年的一位员工说："当时，手机还是新兴行业，没有现成的模式可以借鉴，都是摸着石头过河。谁的思想前卫一些，目光长远一些，早为下一步发展铺路，就会有收获。"最终诺基亚公司把摩托罗拉和爱立信赶下马，坐稳了全球手机市场"老大"的位置，成为2G时代当之无愧的市场"霸主"。

早在20世纪90年代，诺基亚首席执行官（CEO）奥利拉就曾预言："通话将成为手机的一个附加功能，其未来在于接入互联网。"2006年底，诺基亚原首席财务官康培凯接任CEO后，清晰地提出互联网与手机的未来将融合在一起，诺基亚要"站在这一新时代的前沿"，成为一家移动互联网公司，并在2006年发行

N73，首次提出数字融合，发展移动互联网。在当时看来，诺基亚公司的很多构想都具有前瞻性。诺基亚公司早在2004年就开发出触控技术。翻开诺基亚的财报，2010年的研发费用就达到58亿欧元，是苹果公司的4倍以上。在手机开发时间平均需要1年的周期时，诺基亚1年可以推出超过50款以上的手机。诺基亚公司拥有庞大的研发资源，却没有将这种能力转化为市场中的"武器"。回顾诺基亚公司近十年的发展可知，诺基亚公司早早就预见到新技术的发展方向，并加大研发的投入，但最终还是败在新技术上面，原因是什么呢？本书认为，新技术在融入诺基亚公司的过程中，并没有形成新的组织惯例，原有的组织惯例阻碍了新组织惯例的更新，而新技术带来行业规则的变化，使原有的组织惯例成了企业发展的障碍，最终影响了企业竞争力。诺基亚公司仍然用2G时代的思维来应对3G时代的手机竞争，市场和技术的失利也就在所难免。

（1）新技术引入，并未形成新的组织共识。诺基亚虽然早早预见到未来手机行业的发展，并将触控技术、智能手机技术早早引入企业，但是并没有在企业内部达成一种组织共识。正如诺基亚公司一位高管曾说："诺基亚醒悟得很早，但是当时诺基亚并没有考虑清楚自己要做什么类型的互联网公司，也不清楚互联网公司的内涵是什么，自己也说不清楚想怎么干。"于是在2006~2007年，诺基亚对在线业务投入高达100多亿美元，一会儿是N-Gage游戏平台，一会儿是在线音乐商店，一会儿又是邮件服务平台……不断的变化让用户无法对诺基亚的互联网形象形成记忆，而这也是诺基亚公司"茫然"的表现，它在组织内部仍未达成一定的组织共识。即使是诺基亚公司内部的员工也曾认为"当我们最早提出转型口号时，业内响应的人很少，大家也是在看一个热闹，并不觉得这个改变真会发生。当时有种孤掌难鸣的感觉，只有你一家做，很难把产业链做起来"。由于这种组织共识尚未达成，我们也就很难看到诺基亚公司对未来技术的一致性行为，诺基亚公司总是很迷茫。

（2）面对技术变化，没有形成新的组织规范。由于对手机行业未来的发展趋势在组织内部一直没有达成组织共识，也就未形成新技术的组织规范，因此，诺基亚公司虽然很早地提出公司转型，并于2003年从摩托罗拉公司手中买入塞班操作系统，也就是凭借塞班操作系统，诺基亚公司的市场份额一度达到49%，但是诺基亚公司的这一战略选择仍然是在2G时代的思维模式的选择，手机互联网技

6 组织惯例更新的影响因素及效能案例分析

术的应用并没有在公司内部形成组织战略选择的规范,因此也就为诺基亚公司日后的智能手机和移动互联网竞争不力埋下了隐患。

在实践中诺基亚公司发现,塞班操作系统不适合3G时代的网络,它抗不住互联网这么大的流量。虽然诺基亚公司不断动员塞班平台的开发者举行开发者大会,但应用软件开发者没有太多的热情。因为很好的应用开发无法"跑"出来,诺基亚公司的互联网战略选择仍然还惯性地保持着2G时代的游戏规则——做手机还是卖硬件。

2007年以前,苹果(Apple)还只是混音乐圈的,谷歌(Google)还只是个搞搜索引擎的;然而,2007年,第一款iPhone诞生,并迅速成为手机界的一朵奇葩,紧接着,谷歌也带着刚刚从安迪鲁宾手里买来的安卓系统(Android),从一串外形变来变去的字母化身成一个绿色的小机器人,强势踏进了通信领域。从这一刻起,诺基亚的好日子结束了。根据Gartnerde统计的数据显示,截至2010年末,安卓系统在世界智能手机系统的市场占有率已经超过了塞班系统(Symbian),成为世界上最受欢迎的智能手机操作系统。与此同时,手机的品牌界限正逐渐消失,很多曾经名不见经传的手机品牌,因为搭载了安卓系统,从而与三星等知名品牌一起,在诺基亚面前形成了一个庞大的"军团"。在2G时代,诺基亚面临的只是众多手机厂商的竞争;到了3G时代,有线、无线、图像、视频、娱乐、电子商务等在不断融合,诺基亚要面临很多不确定的竞争对手。诺基亚公司并没有在3G时代到来时形成新的互联移动盈利模式和商业开发模式,尚未形成较统一的组织规范,应对3G时代的移动互联网技术的组织惯例仍未形成。

(3)新组织惯例尚未形成,很难形成一致的组织行为,原有的组织惯例成为企业发展的障碍。由于新的组织惯例尚未形成,在2007年以后以3G为标志的移动互联模式和以"硬件+软件+移动服务"为商业模式的新的手机行业游戏规则面前,诺基亚已经显得力不从心了。2G时代的成本控制思想、重视市场占有率和市场竞争的发展思维使诺基亚更加重视财务数据和短期目标,始终不愿放弃已经落后的塞班操作系统。"管理的主管罩不住技术的,他只关心价值、数字,不关心产品,"一位诺基亚产品技术主管如此抱怨,"是高效率的成本控制思维杀死了诺基亚",手机市场的战场已经从2G变成了3G,原有的优势由于没有及时更新而不能适用到新的战场,会成为一种束缚。面对的新的游戏规则,诺基亚已经落伍了。2008年6月，诺基亚公司将广泛应用的塞班手机操作系统开源；2010年12月17日，塞班智能手机操作系统又重新回归闭源，这意味着诺基亚公司希望借力开源的愿望全面落空；2011年2月11日，诺基亚公司正式与微软公司达成合作，未来微软的Windows Phone系统将作为诺基亚智能手机的主要操作系统，这让致力于改进塞班操作系统的产品团队很受打击；正在大家以为诺基亚公司未来将会以Windows Phone 7为主时，诺基亚公司又告诉大家塞班3系统正在持续改进当中，短期内诺基亚仍主要使用该系统；2011年4月28日，诺基亚公司宣布将塞班操作系统研发团队外包给埃森哲公司，诺基亚公司将致力于Windows Phone 7系统的开发，与微软公司达成广泛的战略合作关系，结合各自优势，建立一个全新的全球手机生态系统。至此，"硬件+软件+移动服务"的3G时代手机行业商业模式成立。

（4）导入新组织惯例，实现2G时代向3G时代转变。第一步就是放弃塞班，改投微软。2011年2月11日，诺基亚公司宣布与微软公司达成战略合作关系，两家公司将建设新的"移动生态圈"。诺基亚手机将采用Windows Phone系统，并且将参与该系统的开发。4月28日，诺基亚公司与埃森哲公司达成战略合作协议，协议包括诺基亚公司将塞班操作系统的研发外包给埃森哲公司，诺基亚3000名雇员将随之转移。而埃森哲公司将向诺基亚公司提供可用于未来智能手机的操作系统。放弃塞班可以为诺基亚公司每年节省大约14亿美元的开支，而微软则是诺基亚公司在研究出可以替代塞班的新智能手机系统之前的过渡系统。

第二步被埃洛普称为"全新变革"（New Disruptions）。2011年4月底，诺基亚史上最大规模的裁员大刀阔斧地开始了，其全球范围内裁掉的7000人中，4000人来自研发部门。6月，诺基亚首席技术官离职。埃洛普要打造一支自己的开发团队，而这支开发团队将成为这个名叫"变革未来"（Future Disruptions）的新团队的核心，他们的任务是为诺基亚开发出塞班的替代软件。

诺基亚仍然生产着很棒的手机，但是在手机市场上，单凭硬件已然不够。单说产品，诺基亚的手机仍是很不错的，但就软件而言，却很无力。因为市场竞争已经从产品层面转变为生态系统层面，游戏的本质已经发生了根本转变，已由单纯的产品竞争转向"硬件+软件+移动服务"的移动互联网生态系统的竞争。诺基亚公司与微软公司的合作显示了诺基亚试图在这个创造联合价值的世界里重新定位自己。2011年10月27日，诺基亚世界大会在英国伦敦开幕，诺基亚公司正式

6 组织惯例更新的影响因素及效能案例分析

发布了与微软公司合作的两款 Windows Phone 手机,分别是 Lumia 800 和 Lumia 710,主推 Lumia 800。

6.4 案例研究结论

本书通过对诺基亚手机和苹果手机两家手机企业组织惯例更新进程的分析,找出了影响两家企业组织惯例更新进程的主要因素以及组织惯例更新为企业带来的组织效能的提升,这也为本书的实证研究提供了案例支持。

通过以上案例研究,本书可得出如下研究结论:

第一,组织惯例更新的主要影响因素中变革型领导行为方式和组织学习倾向两者不可或缺,只有两者相互匹配才能实现对组织惯例更新的影响作用。苹果公司通过乔布斯独特的领导行为方式,将创新意识和创新行为深深植入苹果组织惯例当中;同时,乔布斯通过其领导魅力和人格魅力对整个组织的创新学习倾向具有重要影响,使得整个组织具有较强的组织学习倾向,因此有利于组织惯例更新。而在诺基亚手机组织惯例更新进程中我们发现,虽然诺基亚手机曾经通过三次更换 CEO 来加快 3G 技术的应用和开发,来实现加快组织惯例更新进程的步伐,但是,深深植入 2G 技术的塞班操作团队无论如何也不能适应 3G 技术的应用和开发,最终造成变革型领导行为与组织学习倾向不匹配,阻碍着诺基亚手机组织惯例更新的进程。

第二,组织惯例更新进程的差异性是影响企业竞争力差异的主要原因。组织惯例更新能够影响组织动态能力和技术创新能力,因此,组织惯例更新的差异性也就带来了不同企业之间竞争能力的差异。苹果手机能够把握手机行业发展趋势并及时实现组织惯例优化,将 3G 技术引入手机行业,并形成了新的组织惯例;苹果通过将 3G 技术组织惯例在不同领域内反复地复制和应用,为苹果带来了动态能力和技术创新能力的提升,进而提升了企业竞争能力;而诺基亚手机由于迟迟不能实现 3G 技术组织惯例的形成,也就很难发挥组织惯例更新带来的效能,原有的组织惯例也就成为组织惯例更新的阻碍。因此,诺基亚手机在 3G 时代的技术竞争中丧失了动态能力和技术竞争优势,也就丧失了竞争力,最终在 3G 技术时代的竞争中失去了行业"霸主"的地位。

7 基本结论

本章主要分为三个部分，第一部分是本书总结；第二部分是本书的未来研究方向及研究局限性；第三部分是本书的研究结论。

7.1 本书总结

在以往的关于组织惯例的研究中很少关注组织惯例跨期研究也即组织惯例更新的研究，关于组织惯例更新的影响因素和效能的研究也较少。鉴于此，本书在总结以往组织惯例文献研究的基础之上，探讨了组织惯例更新的影响因素和组织惯例更新的效能两个问题，并构建了组织惯例更新的影响因素模型和组织惯例更新的效能因素模型。通过调查问卷和实地访谈收集实证数据，并运用SPSS16.0和AMOS17.0统计软件和结构方程软件对数据进行有效的分析，探讨了模型各变量之间的相关关系，并分析了影响组织惯例更新的影响因素和组织惯例更新的效能路径，具有一定的理论意义和实践意义。

7.1.1 组织惯例更新的影响因素研究

在组织惯例更新影响因素研究模型中，本书主要探讨了两个因素对它的影响：变革型领导和组织学习倾向。一方面，以往的组织行为学研究表明，变革型领导会显著影响其所在组织的行为（Jung，2003），而指导组织行为背后的力量则是我们所探讨的组织惯例。因此，在组织惯例更新的过程中，变革型领导的领导风格将会显著影响组织惯例更新的进程。另一方面,Nelson 和 Winter(1982)指出组织惯例是一种组织记忆,是组织的缄默知识。因此,组织惯例更新很容易受到组织知识的影响,这也就与组织学习倾向有着非常紧密的关系。在一个组织学习倾向比较高的组织内部,组织学习就具有较一致的组织承诺和学习愿景,有利于知识分享,进而增加和积累了更多的组织知识和组织记忆,也就为组织惯例更新提供了源源不断的知识储备。因此,变革型领导和组织学习倾向是影响组织惯例更新的两个主要因素。

通过本书研究发现:

(1)变革型领导对组织惯例更新具有显著的正向影响效应(相关系数 $r=0.556$,$P<0.001$);变革型领导行为能够显著影响组织学习倾向(路径系数 $r=0.69$,$P<0.001$);组织学习倾向能够显著影响组织惯例更新(路径系数 $r=0.88$,$P<0.001$);组织学习倾向在变革型领导行为与组织惯例更新关系中起到了部分中介效应(中介效应占总效应的比例为0.65,中介效应解释因变量方差变异的47.85%)。以往的研究表明变革型领导对组织行为和组织风格具有显著影响(Jung,2003),而在该模型中,组织学习倾向也受到变革型领导的影响,这个结论在 Wang(2005)的研究中得到验证。因此,在变革型领导影响组织惯例更新的进程中,组织学习倾向起到了部分中介效应(中介效应占总效应的比例为0.65)。从该结论可知,组织学习倾向和变革型领导行为是影响组织惯例更新的主要因素,两者不可或缺,变革型领导行为能够通过影响组织学习倾向来影响组织惯例更新。

(2)在组织惯例更新过程中,变革型领导—组织学习倾向—组织惯例更新路径更有效。依据本书研究模型可知,影响组织惯例更新的路径有两条:变革型领导—组织惯例更新和变革型领导—组织学习倾向—组织惯例更新,数据结果显示:变革型领导—组织学习倾向—组织惯例更新具有更好的效果。从该结论我们可知,在组织惯例更新过程中,变革型领导和组织学习倾向具有重要作用,这也为我们的管理实践提供了指导。在组织惯例更新过程中,单纯依靠变革型领导的个人魅力和领导风格影响组织惯例更新的效果是有限的,不能盲目相信只要是变革型领导者就可以主导组织惯例更新过程。这就要求管理者要重视组织学习过程,在组织内部建立较一致的学习承诺,为组织成员描绘一致的愿景,实现愿景分享,并鼓励组织知识和组织学习成果在组织内部实现分享,构建具有较强组织学习倾向的组织。只有这样,才能实现变革型领导对组织惯例更新的影响。

因此,在组织惯例更新的影响因素研究中,本书发现变革型领导和组织学习倾向并不是单独地影响组织惯例更新过程,两者之间有着密切的关系。变革型领导者依靠其领导魅力和领导风格影响组织学习倾向,有利于组织惯例更新的实现。诺基亚手机公司组织惯例更新案例也给予我们同样的启示:通过单单变更CEO领导者的方式来推进组织惯例更新的进程效果并不理想,需要管理者同时关注组织学习倾向的培养,只有这样,才能顺利实现组织惯例更新。

7.1.2 组织惯例更新的效能研究

以往的文献研究表明,组织惯例是形成企业动态能力的主要因素和来源(Cepeda 和 Vera,2007),Nelson 和 Winter(1982)也详细阐述了惯例、路径依赖在企业动态能力形成过程中起到的作用。组织惯例与技术创新能力之间的研究也是目前研究的一个热点,同时也是本书研究的一个创新点。王永伟(2011)研究了组织惯例在企业技术创新能力中的演化过程,以及它如何影响企业技术创新方式的选择。因此,组织惯例更新能够为企业带来动态能力和技术创新能力两种效能。一方面,组织惯例更新有利于企业适应外部变化的市场和技术,有利于企业资源的整合,提升企业动态能力;另一方面,组织惯例更新可以使新技术和新产品的操作流程效率得到提高,有利于新技术的应用和新产品的推广,进而提升企业技术创新能力。

通过本书研究发现:

(1)组织惯例更新能够显著影响企业的动态能力。组织惯例更新使得组织惯例能够根据环境变化进行有效更新,并能够积极搜寻新的组织惯例,进而使组织惯例保持了与新环境的适应性;同时,组织惯例更新使得新组织惯例能够在组织行为中起到指导作用,协调了企业部门之间、内外部资源之间的有效整合,增强了企业适应市场环境变化和新技术变化的能力,增强企业的动态能力。本书的数据也验证了该观点的合理性,组织惯例更新与动态能力之间的路径系数 $r=0.85$,$P<0.001$,表明组织惯例更新能够显著影响企业动态能力。组织惯例更新对技术创新能力的显著性影响效应也得到了验证支持,两者的路径系数 $r=0.539$,$P<$

0.001，通过了显著性检验。而动态能力在组织惯例更新与技术创新能力之间的中介效应并没有通过假设检验，数据结果显示动态能力在组织惯例更新与技术创新能力之间起着部分中介效应（中介效应占总效应中的比例为0.66，中介效应解释因变量方差变异的34.35%）。从本书研究数据可知，在组织惯例更新的两种效能中，动态能力与技术创新能力的实现路径具有差异性，这也为今后的管理实践提供了理论支持。

（2）动态能力在组织惯例更新与技术创新能力之间起到部分中介效应。组织惯例更新具有两种效能，但是对这两种效能的影响路径和机制却存在着差异性。组织惯例更新对动态能力的影响机制是显著的，但是对技术创新能力的影响则需要动态能力起着部分中介效应。同时本书研究也发现，动态能力与技术创新能力之间也具有较强的路径依赖，动态能力增强了企业适应的能力和资源整合的能力，而技术创新能力则是企业动态能力的一种体现。由于企业动态能力的形成能够使企业更能适应环境和技术的变化，同时内外部资源的整合也为企业采用新技术和研发新技术、新产品提供了基础，这些因素进一步增强了企业的技术创新能力。

因此，通过组织惯例更新的效能研究发现，组织惯例更新带来的最终效能是技术创新能力的提升，而动态能力只是一个中介效能。因此，组织惯例更新能够影响企业技术创新能力的提升，这一观点与王永伟（2011）的研究结论具有相似之处。同时，本书讨论了组织惯例更新提升技术创新能力的路径和机制。

7.1.3 组织惯例更新的效能与组织绩效关系研究

关于组织惯例更新的效能与组织绩效之间关系的研究，主要研究动态能力、技术创新能力与组织绩效影响机制及路径。已有的文献研究表明，动态能力对组织绩效具有显著正相关关系（Zott，2003；王核成，2005），但是也有研究表明动态能力与组织绩效之间的关系是模糊的，动态能力本身并不能必然导致较高的组织绩效（Eisenhardt和Martin，2000）。因此，动态能力与组织绩效的关系研究尚未达成一致观点。而关于技术创新能力与组织绩效的研究还比较少见，已有研究主要关注技术创新能力的绩效，并没有研究技术创新能力与组织绩效之间的关系。

通过本书研究发现：

(1) 动态能力与技术创新能力之间的路径系数具有显著性，本书研究假设通过显著性检验（相关路径系数 $r=0.72$，$P<0.001$）；动态能力与组织绩效之间具有显著正相关关系，本书研究假设通过了显著性检验（相关系数 $r=0.482$，$P<0.001$）；技术创新能力与组织绩效之间具有显著正相关关系，研究假设通过显著性检验（路径系数 $r=0.72$，$P<0.001$）；技术创新能力在动态能力与组织绩效之间的中介效应假设也通过了显著性检验，具有中介效应。动态能力研究主要关注"动态"和"能力"两个部分（Teece，1997），"动态"主要指与外部环境变化保持适应性，"能力"主要指对企业内外部资源的整合和协调能力。因此，动态能力的构建能够使企业适应市场环境和技术的变化，并能够通过对内外部资源的整合和协调实现新技术的研发和新产品的推广，能够为企业技术创新提供能力支持。因此，从本书的研究中不难发现，构建动态能力有利于企业技术创新能力的形成，这也为提升企业技术创新能力提供了新的视角。

(2) 技术创新能力在动态能力与组织绩效之间的中介效应。动态能力与组织绩效之间的关系已有大量文献研究，但是关于两者之间的关系却没有达成一致。通过本书研究发现，在动态能力提升组织绩效的路径中，技术创新能力是一个非常重要的中介变量，技术创新能力的中介效应占总效应的比例为 0.7，这也为我们的管理实践提供了启示。因此，技术创新能力是企业通过构建动态能力提升组织绩效的有效方式。

7.2 未来研究方向及研究局限性

7.2.1 未来研究方向

组织惯例理论研究是近年来研究的热点，随着组织惯例理论研究的丰富和不断发展，其理论成果会越来越多地被引入到不同的研究领域，因为组织惯例研究为我们研究企业战略和能力变迁提供了新的视角。本书通过对组织惯例更新的影响因素及效能的研究丰富了组织惯例的研究成果，具有一定的理论意义和实践意义。同时，组织惯例更新研究也是一项系统的复杂的研究，本书仅仅是初步探讨了影响组织惯例更新的因素和组织惯例更新的效能，在今后的研究中，本书还将继续关注以下两个方面：

（1）组织惯例更新的其他影响因素研究。组织惯例本身并不是稳定的、一成不变的，而是与组织相适应的（Feldman和Rafaeli，2002），但是组织惯例本身却没有更新的动力。因为，第一，由于现有组织惯例的执行者可以从执行现有组织惯例获得益处，本身缺乏动力去推动组织惯例更新；第二，在组织学习过程中会有一种根深蒂固的个人取向即避免太大风险的保守主义，这就会导致缺乏开发或创造新组织惯例的激励机制；第三，个体学习和集体学习之间也存在学习障碍，也会影响组织惯例更新。因此，除了探讨变革型领导和组织学习倾向的影响因素外，关于组织层面的影响因素也是组织惯例更新的研究重点。

（2）在组织惯例更新研究中引入调节变量。组织惯例更新能够为企业带来诸多效能，本书主要探讨了动态能力和技术创新能力。但是组织惯例更新还会受到环境因素的影响，特别是当环境动态程度高时或者环境动态程度低时，组织管理动态优化的进程也会显示出差异性，那么其效能也会发生变化。因此，在接下来的研究中，我们将会关注环境的因素在组织惯例更新的效能中的调节效应，探讨在不同环境动态程度下组织惯例更新的效能差异性，这也是本书未来研究的一个重要方向。

7.2.2 本书研究的局限性

本书对上海、新疆、山东三个地区的企业进行了问卷调研，并实证分析了组织惯例更新的影响因素及效能路径机制，取得了一定的研究成果，但是本书还存在一定的局限性。

第一，由于笔者力量有限和缺乏基金的支持，在样本取样对象和地区上不能具有较广泛的代表性。但是为了保证问卷质量和出于避免同源偏差的考虑，问卷收集过程中都有专人负责，并且每一家企业只收取了一份问卷，最终收回实际有效问卷219份。

第二，本书的很多工作在组织惯例更新研究中有创新意义，但这也意味着很多地方值得推敲和有待进一步的检验，比如本书开发了组织惯例更新问卷，这也有待于在今后的研究中进行进一步检验。

7.3 结论

本书通过对组织惯例更新的影响因素和效能的研究,丰富了组织惯例研究理论的成果,为组织惯例实证研究提供了数据支持,同时也具有一定的实践意义。回顾本书的研究得出如下结论:

(1) 组织惯例内在结构。本书通过对组织惯例文献的研究,提出了组织惯例内在结构四要素模型,即组织惯例包括:集体学习、组织共识、组织规范、组织行为,这也为组织惯例更新的影响因素研究提供了理论基础。

(2) 变革型领导、组织学习倾向影响组织惯例更新的路径机制。在组织惯例更新的影响因素研究中,本书探讨了变革型领导和组织学习倾向是如何影响组织惯例更新的,模型路径显示变革型领导在推动组织惯例更新进程中需要有较高的组织学习倾向,组织学习倾向起到了部分中介效应。因此,组织惯例更新既需要变革型领导的推动,也需要组织有较高的组织学习倾向,这样才能有效地实现组织惯例更新。

(3) 组织惯例更新的效能及关系。组织惯例更新能够为企业带来动态能力和技术创新能力的提升,但是组织惯例更新对动态能力和技术创新能力的影响路径却不尽相同。组织惯例更新能够带来动态能力的提升,但是对技术创新能力的提升则需要动态能力作为中介。数据结果显示,动态能力的中介效应占总效应的66%。因此,从组织惯例更新影响动态能力和技术创新能力的机制来讲,动态能力和技术创新能力应该是企业着重关注的两种能力,企业在通过组织惯例更新提升技术创新能力的进程中需要构建其动态能力。

(4) 组织惯例更新的效能与组织绩效之间的路径研究。本书最后探讨了组织惯例更新的效能:动态能力和技术创新能力与组织绩效之间的关系。模型研究显示,动态能力—技术创新能力—组织绩效路径是组织惯例更新与组织绩效之间最有效的路径。这也为我们今后探讨动态能力和技术创新能力与组织绩效的关系提供了实证研究支持。

附　录

附录一　组织惯例更新与企业绩效普查问卷

尊敬的经理：

您好！这是一项由上海财经大学和新疆财经大学联合进行的研究，旨在了解组织惯例更新对企业绩效的影响。本次调研是匿名填写，您的回答无对错之分，因此填写时请不要有任何顾虑。我们承诺您所提供的所有资料只作研究用，保证对您填答的所有内容保密。衷心感谢您的支持和参与，并祝您身体健康、工作顺利！

第一部分：请您根据自己对企业总经理（CEO）的理解，在相应的认同程度上打钩：

企业的总经理	非常不同意	较不同意	一般	较同意	非常同意
1. 在完成目标的过程中显示出决心					
2. 让他/她的高层团队成员感觉愉快					
3. 为了企业（或集体）利益，不计较个人得失					
4. 表现出很能干、有魄力和自信					
5. 向高层团队成员表达对他们高绩效的期望					

续表

企业的总经理	非常不同意	较不同意	一般	较同意	非常同意
6. 充满激情地谈论需要完成的任务					
7. 给大家描绘鼓舞人心的未来					
8. 给大家传达一种使命感					

第二部分：请您根据企业的组织学习状况描述进行评价，在相应的认同程度上打钩：

本企业的组织学习情况	非常不同意	较不同意	一般	较同意	非常同意
1. 主管们认为本企业的学习能力对建立我们的竞争优势非常重要					
2. 将学习视为改进的主要方法是本企业的基本价值观之一					
3. 本企业将员工的学习视为一项投资而不是成本费用					
4. 本企业认为学习是企业生存的必要保障					
5. 本企业内部有一个共同的奋斗目标					
6. 本企业内部各个层级和部门都认同组织的愿景					
7. 本企业所有的员工都努力去实现企业的目标					
8. 本企业的员工都觉得他们对企业未来的发展负有责任					
9. 本企业经常反思对于顾客的各种假设					
10. 本企业经常反思对于市场的各种假设					
11. 本企业经常反思对于顾客信息的解释					

第三部分：请您根据企业的组织惯例状况描述进行评价，在相应的认同程度上打钩：

组织惯例就是指组织内部一切的规则、规范和可预测的行为（做事）方式。例如：企业进行新产品开发的流程、招聘的程序、员工奖励制度等员工做事方式和行为规范，我们都可称为组织惯例	非常不同意	较不同意	一般	较同意	非常同意
1. 企业员工提出的改善组织规范的建议能够很快被采纳					
2. 企业鼓励员工参与到组织规范的修订过程中					
3. 企业能够定期考察和评估已有组织规范的运作效率					
4. 企业能够及时地为员工提供新组织规范的培训和指导					
5. 企业员工能够很快地接受并运用新的组织规范					
6. 企业会对新组织规范实施后的效果进行定期的评估					
7. 企业能够主动进行组织规范的变革以迎接内外部新的挑战					
8. 企业鼓励员工定期提交改善组织规范的提案					

第四部分：请您根据企业的动态能力描述状况进行评价，在相应的认同程度上打钩：

本企业	非常不同意	较不同意	一般	较同意	非常同意
1. 能够从外部环境的变化中识别出发展机会					
2. 能够为客户提供个性化的产品和服务					
3. 能够以快于竞争对手的速度进入目标市场					
4. 能够迅速应对竞争对手的价格调整					

续表

本企业	非常不同意	较不同意	一般	较同意	非常同意
5. 各部门间能有效地协作，以应对快速变化的外部环境					
6. 能整合各部门的业务活动以满足独特的客户需求					
7. 能够根据战略目标的变化及时调整业务组合					

第五部分：请您根据企业所面临的环境状况描述进行评价，在相应的认同程度上打钩：

与竞争对手相比较而言，本企业的状况是	很低	较低	一般	较高	很高
1. 总销售量					
2. 总销售增长率					
3. 市场占有率					
4. 在行业中的竞争地位					

第六部分：请您根据企业技术创新状况描述进行评价，在相应的认同程度上打钩：

本企业在技术创新方面	非常不同意	较不同意	一般	较同意	非常同意
1. 本企业新产品上市的成功率很高					
2. 本企业开发的新技术常被同行争相采用					
3. 本企业的新产品或新技术在市场上创造了许多新的商机					
4. 本企业在产品创新方面是很著名的					
5. 本企业推出的新产品总是领导产业发展的方向					

续表

本企业在技术创新方面	非常不同意	较不同意	一般	较同意	非常同意
6. 本企业的新产品曾经多次获得创新方面的奖项					
7. 本企业能推出丰富多样的产品					
8. 本企业有大量的利润来自新开发的产品或服务					

第七部分：请您根据贵企业的总经理（CEO）情况。在相应选项的前面打钩：

性别：☐男 ☐女

年龄：☐30岁以下 ☐30~40岁 ☐40~50岁 ☐50岁以上

在贵企业的工作年限：☐3年以下 ☐3~5年 ☐5~10年 ☐10年以上

是否为企业的创始人：☐是 ☐否

第八部分：请您根据贵企业情况，在相应选项的前面打钩：

企业规模：☐100人以下 ☐100~500人 ☐500~2000人 ☐2000人以上

成立时间：☐3年以下 ☐3~5年 ☐5~10年 ☐10年以上

企业所在地：_____省_____市

企业所有制类型：☐私有企业 ☐国有企业 ☐外资企业

企业所在行业：☐制造业，具体指_____

　　　　　　　☐服务业，具体指_____

　　　　　　　☐其他，具体指_____

问卷完！由衷感谢您的参与和支持！

附录二　基于组织惯例、行业惯例视角的企业技术创新选择研究[①]

王永伟[1]　马　洁

（1. 河南财经政法大学工商管理学院，郑州　450002）

【摘要】企业在参与激烈的市场竞争过程中，非常重视技术创新的选择，因为正确的技术创新选择可以确定企业在未来行业竞争中的地位。本文主要依据演化经济学的有关理论和组织惯例、行业惯例的研究成果，并结合案例研究对组织惯例、行业惯例在企业技术创新选择过程中的作用进行分析，得出如下结论：企业技术创新选择在很大程度上依赖组织惯例，只有组织惯例和行业惯例相匹配时，企业技术创新选择才能和行业技术创新选择相一致，企业才能在未来行业竞争中获得技术创新选择优势。

【关键词】组织惯例；行业惯例；技术创新选择

引言

随着行业竞争的加剧和消费者需求多样化，企业必须向顾客提供更具竞争性和差异化的产品和服务才能在行业竞争中具有竞争优势，因此，技术创新对企业来说也就显得尤其重要。企业可以通过技术创新满足消费者的需求，扩大产品的市场占有率；同时也可以通过技术垄断优势，掌握行业技术标准的制定，获取垄断利润。

然而，企业技术创新选择也存在着很大的风险。在现实的行业竞争中，有多种技术同时存在，但总是有一种技术会成为行业的主要技术，而拥有该技术的企业就可以通过技术优势获取行业垄断利润。因此，很多企业都在试图成为行业技

---

① 本文载于《南开管理评论》2011 年第 3 期。

术的领导者，不断地进行技术创新的开发和选择。当企业的技术创新选择最终不能成为行业的技术选择时，企业用于技术创新选择的投入无法收回，同时也错过了进入该项技术的最佳时机，受制于技术，使企业在行业中的竞争地位受到打击。当然，本文的研究对象主要是主动进行技术选择的企业，而不是那些采用跟随战略的企业。

那么企业在技术创新选择时，应该注意哪些方面的因素才能有效地规避这些风险，提高技术选择成功的机会呢？对此，国内外的学者进行了大量的研究认为，市场机会、企业战略选择、制度因素（产权因素、公司治理因素、组织因素、企业文化等）等是影响企业技术创新选择成功的因素。但是技术创新选择是一个过程，用传统经济学理论和战略理论来解释一个动态的过程有欠缺之处。自从 Nelson 和 Winter 提出用演化的思想来解释经济变迁的过程后，给了我们一个研究动态过程的新视角。本文就是结合演化理论的思想和组织惯例与行业惯例的研究来解释企业技术的创新选择，从一个新的角度来解释企业技术的创新选择，进而丰富了创新理论的研究视角和研究内容。

一、文献综述

技术创新理论的文献综述如下：

创新理论的发端，J. A. 熊彼特提出并阐述了创新理论，解释了五种创新的情况，但并没有对创新和技术创新下严格的定义。技术创新理论是熊彼特的追随者对创新理论的进一步发展。关于技术创新的定义，本文主要采用了美国学者曼斯菲尔德的观点，认为技术创新是"一种新产品或工艺被首次引进市场或被社会所应用"。

自 20 世纪 50 年代后，技术创新理论研究逐渐盛行。其代表人物主要有索罗（Solo）、曼斯菲尔德（Mansfield）、弗里曼（Freeman）、莫尔顿·卡曼（Morton Kamien）和南赛·施瓦茨（Nancy Schwartz）等人。这些人的研究极大地丰富了技术创新理论的内容。如 Solo 提出了技术创新成立的两个条件；Mansfield 在研究技术创新在同部门的不同企业之间推广的经济因素时，提出了"模仿"和"守成"

两个概念，并研究了两者之间的关系；Kamien 和 Schwartz 深入研究了技术创新和市场结构的关系，认为竞争程度、企业规模和垄断力量都会影响技术创新活动；而 Freeman 则主要从经济学的角度研究了技术创新的意义。

关于技术创新与企业成长和行业发展的影响研究也有很多文献，其中最具代表性的就是美国哈佛大学的阿伯纳西（Abemathy）和美国麻省理工学院的厄特巴克（Utterback）提出的产业创新动态过程模型，即 A-U 模型，反映了许多产业成长的创新分布规律，为以后研究技术创新和产业成长提供了分析工具。

傅家骥对技术创新进行了定义："技术创新是企业家抓住市场潜在的盈利机会，以获取商业利益为目标，重新组织生产条件和要素，建立起效能更强、效率更高和费用更低的生产经营系统，从而推出新的产品、新的生产工艺方法、开辟新的市场、获得原材料或半成品供给来源或建立企业的新组织，它是包括科技、组织、商业和金融等一系列活动的综合过程。"他主要从创新过程的角度进行技术创新的定义，但是并没有对技术创新过程进行详细的分析，也没有对企业家怎么抓住机会进行有效的分析。

王艾青认为，技术创新为经济增长创造新的生产可能性边界，并对制度创新提出需求，为产业创新提供新的基础。杨东奇则从企业技术创新行为，企业间竞争优势变化，产业集中度的调整、行业市场结构等之间的关系来解释行业的演进与发展。李春侠、戴希超论证了技术创新与市场结构之间的关系，并针对三种不同的市场结构与技术创新行为进行分析。曹芳、杨宁宁认为：技术创新通过两个方面来影响行业的发展：一是技术创新能够引起市场结构的变动，引起行业内企业不同的衰落和兴起，导致行业结构变化；二是技术创新推动了技术结构的演进，通过技术创新改变技术结构，推动行业结构的演进。此外，也有不少学者针对技术创新与企业规模的关系、企业创新能力、政府扶持、企业规模、市场结构、研究经费、创新意识、研发人员决策、领导重视等方面进行了一定的研究。

综上研究成果发现，虽然对技术创新的研究已经很全面且丰富，但是很少有文献从技术创新的"路径依赖"角度和技术创新选择过程角度进行研究，而这也是技术创新能够获得成功的一个重要因素。演化理论提供了一个很好的研究视角，并通过组织惯例来很好地解释了企业技术创新选择的路径依赖和选择过程。

二、组织惯例、行业惯例理论

Nelson 和 Winter 在 *An Evolutionary Theory of Economic Change* 中指出"惯例"是演化经济学理论的核心概念,是组织的"基因",它构成了演化理论的遗传因素,成为研究组织和经济变迁的分析单元,这一观点在经济研究中引起了对惯例的重视。许多实证研究表明惯例与组织结构、技术、创新、社会化以及决策制定都有关系。

组织惯例作为惯例在组织层面的一种表现形式,具有惯例所具备的特征。因此利用组织惯例从路径依赖和变迁过程角度来解释技术创新选择是很合理的。

组织惯例认为惯例的形成具有路径依赖性,并且是随着历史形成的。惯例的发展又受到惯例刚开始形成时的影响,惯例根据它以前的状态来对结果进行反馈,以适应不断增加的经验。

一些实证研究也证实了组织惯例的路径依赖性。例如,一个包含重复做决策的实验表明,随着可得到信息的逐渐增加,由于参与者做决策时考虑到以前的经验,决策的路径依赖性更加明显。在一个移动网络建立的案例中,Narduzzo 等指出路径依赖发展的一个例证:一旦惯例的地方异质性被构建,同样的实践活动将很难产生。

组织惯例的形成是一个过程,可以使我们更加注意组织和经济变迁过程的细节。由于组织惯例又表现为一定程度的稳定性,这也为发现创新提供了条件。在这方面也有很多的实证研究,比如运用惯例分析组织变迁、研究的方法。

Nelson 认为,所谓技术创新过程中的路径依赖效应是指技术创新作为复杂系统,"现在的状况会深刻地影响着该系统今后的一段时间乃至很长时期的运行"。技术创新的路径依赖性,为从组织惯例角度分析技术创新选择过程,以及其变迁的过程是如何受到组织惯例影响的,提供了很好的视角。

Alchian 认为,在普遍存在不确定性的条件下,企业采取各种有意识的适应性行为是理性的,并提出模仿和搜寻就是企业进行的有意识的适应性行为。在企业适应性学习中,市场选择起着刺激和引导功能,通过这种刺激和引导,企业会有意识地去采取适应性行为,如积极的搜寻和变异。

荆德刚、张东明对惯例、组织惯例进行了分析和归纳,认为组织惯例是企业核心竞争力的来源。企业作为一个组织，是开放的，企业的惯例操作状态在许多方面是自我维持的，一个组织偏离它现有的惯例可能会遇到困难，但仅仅维持现有的惯例顺利进行，往往是困难的；邢以群、张睿鹏分析了组织惯例的演化过程，并对其机理进行了探讨，结合案例对三类组织惯例进行了分析，认为从组织惯例视角分析企业的成长和演进过程是合理的；夏炜、蔡建峰在企业竞争优势演化的关键影响因素研究中，从组织惯例、选择环境、搜寻机制出发来分析企业竞争优势演化的关键影响因素，并分析了各个影响因素的组成部分，采用因子分析等方法来研究各个影响因素之间的关系。实证分析表明，组织惯例对竞争优势产生了直接的正向作用，而搜寻机制则主要通过影响组织惯例进而影响企业竞争优势的建立，选择环境在组织惯例、搜寻机制对竞争优势的影响中起到了调节作用；芮明杰研究了在既定的初始条件下，惯例变异的起点以及变异传导的方向或范围与企业战略变革方向、程度以及模式之间的关系；杨玉秀、杨安宁从演化经济学的角度解释了企业成长变迁的过程，并指出组织惯例、变异、选择在企业演进和成长中的作用。通过以上学者的研究我们发现，利用组织惯例、变异、选择来分析企业竞争优势、企业演进、战略变革等可以更加真实地反映企业成长和竞争优势的形成过程，同时对具有路径依赖性的企业行为的研究也就更加细致。

技术创新具有较强的路径依赖性，利用演化经济学思想来解释技术创新可以清楚地分析不同企业技术创新选择差异性的原因。杨玉秀从演化经济学的角度分析了创新的动力源泉，并对变异、搜寻、选择在创新中的作用进行了分析，指出创新是对惯例的创新，选择则决定了创新能否获得主导地位；李长青、张术丹只是提出了用演化思想分析技术创新的思路，并未做进一步的探索。

综上文献研究发现，虽然许多文献从惯例角度来研究技术创新，但是并没有对企业为什么会选择某一特定的技术创新进行分析。本文结合组织惯例和行业惯例研究，针对彩电行业的变迁过程，以及TCL彩电在进行技术创新时，组织惯例如何影响其技术创新选择进行了详细的分析，进一步丰富了技术创新选择研究的成果以及组织惯例研究应用的领域。

组织惯例，是指导企业发展和决定企业行为方式的基因，企业技术创新是企业行为的一部分，因此在一定程度上，企业的技术创新行为受到组织惯例的影响和制约。而组织惯例的形成又与企业变迁过程密切相关。企业技术创新选择作为组织行为的一种结果，其能否成功很大程度上受到组织惯例的影响，因此，从组织惯例的角度来解释企业技术创新选择非常合理。

行业是由一个个企业组成的，行业内存在多种技术，企业间表现为不同的劳动生产率，但总会有一种技术居于主导地位，决定着市场结构和企业竞争力的差异。行业惯例，即行业的一切规则和可以预测的行业行为，类似于基因一样决定着行业的发展。行业内各个企业的行为会影响到行业的发展，因此行业惯例在一定程度上受到组织惯例的影响，但不是决定性的因素。行业内处于领先地位的企业通过技术创新选择会引领行业的技术发展方向，但这种技术能否成为行业技术还要看市场选择的结果；有些企业虽然在行业内不具备领先优势，但由于技术创新成果得到行业的选择，也会使企业得到迅速的发展。这也就解释了为什么有些企业可以抓住行业结构升级和调整的机会，大胆进行技术创新，实现"弯道超越"式发展，一举成为行业内的领先者。行业技术创新选择示意图如图 1 所示。

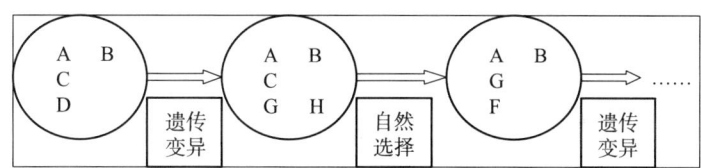

图 1　行业技术创新选择示意图

结合以上理论分析，本文提出如下研究观点：

（1）组织惯例影响企业的技术创新选择，组织惯例也会受行业惯例的影响。

（2）行业惯例引导着行业技术创新选择，行业惯例也会受组织惯例的影响。

（3）组织惯例与行业惯例的匹配性决定了企业技术创新选择的成败。

三、组织惯例影响下 TCL 技术创新选择

TCL 彩电从诞生之日起，灵活、不教条、务实、不空谈、大胆实践、探索、创新、开放透明、不等、不靠、不伸手，靠自己、靠严格、靠制度等原则深入 TCL 的骨髓，逐渐形成了具有鲜明特征的组织惯例，TCL 人自己概括为"敢为天

下先"。因此，无论是TCL改革开放初期的企业改制、技术引进还是20世纪90年代的股份制改革、国际化道路都受到这种"敢为天下先"组织惯例的影响。因此，成为全球彩电行业技术领导者的国际化彩电企业，成为TCL人的梦想。为此，TCL彩电在2001~2008年引进新技术，海外并购汤姆逊，增强企业技术创新能力，加大研发投入，并开始了自己的国际化进程。TCL尝到了这种"敢为天下先"给企业成长带来的"甜头"，因而也就更加强化了这种组织惯例。

TCL彩电2002年收购德国施耐德彩电业务，尝试海外并购，成为国内彩电业第一个进行海外并购的公司。当时汤姆逊拥有一项在当时看来可以媲美LED（液晶）和PDP（等离子）的下一代显示技术DLP（数字光显背投）。DLP的领先能够弥补TCL在技术上的不足，当时全球拥有这个技术的企业也不多。而2003年汤姆逊和三星一直在推DLP技术，产业内也有一定的支持者，芯片是德州仪器在做。当时，DLP相对于PDP有性价比优势，另外当时DLP的解析度也优于PDP，因此TCL彩电选择了当时看来可以领先行业发展的DLP技术，并将该技术作为未来竞争的重点，加大技术创新的投入。正是基于这个判断，TCL彩电2004年完成了对汤姆逊公司的并购，获得了DLP的核心技术和专利，期望在未来彩电行业的发展中掌握技术的发展方向，获得技术先发优势。

然而市场选择却出乎了TCL彩电的预料，在2004~2006年彩电行业发展中，LED技术发展非常迅速，并得到了市场的选择，成为行业内的主导技术。而DLP技术的发展没有达到预期的速度和效果，并没有得到行业的选择，因此，TCL彩电在新一轮的技术选择中没有占据有利地位，反而在竞争中败下阵来。

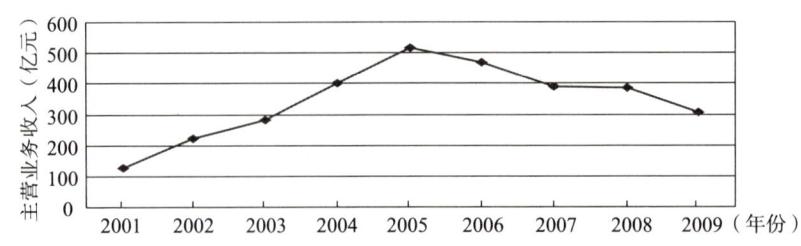

图2 2001~2008年TCL主营业务收入变化

资料来源：清华金融数据研究库。

通过 2001~2008 年 TCL 彩电主营业务收入的变化，我们可以很清晰地看出企业技术创新对 TCL 的影响。2001~2005 年 TCL 在 CRT 技术领域具有领先的生产线，因而可以在行业竞争中处于有利竞争地位，其主营业务收入一直逐步增长。然而从 2005 年开始，行业选择的 LED 技术占据了领先地位，其市场份额和竞争力受到很大影响，加之国际竞争步伐的加快和国际彩电行业竞争激烈，TCL 彩电市场面临巨大挑战，主营业务收入大幅下滑。

TCL 彩电没能在新一轮的技术创新中获得竞争优势，不得不重新选择已经占领行业技术优势的 LED 技术。2006 年 12 月，TCL 彩电顺利启动"造屏计划"，联手彩虹集团、美国 MP 公司，斥资 60 亿元在四川绵阳建成中国第一条等离子屏生产线；2007 年 TCL 彩电实现净利润 3.96 亿元，实现了国际化经营三年来的首次赢利。TCL 多媒体在中国等新兴市场以及在欧洲和北美的产业布局和渠道架构基本形成；欧洲业务采用了"无边界集中"的创新运营模式并已实现经营性赢利；北美、新兴市场业务继续保持稳步发展；中国业务继续保持国内领先。通过 2001~2009 年 TCL 利润情况（见图 3）可以发现，2005 年和 2006 年是 TCL 彩电最为艰难的两年，企业不得不重新选择行业内逐渐居于主导地位的 LED 技术。

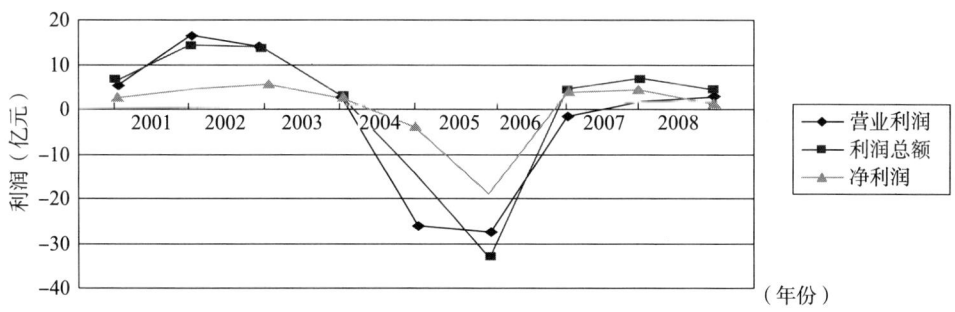

图 3　2001~2008 年 TCL 利润示意图

资料来源：清华金融数据研究库。

2008 年 12 月 22 日，TCL 彩电在惠州仲恺国家高新技术开发区隆重举行首台液晶模组下线仪式，同时液晶模组整机一体化二期工程也于当日破土动工。该液晶电视模组项目是当时国内彩电行业独立投资规模最大、技术最为完备的模组整机一体化项目。按照计划，TCL液晶模组项目一期年产量将达到233万件，到2009年二期整机一体化项目投产后，TCL彩电将实现初始产能每年300万台LED电视整机以及200万台LED元件半成品，通过垂直整合，LED电视的生产成本将进一步下降，增值区间显著扩大。但由于日韩企业在LED技术的领先地位，使得上游液晶面板资源被垄断，国内彩电行业竞争力明显不强。

随着TCL彩电经营业绩的不断好转和国际化经营经验的增加，TCL彩电技术创新能力和占领行业技术领先地位的"敢为天下先"的理念一直没有变。2008年9月，TCL全球首台高清影像互动电视X9携其独创的"电视高清摄像机"面世。TCL X9提出"高清影像互动电视"理念，从挖掘消费者需求着眼，将其与工艺设计有机结合，关心市场真正的核心——消费者的需求、市场选择，真正体现了以消费者为主的创新和设计理念。

四、行业惯例指导下行业技术创新选择

彩电行业技术创新从电视机技术的演进轨迹可以划分为四个阶段：第一个阶段是黑白电视机的面世和普及；第二个阶段是电视机的彩色化；第三个阶段是电视机的大屏幕化；第四个阶段是等离子电视，以及液晶电视带来的平板化。从其演进轨迹我们不难发现技术创新在彩电行业演进与发展中的作用，每一项新技术的出现都给彩电行业带来巨大的发展空间。

本文结合2001~2008年彩电行业产量示意图来分析技术创新对行业演进和发展的推动作用。

通过图4我们可以发现，国内彩电行业的产量是呈现增加趋势的，特别是2005年以后，彩电产量超过了8000万台，而2005年也正是PDP技术和LED技术在行业中初步得到市场肯定的阶段。新技术的出现和应用大大提高了行业的生产能力，也创造了更大的市场需求，使得整个彩电行业的发展有了巨大的推动力。

结合2002~2008年我国彩电行业产量示意图（见图5）来分析彩电行业对技术创新选择的影响，通过将行业选择的技术在行业内不断地推广和普及，调整行业技术结构，从而改变不同企业之间的竞争优势。通过图5我们可以发现，随着

附　录

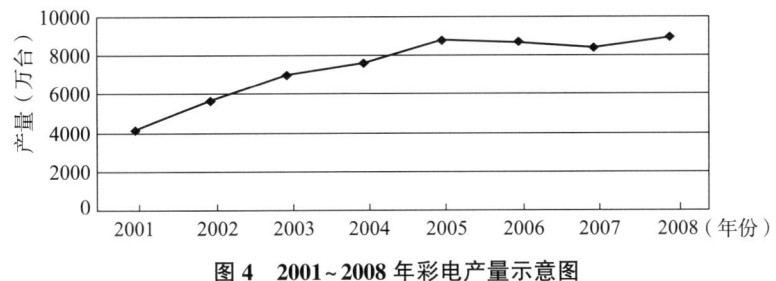

图 4　2001~2008 年彩电产量示意图

资料来源：清华金融数据研究库。

传统 CRT 彩电技术的衰落，新的彩电技术 PDP、LED 在行业中得到了普及和推广，其产量也表现为逐步增长的趋势，同时 LED 技术在随后的两年中成为行业的主导技术。三星电子公布的 2009 年度 LED 背光源液晶电视的销售数据显示，其销售量达 260 万台，较原先的目标高出 200 万台。而美国一家权威调查机构 Display Search 更是将 2010 年全球 LED 液晶的出货量目标上调到 1900 万台。在国内市场，LED 电视也成为销量增长最快的电视产品。

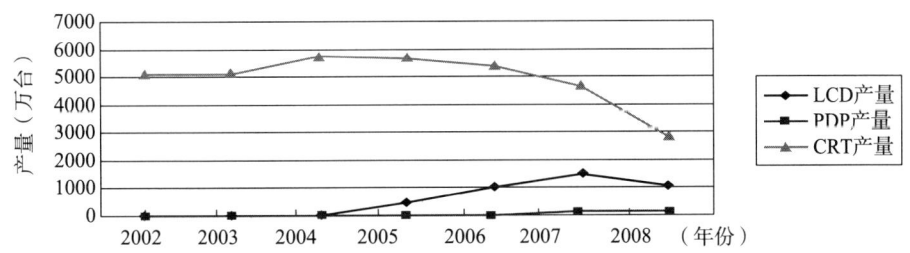

图 5　2002~2008 年彩电行业不同彩电技术产量

资料来源：清华金融数据研究库。

在 LED 技术刚刚在行业内得到普及之时，松下、索尼、LG 等彩电巨头纷纷推出了自己的 3D 电视产品，新一轮的技术创新又已经展开了。随着 3D 电影《阿凡达》的热映，索尼将在 3D 技术上押下重注，希望能够借此重返它在家庭起居室里的霸主地位。在 2010 年液晶电视新品发布会上，索尼正式公布了 2010 年在华液晶电视的四大业务目标,即强化和消费者的沟通、确保大尺寸的领先地位、扩大索尼的目标用户、确立 3D 领域第一的地位。2010 年 1 月,松下宣布与美国最大的卫星电视服务商 Direc TV Group 建立合作,并于 2010 年 6 月推出三个 3D 电视频道;在 CES 展上展示了部分 3D 产品,其中包括一款超大的 152 英寸高清等离子平板电视,这是目前为止全球最大的 3D 电视。松下宣称 2011 春季将推出全系列 3D 产品,包括 3D 等离子高清电视、3D 蓝光播放器和 3D 眼镜。三星准备在半数以上的 LED 电视中搭载 3D 功能,并且为了克服在内容制作领域的短板,将与美国梦工厂携手开发 3D 电视节目。

面临新一轮的彩电技术创新,彩电行业已经开始了自己的技术创新选择之路。然而通过以上的研究我们发现,TCL 虽然已经开始了国际化进程但是还没有适应国际化的环境,其组织惯例还没有吸收国际化环境的影响,其组织惯例仍然在不断地搜寻组织惯例变异的基因。因此,实现组织惯例和行业惯例的匹配是 TCL 未来技术创新选择的必由之路。我们相信随着 TCL 国际化进程的不断深入,其组织惯例的某些基因也会融入行业惯例当中,真正把握行业技术发展的动向,引领行业技术的未来发展。

五、研究结论与展望

结合以上理论综述和资料分析,本文可得出如下结论:①企业技术创新选择受到组织惯例的影响,但是随着企业经营环境的变化,其组织惯例并不能及时做出调整,企业技术创新行为仍然是在原有组织惯例的指导下进行的,因而给企业技术创新选择带来了风险。TCL 彩电在"敢为天下先"组织惯例指导下的技术创新选择受到了国际化进程的影响,由于还没有适应企业的国际化环境,其组织惯例和国际化环境下的彩电行业惯例还不匹配,因而给企业技术创新选择带来了巨大风险。②随着 TCL 国际化进程的加快,其原有的组织惯例会不断地吸收国际化环境带来的影响,进而实现企业组织惯例的变异,形成新的组织惯例。因此,TCL 未来的技术创新选择会在国际化的环境中得到加强,其组织惯例和国际化环境下的行业惯例匹配性也会越来越好,实现 TCL 人的国际化梦想。③组织惯例和行业惯例之间也是相互作用的。随着 TCL 国际化进程的深入,其组织惯例也会深深影响行业的发展，同时其组织惯例也会不断地搜寻和变异，使其组织惯例和国际化环境下的行业惯例更加匹配。因此，我们也就对 TCL 下一轮的技术创新选择充满了信心。

由于本文研究采用了案例研究的方法，鉴于有些数据和资料难以获取，对组织惯例的形成不能很好地阐述，案例研究本身也有一定的局限性，但是通过 TCL 的组织惯例案例还是很好地解释了其技术创新选择失败的原因。因此，在以后的研究中我们可以增加多案例的比较研究，以更好地验证本文的观点。同时，对组织惯例、创新氛围、技术创新效果的研究也是本文以后的主要研究方向，期望通过实证研究的方式验证组织惯例和技术创新之间的关系。

参考文献

［1］Nelson, Winter. An Evolutionary Theory of Economic Change［M］. Belknap Press, 1990.

［2］J. A. 熊彼特. 经济发展理论（德文版）［M］. 北京：商务印书馆, 1912.

［3］阿尔钦. 不确定性、生物进化与经济理论［J］. 政治经济学, 1950.

［4］J. A. 熊彼特. 经济发展理论（英文版）［M］. 北京：商务印书馆, 1934.

［5］傅家骥. 技术创新学［M］. 北京：清华大学出版社, 1998.

［6］贾根良. 进化经济学：开创新的研究程序［J］. 经济社会体制比较, 1999（3）.

［7］杨玉秀. 演化经济视角下的企业创新分析［J］. 社科纵横, 2007（8）.

［8］李长青，张术丹. 演化经济学的演化与企业技术创新分析的新思路［J］. 经济问题探索, 2006（10）.

［9］王立宏. 演化经济学主要研究领域的理论分析［J］. 辽宁大学学报（哲学社会科学版）, 2008（5）.

［10］荆德刚，张东明. 惯例——对企业核心竞争力的另类思考［J］. 河南工业大学学报（社会科学版）, 2005（3）.

［11］夏炜，蔡建峰. 企业竞争优势演化的关键影响因素研究［J］. 科学学和科学技术管理, 2009（8）.

[12] 杨虎涛. 组织惯例演化理论评述 [J]. 经济学动态, 2007 (6).

[13] 芮明杰, 任红波, 李鑫. 基于惯例变异的战略变革过程研究 [J]. 管理学报, 2005 (11).

[14] 高玉荣, 尹柳营. 组织结构对企业技术创新的影响 [J]. 科学学研究, 2004 (12).

[15] 曹芳, 杨宁宁. 产业演进中企业技术创新的路径选择——以信息产业为例 [J]. 工业技术经济, 2007 (1).

[16] 王艾青. 技术创新、制度创新与产业创新的关系分析 [J]. 当代经济研究, 2005 (8).

[17] 李春侠, 戴希超. 市场结构对中小企业技术创新动力的影响 [J]. 中国管理信息化, 2006 (11).

[18] 杨东奇. 对技术创新概念的理解与研究 [J]. 哈尔滨工业大学学报 (社会科学版), 2000 (11).

[19] 邢以群, 张睿鹏. 组织惯例演化过程及其机理探讨 [J]. 经济论坛, 2005 (19).

[20] 徐英吉. 基于技术创新与制度创新协同的企业持续成长研究 [D]. 青岛: 山东大学博士学位论文, 2008.

[21] Feldman M. S., B. T. Pentland. Reconceptualizing Organizational Routines as Source of Flexibility and Change [J]. Administrative Science Quarterly, 2003, 48 (1): 94-118.

[22] Amit R., M. Belcourt. Human Resources Management Processes—A Value-Creating Source of Competitive Advantage [J]. European Management Journal, 1999, 17 (2): 174-181.

[23] Betsch T., S. Haberstroh, A. Glockner, T. Haar, K. Fiedler. The Effect of Routine Strength on Adaptation and Information Search in Recurrent Decision Making [J]. Organizational Behaviour and Human Decision Processes, 2001, 84 (1): 23-53.

附录三 变革型领导行为与技术创新能力：组织学习倾向的中介效应及行业调节效应[①]

王永伟[1,2]

(1. 河南财经政法大学国际经济与贸易学院，郑州 450002
2. 河南财经政法大学河南省"中原经济区"三化协调发展
协同创新中心，郑州 450002)

【摘要】本文旨在研究变革型领导行为对技术创新能力的影响，并在此基础上探讨了组织学习倾向在以上关系中的中介作用，以及行业在组织学习倾向与技术创新能力之间的调节作用。本文以上海、新疆、山东三地区 205 家企业高层管理人员为研究对象，对问卷调查所获得的数据进行了层级回归分析，研究结果表明：变革型领导行为和组织学习倾向对技术创新能力具有显著的正向影响；组织学习倾向在变革型领导行为与技术创新能力之间起着中介作用；而通过组织学习来提升企业技术创新能力在行业之间存在差异性，制造业企业中组织学习倾向对技术创新能力的影响更强一些，而在服务业企业中组织学习倾向对技术创新能力的影响则弱一些。

【关键词】变革型领导行为；组织学习倾向；技术创新能力

引言

在日益激烈的市场竞争中，技术创新能够为企业参与市场竞争和获取竞争优势提供源源不断的动力支持。较强的技术创新能力意味着企业能够及时、迅速地向市场提供新产品和新服务，从而在市场竞争中处于有利地位，获取竞争优势。在全球化市场竞争环境下，企业之间竞争焦点的实质是技术创新能力之间的竞

[①] 本文载于《经济经纬》2016 年 1 月第 33 卷第 1 期。

争,"创新则兴,不创新则亡"也逐渐成为竞争中的规律。

通过对以往关于技术创新能力研究文献的梳理发现,影响企业技术创新能力的主要因素概括起来包括以下两个方面:①组织层面:主要从组织角度探讨了影响企业技术创新能力的组织因素。例如 Lee and O'Neill(2003)从不同的公司治理机制角度探讨了对企业技术创新能力的影响,随后的研究者们也分别探讨了从大股东和职业经理人、董事会、高管团队等角度研究与企业技术创新能力之间的关系;谢洪明(2007)对学习、创新、核心能力与技术创新能力之间的相互影响路径和作用机制进行了实证研究,认为组织学习必须通过创新才能提升企业绩效,而技术创新能力是提升企业竞争力的一个重要的中间环节;林昭文、张同建、张利深(2013)探讨了知识型团队对技术创新能力的影响及知识共享对技术创新能力过程中的作用;另外还有一些学者主要围绕组织氛围和组织激励来探讨对企业技术创新能力的影响,大量的研究也证明了组织内部创新氛围及组织激励对提升技术创新能力具有非常重要的意义。Lee V. H. 等(2013)的研究认为在技术创新能力的培养过程中,组织学习具有重要的地位和作用。②个体层面:主要从个体角度探讨了影响技术创新能力的个体因素和影响路径。Fahlenbrach(2007)的研究探讨了创始人大股东和职业经理人对技术创新能力的影响,并认为由于两者动力不同,从而导致企业之间的技术创新能力存在差异性;也有一些学者探讨了企业家对企业技术创新活动的重要性;Camisón C. 和 Villar-López(2014)的研究也探讨了企业技术创新能力与组织绩效提升之间的关系。

以上研究文献综述表明技术创新能力研究已经取得了丰富的研究成果,通过对以上文献研究发现关于技术创新能力研究尚存在以下三点不足:①忽视了领导行为方式的影响作用。虽然文献研究中已经探讨了企业家能力和 CEO 等对技术创新能力的影响作用,但是并没有深入探讨不同的领导行为方式对技术创新能力的影响。②忽视了组织学习倾向对技术创新能力提升的影响。虽然有不少的文献探讨了组织学习对技术创新能力的提升作用,但是在组织内部组织学习倾向对提升整个企业技术创新能力具有积极的影响。③没有考虑到不同行业组织学习倾向对技术创新能力影响的调节效应。

据此,本文构建了变革型领导行为方式、组织学习倾向和技术创新能力理论研究模型,见图1。

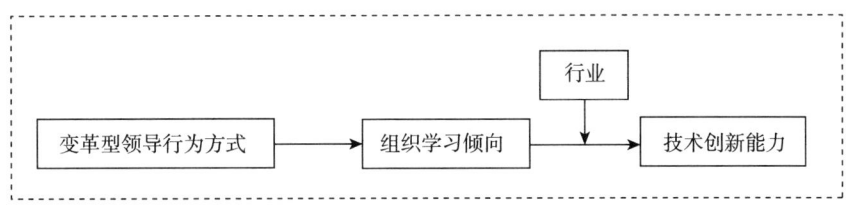

图 1　本文理论研究模型

一、研究理论与假设

（一）变革型领导行为方式对技术创新能力的影响

Bass（1990）提出了变革型领导行为的综合理论框架，并开发了相应的测量工具。他们认为，变革型领导者具有非常强烈的内在价值感和观念体系，他们通过让下属意识到所承担任务的重要意义，激发其高层次需要，建立相互信任的氛围，促使下属为了团队或者组织的利益而超越个人利益，并产生超过期望的工作结果。在 Bass（1990）的研究中，变革型领导行为主要通过 4 个维度来测量（Bass 和 Avolio，1990）。技术创新能力就是企业新产品、新技术研发和开发的能力，以及企业推出新产品的速度和从新产品、新技术中获取利润的能力。企业在激烈的市场竞争中能够适时推出新产品、新技术，并能够迅速在市场中得到推广和应用，迅速占领市场获取利润，这是企业技术创新能力强的体现。谢洪明（2006）的研究就是从该角度探讨了市场导向对技术创新能力影响的效果。本文认为技术创新能力是企业研发新技术、新产品以及能够迅速将新技术、新产品迅速推向市场获取竞争优势的能力。

变革型领导行为方式能够影响企业技术创新能力主要体现在以下几个方面：第一，变革型领导者在组织中具有高品质魅力，其一言一行总能受到组织成员的追随，因此，变革型领导者的技术创新品质和行为能够有效地激发和激励组织成员的技术创新潜能，进而提升组织技术创新能力。第二，变革型领导者善于在组织中进行鼓舞性激励，为组织成员描绘美好的愿景，鼓舞组织成员为美好愿景而努力。因此，变革型领导者在技术创新过程中，能够通过鼓舞性激励，与组织成员一起构建和描绘技术创新的美好愿景，进而通过努力提升组织技术创新能力；第三，变革型领导者具有创新的思维，鼓励员工采取创新视角处理问题，鼓励组织成员在组织中改变自我，激发创新性思维，进而提升组织成员的技术创新能力；第四，变革型领导者在组织中努力创造积极的学习机会和创新氛围，并充分关注组织成员的成长和学习，鼓励组织成员积极探索，积极创新，进而提升组织成员的技术创新能力。因此，变革型领导行为方式能够提升企业技术创新能力。

H1：变革型领导行为方式对技术创新能力具有显著正向影响。

（二）组织学习倾向的中介作用

组织学习倾向的中心问题就是组织对待组织学习的基本价值观。该价值观会直接影响组织能否有可能营造学习的氛围，进而形成组织学习的文化。如果一个组织在组织学习价值观上关注很少，或者对待组织学习价值观尚未形成，那么该组织也就很难形成有效的组织学习，组织学习基本不可能发生。组织学习承诺、共享愿景、开放心智是影响组织学习倾向的三个重要因素。

变革型领导对组织学习倾向的影响主要有以下三个方面。变革型领导有利于组织学习承诺。组织学习承诺是对待组织学习的基本价值观，变革型领导者本身就是组织学习的倡导者。Avolio等（2004）的研究发现变革型领导者对组织承诺具有正向影响。变革型领导者通过自身的行为表率，积极参与组织学习，通过构建有效的学习激励机制，营造浓厚的组织学习氛围；变革型领导者的个人品质魅力和感召力有利于分享组织学习愿景。变革型领导者通过对组织学习愿景的共同创造和宣传，在组织内部营造积极学习的氛围，与组织成员一起开展组织学习，形成具有凝聚力和向心力的学习团队，增强组织学习倾向。同时，变革型领导者由于人格魅力和品质感召力会影响和带动下属为了共同的组织愿景而努力奋斗，变革型领导者通过对团队内部施加影响，促进下属之间的信任和合作，使他们为了共同的团队目标而努力，并在促进下属知识共享、组织认同、角色内绩效和组织公民行为等方面具有重要作用。Yang（2007）的研究也认为变革型领导者对知识分享和愿景分享具有正向作用；变革型领导者的创新意识和智力开发有利于组织学习开放心智模式。张燕、侯立文（2013）的研究也探讨了变革型领导行为方式对团队知识创新和知识分享的影响。变革型领导者本身就是知识创新者,同时也鼓励下属创新和挑战自我,包括向下属灌输新观念,启发下属发表新见解和鼓励下属采用新手段和新方法解决问题。通过变革型领导者的智力激发可以使组织成员在组织学习过程中更加积极主动,并用于挑战和质疑原有的知识和惯例,有利于增强组织学习能力。变革型领导者在实际工作中不断锻炼自身的领导魅力和感召力,同时建设组织信任,使员工感受到强烈的组织信任感,将有助于提升领导者的权威,使员工越发表现出对组织的认同、参与和忠诚。因此,变革型领导者对组织学习倾向有正向影响作用。

H2:变革型领导行为方式对组织学习倾向有显著正向关系。

在组织学习倾向比较强的组织中,组织成员的学习氛围比较浓厚,组织成员之间能够相互鼓励,相互学习,进而有利于组织内部"隐性知识"和"显性知识"的交流和融合,从而也就有利于组织内新产品和新技术的研发,提升企业技术创新能力;而在组织学习倾向比较弱的组织中,组织成员之间相互交流较少,很少能够实现知识的交流和分享,不利于新知识的产生,也就会阻碍新产品、新技术的开发和应用,进而阻碍企业技术创新能力的提升。因此,组织学习倾向在提升企业技术创新能力方面具有重要的影响作用。本文认为组织学习倾向对企业技术创新能力具有显著正向影响效果。

H3:组织学习倾向对技术创新能力具有显著正向影响。

H4:组织学习倾向在变革型领导行为方式和技术创新能力之间起着中介作用。

(三) 行业调节效应

组织学习倾向能够显著影响技术创新能力,但是在不同的行业中其影响程度存在差异性。例如,制造企业中 R&D 部门和 R&D 投入占有举足轻重的地位,而且制造企业中大多拥有独立的研发机构和部门,并且技术创新能力的提升需要多部门之间的相互协助和配合才能完成,因此,组织学习倾向对技术创新能力提升的影响就比较强一些;而在服务业中,企业规模以及人员上都比制造业企业小一些,并且对 R&D 的依赖性相对要小得多,很多服务创新厂商甚至没有专门的 R&D 部门。即使存在 R&D 部门,其职能与制造业中的 R&D 部门也有很大差别,它主要是一种诱发、收集和整理创新概念的部门。如 Forfás（2006）的实证研究发现，在制造业中，研发投入与创新绩效密切相关，但在服务业中，这种相关性较弱，服务业的 R&D 支出水平远低于制造业。在许多国家，服务业的 R&D 密度不到制造业的 10%。因此，在服务业中，组织学习倾向对技术创新能力影响会弱一些。据此本文提出如下研究假设。

H5：组织学习倾向对技术创新能力的影响效果对行业起着调节作用。

二、研究设计

（一）研究对象

本文的数据主要来源于上海、新疆和山东。研究对象为公司中层及高层管理人员。其中，上海和新疆的数据主要来源于 MBA 和 EMBA 学员，山东的数据主要来源于日照高科技园区企业。在问卷收集过程中，每家企业的中层或者高层管理人员只填写一份问卷，问卷采取集中发放和集中收集的方式。本次问卷共发放 300 份，实际回收 254 份，剔除填写信息不完整问卷后共得到实际有效问卷 205 份。本次数据收集实际回收率为 85%，问卷有效率为 68%。

（二）研究工具

变革型领导行为方式采用 Bass 和 Avolio（1990）的研究成果，该量表共有 8 个题项。该量表的 Cronbach's Alpha 值为 0.90。该量表采用 Likert 五分量表计分，五个程度分别为"非常不同意"、"较不同意"、"一般"、"较同意"、"非常同意"。许多关于 CEO 变革型领导的研究也均采用了该量表（Waldman 等，2001），这表明该量表具有良好的信度。

组织学习倾向量表采用 Sinkula（1997）的量表，该量表的信度和效度得到了进一步验证。量表 Cronbach's Alpha 值为 0.90，（$X^2 = 99.637$，$P < 0.01$；GFI = 0.923，CFI = 0.954）。这表明量表具有良好的信度和效度。

技术创新能力量表是采用谢洪明（2006）的研究成果，采用的八个测量题项已经在一些研究中得到验证。该问卷 Cronbach's Alpha 值为 0.82，CFI 和 IFI 分别为0.90、0.91。这表示量表具有较好的信度和效度。

关于控制变量方面，相关研究表明，企业背景变量（年龄、大小、地区、所有制性质）会影响组织惯例更新过程，因此，本文将这些变量作为控制变量处理。企业规模："0"代表100人以下；"1"代表100~500人；"2"代表500~2000人；"3"代表2000人以上；企业成立时间："0"代表3年以下；"1"代表3~5年；"2"代表5~10年；"3"代表10年以上；企业所有制类型：本文用三个0-1变量表示企业所有制性质，"0"代表私有制企业；"1"代表国有企业；"2"代表外资企业（在回归分析中，我们仅仅放入两个0-1变量，因为第三个0-1变量是多余的）；企业所在区域：本文用三个0-1变量表示企业所在地区，分别代表上海、新疆、山东（在回归分析中，我们仅仅放入两个0-1变量，因为第三个0-1变量是多余的）。

以上变量除控制变量外，其余变量均采用五点Likert量表测量。

三、数据分析与结果

（一）同源方差分析

大多数研究者都认识到同源误差是目前行为学研究中的一个潜在问题，这种由测量方法而非构念造成的变异会对研究变量间的相关关系产生严重的影响，甚至会使研究导致错误结论。为使本文研究结论更加可靠，我们利用Harman单因素检验就该模型所用的测量指标进行未旋转的因素分析，最终分析出3个特征根大于1的因子，而且所有的因子中对结果的解释力都小于50%（旋转后单个因子的最大解释力为23.42%）（王国才、刘栋、王希凤，2011）。因此表明本文不存在同源方差问题。

（二）信度分析

在对样本数据进行统计分析之前，本文首先对测量工具的信度与效度进行检验。信度分析是为了评价测量结果的一致性、稳定性及可靠性。本文采用Likert五点量表打分，用Cronbach's Alpha系数作为检验量表内部一致性的标准。本文通

组织惯例更新的影响因素及效能研究

过运用 SPSS16.0 进行问卷信度分析,分析结果显示:变革型领导行为方式的 Cronbach's Alpha 系数为 0.91;组织学习倾向的 Cronbach's Alpha 系数为 0.94;技术创新能力的 Cronbach's Alpha 系数为 0.93。以上测量工具的 Cronbach's Alpha 系数均在 0.90 以上,说明该问卷具有较好的信度。

(三) 验证性因子分析

为了检验关键变量"变革型领导行为方式"、"组织学习倾向"、"技术创新能力"之间的区分效度以及各个测量量表的相应测量参数,本文采用 AMOS17.0 对关键变量进行验证性因素分析(Confirmatory Factor Analyses,CFA)分析,在三因子模型、二因子模型与单因子模型之间进行对比。结果显示,三因子模型吻合得比较好(χ^2 (374) = 835.36, P < 0.01; RMSEA = 0.07, RMR = 0.04, CFI = 0.89, TLI = 0.88),而且这一模型要显著地优于两因子模型和单因子模型的拟合优度(见表1),表明测量具有较好的区分效度。

表 1 验证性因素分析结果

	χ^2	df	RMSEA	RMR	CFI	TLI
零模型[a](Null model)	997.23	377	0.09	0.17	0.00	0.00
三因子模型[b]	835.36	374	0.07	0.04	0.89	0.88
二因子模型[c]	1352.86**	376	0.11	0.06	0.77	0.75
二因子模型[d]	1456.95**	376	0.12	0.07	0.74	0.72
单因子模型[e]	2017.08**	377	0.15	0.08	0.61	0.58

注:** 表示 P < 0.01,* 表示 P < 0.05。a. 在零模型中,所有测量项目之间没有关系。b. 变革型领导行为方式、组织学习倾向和技术创新能力之间两两相关。c. 将变革型领导行为方式和组织学习倾向合并为一个潜在因子。d. 将组织学习倾向和技术创新能力并为一个潜在因子。e. 将所有项目归属为同一个潜在因子。

(四) 各主要变量的均值、标准差及变量间相关系数

表2总结了本文各变量及控制变量的均值、标准差及相关系数。从表2给出的结果中可以发现:在所有制性质方面:国有制企业与组织学习倾向呈现负向相关关系(r=-0.15,p<0.005);外资企业与技术创新能力之间呈现显著正向相关

关系（r=0.22，p<0.001）。在地区方面：上海地区企业与企业技术创新能力呈现正向相关关系（r=0.22，p<0.005）；新疆地区的企业与变革型领导行为方式、组织学习倾向和技术创新能力之间呈现负向相关关系（$r_1=-0.28$，p<0.001；$r_2=-0.29$，p<0.001；$r_3=-0.32$，p<0.001）；山东地区的企业与变革型领导行为方式、组织学习倾向和技术创新能力呈现正向相关关系（$r_1=0.27$，p<0.001；$r_2=0.37$，p<0.001；$r_3=0.22$，p<0.001）。同时我们也可以看出变革型领导行为方式、组织学习倾向和技术创新能力之间也呈现正向相关关系，两两之间相关系数分别为（$r_1=0.57$，p<0.001；$r_2=0.38$，p<0.001；$r_3=0.59$，p<0.001）。这些结果与我们的研究假设方向是一致的，为假设的验证提供了初步的证据。

（五）多层线性回归结果分析

主效应和中介效应。对于研究假设，本文采用了层级回归的方法加以检验（Hierarchical Regression Modeling, HRM），分析结果见表3。为了检验主效应和中介效应，我们根据Baron和Kenny（1986）的建议，分四步进行层级回归分析：①自变量对因变量的影响。在引入控制变量（CEO年龄、性别、任期、是否是创始人；所有制—私有制、所有制—国有制、公司规模、公司年龄、地区—上海、地区—新疆）的基础上，我们将自变量（变革型领导行为方式）放入回归方程，分析变革型领导行为方式对技术创新能力的影响；②中介变量对因变量的影响。在引入控制变量的基础上，我们将中介变量（组织学习倾向）放入回归方程，分析组织学习倾向对技术创新能力的影响；③自变量对中介变量的影响。在引入控制变量的基础上，我们将自变量（变革型领导行为方式）放入回归方程，分析变革型领导行为方式对组织学习倾向的影响；④中介效应。在引入控制变量和自变量的基础上，我们将中介变量引入回归方程，分析变革型领导行为方式、组织学习倾向对技术创新能力的共同影响。回归分析结果列在表3中。

从表3的结果可以发现：变革型领导行为对技术创新能力具有显著正向影响（模型2：r=0.32，p<0.001），所以假设1得到了数据的支持；变革型领导行为方式有利于组织学习倾向的提升（模型4：r=0.50，p<0.001），所以假设2得到了数据的支持；组织学习倾向对技术创新能力具有显著正向影响（模型3：r=0.51，p<0.001），所以假设3得到了数据的支持；当同时加入变革型领导行为方

表 2 各主要变量的均值、标准差和变量间相关系数

变量	1	2	3	4	5	6	7	8	9	10	11
1. 所有制—私有	1										
2. 所有制—国有	-0.72**	1									
3. 所有制—外资	-0.30**	-0.44**	1								
4. 公司规模	-0.35**	0.19**	0.20**	1							
5. 公司年龄	-0.35**	0.28**	0.06	0.50**	1						
6. 地区—上海	-0.10	-0.17**	0.36**	0.23**	0.04	1					
7. 地区—新疆	-0.14	0.30**	-0.23**	-0.07	-0.02	-0.73**	1				
8. 地区—山东	0.32**	-0.21**	-0.14*	-0.21**	-0.02	-0.27**	-0.50**	1			
9. 变革型领导行为	0.12	-0.13	0.02	-0.01	-0.01	0.10	-0.28**	0.27**	1		
10. 组织学习倾向	0.10	-0.15*	0.08	-0.01	0.01	0.03	-0.29**	0.37**	0.57**	1	
11. 技术创新能力	-0.04	-0.13	0.22**	0.16*	0.11	0.18*	-0.32**	0.22**	0.38**	0.59**	1
均值	0.33	0.51	0.16	1.72	2.51	0.30	0.55	0.15	4.15	3.63	3.46
标准差	0.47	0.50	0.36	1.17	0.84	0.46	0.50	0.35	0.60	0.60	0.70

注：N=205；** 表示 P<0.01，* 表示 P<0.05。a. 所有制性质："0"代表私有制企业；"1"代表国有企业；"2"代表外资企业。b. 公司规模："0"代表100人以下；"1"代表100~500人；"2"代表500~2000人；"3"代表2000人以上。c. 公司年限："0"代表 3 年以下；"1"代表 3~5 年；"2"代表 5~10 年；"3"代表 10 年以上。d. 行业："0"代表制造业；"1"代表服务业。e. 地区："0"代表上海；"1"代表新疆；"2"代表山东。

式和组织学习倾向后,变革型领导行为方式对技术创新能力的影响系数变为不显著(模型2:r=0.32,p<0.001;加入中介变量后模型3:r=0.06),所以假设4得到了数据的支持。尽管Baron和Kenny(1986)的中介效应检验标准被广泛地运用,但也存在一些局限性。其中一个重要的局限性是没有检验中介效应的显著性。为此,本文运用Sobel(1982)分析来检验间接效应的显著性。研究结果表明,组织学习倾向在变革型领导行为方式与技术创新能力之间的关系中所起的中介效应是显著的(Z = 3.39,p < 0.01)。因此,假设4得到了数据的进一步支持。综合以上分析结果可知:变革型领导行为方式对组织学习倾向的提升和技术创新能力具有积极作用,其中,组织学习倾向在变革型领导行为方式和技术创新能力之间起着中介作用。

表3 层级回归结果:假设1、假设2、假设3、假设4实证数据检验

	技术创新能力			组织学习倾向
	模型1	模型2	模型3	模型4
控制变量				
CEO年龄	0.04	0.07	0.06	0.02
CEO性别	0.11	0.12	0.11	0.03
CEO任期	-0.03	-0.03	-0.02	-0.01
CEO是否是创始人	0.04	0.05	0.06	-0.02
所有制—私有	0.23**	0.23**	-0.17	-0.13
所有制—国有	-0.24**	-0.23**	-0.17*	-0.13
公司规模	0.14	0.12	0.11	0.03
公司年限	0.02	0.02	0.02	0.00
地区—上海	-0.27**	-0.20*	-0.03	-0.32
地区—新疆	-0.48**	-0.34**	-0.16	-0.35
自变量				
变革型领导行为		0.32**	0.06	0.50**
中介变量				
组织学习倾向			0.51**	
R^2	0.18	0.27	0.43	0.35

续表

	技术创新能力			组织学习倾向
	模型1	模型2	模型3	模型4
	中介变量			
ΔR²	0.18	0.09	0.16	0.22
F	4.22**	6.44**	12.09**	10.95**
ΔF	4.22**	23.68**	54.66**	69.63**

注：n=205；**表示 $P<0.01$，*表示 $P<0.05$。

调节效应。为了检验不同行业背景的调节效应，我们首先将技术创新能力作为因变量，其次依次引入控制变量（CEO 年龄、性别、任期、是否是创始人；所有制—私有制、所有制—国有制、公司规模、公司年龄、地区—上海、地区—新疆）、自变量（组织学习倾向）和调节变量（行业），最后加入自变量和调节变量的乘积项。为了消除共线性，在构造自变量和调节变量的乘积项时，我们将自变量和调节变量分别进行了标准化。层级回归分析结果列在表4中。

从表4可以看得出，组织学习倾向和行业的交互对技术创新能力具有显著的负向影响（模型8，$\beta=-0.11$，$p<0.01$），这表明在制造业企业中，组织学习倾向对技术创新能力的提升效果更加显著；而在服务业企业中，组织学习倾向对技术创新能力的提升效果就会弱一些。因此，假设5得到了数据的支持。

表4 层级回归结果：行业差异的调节效应检验

	结果变量：技术创新能力			
	模型5	模型6	模型7	模型8
	控制变量			
CEO 年龄	0.02	0.05	0.07	0.07
CEO 性别	0.11	0.11	0.09	0.10
CEO 任期	-0.00	-0.00	-0.02	-0.02
CEO 是否是创始人	-0.08	-0.08	0.01	0.01
所有制—私有企业	-0.23	-0.16	-0.16	-0.16
所有制—国有企业	-0.24	-0.16	-0.15	-0.15

续表

	结果变量：技术创新能力			
	模型5	模型6	模型7	模型8
控制变量				
公司规模	0.15	0.15	0.10	0.10
公司年限	0.01	0.01	-0.00	0.00
地区—上海	-0.27	-0.03	-0.03	-0.02
地区—新疆	-0.48	-0.17	-0.16	-0.14
中介变量				
组织学习倾向		0.60**	0.60**	0.58**
调节变量				
行业性质			-0.09	-0.09
交互效应				
组织学习倾向×行业				-0.11*
R^2	0.06	0.40	0.41	0.42
ΔR^2	0.06	0.34	0.01	0.01
F	1.44	14.57**	13.47**	12.78**
ΔF	1.44	112.98**	2.58	3.4*

注：n=205；**表示 P<0.01，*表示 P<0.05。

同时，为了能够更加直接地描述这种交互作用的影响模式，本文根据 Cohen 等（2000）推荐的程序，分别以高于均值一个标准差和低于均值一个标准差为基准描绘了在不同行业背景下组织学习倾向对技术创新能力的影响，见图2。

四、研究结论及不足

本文主要从领导和组织两个层面初步探讨了变革型领导行为方式和组织学习倾向对技术创新能力的影响，同时也探讨了不同行业背景下组织学习倾向对技术创新能力影响的差异性。收集上海、新疆、山东三个地区205家企业数据，并运用SPSS16.0和AMOS17.0统计软件对数据进行有效分析，进一步验证本文理论模

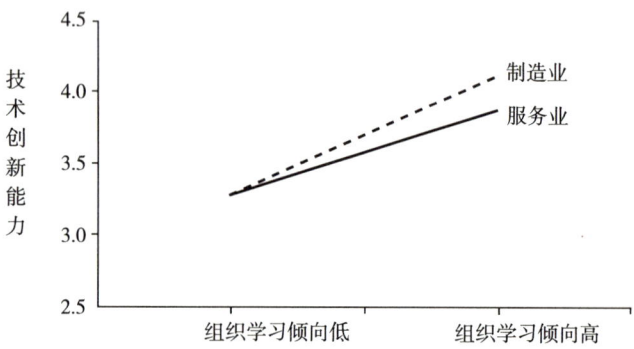

图 2　不同行业背景下组织学习倾向对技术创新能力的调节效应

型和研究假设,具有一定的理论意义和实践意义。

(1) 变革型领导行为方式和组织学习倾向能够显著影响企业技术创新能力。组织学习倾向浓厚的组织中,组织成员共同的学习愿景、学习承诺和开放心智有利于新技术、新知识的学习和应用,进而提高企业技术创新的效果,提升企业技术创新能力。在本研究中,变革型领导行为方式和组织学习倾向对技术创新能力的影响也得到了实证数据的支持,研究结果表明,变革型领导行为方式和组织学习倾向与技术创新能力之间呈现显著正向相关关系($r=0.32$, $p<0.001$; $r=0.51$, $p<0.001$)。因此,变革型领导行为方式和组织学习倾向能够显著影响企业技术创新能力的提升。

(2) 本文研究发现,组织学习倾向在变革型领导行为方式提升技术创新能力的过程中起着中介作用。变革型领导行为方式也有利于组织内部明显的学习倾向的形成,而明显的组织学习倾向则有利于新知识、新技术的开发和应用,进而影响企业技术创新能力。这一研究结论也得到了本文数据的支持和验证,在将组织学习倾向变量放入模型后,变革型领导行为方式对技术创新能力的影响系数由显著($r=0.32$, $p<0.001$)变成不显著($r=0.06$)。

(3) 本文研究发现,行业在组织学习倾向对技术创新能力的影响中起着调节效应。例如制造业企业大多拥有比较完善的组织架构,设立有专门的技术研发部门和大量的研发投入,这样通过培养浓厚的组织学习倾向氛围能够有效提升企业技术创新能力;而服务业企业大多是劳动密集型企业,而且对新技术和新知识的研发要求相对较低,有些企业甚至都没有技术研发投入,因此,组织学习倾向对技术创新能力的影响就差一些。本文通过收集的样本数据分析发现,制造业企业中组织学习倾向对技术创新能力的影响强一些,而服务业企业中组织学习倾向对技术创新能力的影响弱一些($\beta=-0.11$, $p<0.01$)。

本文不可避免地存在一些局限性:鉴于本文资金和人员配置有限,在样本的地区选择和问卷收集方面存在一定的不足之处。本文仅仅收取了上海、新疆和山东三个地区的数据,但是在这三个地区内问卷的发放是随机的,因此也具有一定的代表性;在问卷收集的过程中,问卷的填制对象是公司的高层管理人员,但是并没有根据构念不同选择不同的填制对象,这也是问卷收集过程中的不严谨之处。在今后的研究中,将会通过更广泛的调查和严谨的研究设计,进一步验证本文的研究发现。

参考文献

[1] Fahlenbrach. Large Shareholders and Corporate Policies [C]. AFA 2007 Chicago Meetings Paper, 2007.

[2] Sinkula J. Baker W., Noordewier T. A Framework for Market-Based Organisational Learning: Linking Values, Knowledge, and Behaviour [J]. Journal of the Academy of Marketing Science, 1997 (25): 305-318.

[3] Bass B. M., B. J. Avolio. Transformational Leadership Development: Manual for the Multifactor Leadership Questionnaire [M]. CA: Consulting Psychologists Press Palo Alto, 1990.

[4] Lee E. P. M., H. M. O. Neill. Ownership Structures and R&D Investments of US and Japanese Firms: Agency and Stewardship Perspectives [J]. Academy of Management Journal, 2003, 46 (2): 212-225.

[5] Avolio B. J. Transformational Leadership and Organizational Commitment: Mediating Role of Psychological Empowerment and Moderating Role of Structural Distance [J]. Journal of Organizational Behavior, 2004, 25 (8): 951-968.

[6] Waldman D. A. Does Leadership Matter? CEO Leadership Attributes and

Profitability Underconditions of Perceived Environmental Uncertainty [J]. Academy of Management Journal, 2001 (44): 134 -143.

[7] Yang J. T. Knowledge Sharing: Investigating Appropriate Leadership Roles and Collaborative Culture [J]. Tourism Management, 2007, 28 (2): 530-543.

[8] Lee V. H. Organizational Learning: A Mediating Factor between Technological Innovation and TQM [M] //Diversity, Technology, and Innovation for Operational Competitiveness: Proceedings of the 2013 International Conference on Technology Innovation and Industrial Management [M]. ToKnow Press, 2013.

[9] Camisón C. Villar López. A. Organizational Innovation as an Enabler of Technological Innovation Capabilities and Firm Performance [J]. Journal of Business Research, 2014, 67 (1): 2891-2902.

[10] 谢洪明, 刘常勇, 陈春辉. 市场导向与组织绩效的关系: 组织学习与创新的影响——珠三角地区企业的实证研究 [J]. 管理世界, 2006 (2): 80-94.

[11] 谢洪明. 学习, 创新与核心能力: 机制和路径 [J]. 经济研究. 2007 (2): 59-70.

[12] 王国才, 刘栋, 王希凤. 营销渠道中双边专用性投资对合作创新绩效影响的实证研究 [J]. 南开管理评论, 2012 (6): 85-94.

[13] 张燕, 侯立文. 基于变革型领导的职能多样性对团队内知识共享的影响研究 [J]. 管理学报, 2013, 10 (10): 1454-1461.

附录四　CEO变革型领导行为对组织惯例更新的影响机制研究[①]

王永伟[1,2]

(1. 河南财经政法大学国际经济与贸易学院，郑州　450012

2. 河南财经政法大学河南经济研究中心，郑州　450002)

【摘要】 组织惯例更新是组织惯例研究的深化和发展，本文主要探讨CEO变革型领导行为与组织惯例更新的关系以及环境不确定性的调节效应。基于上海、新疆、山东三个地区201家企业高层管理人员的数据分析，层次回归结果表明：CEO变革型领导行为能够显著影响组织惯例更新的进程；组织学习倾向在CEO变革型领导行为与组织惯例更新之间起着中介效应；环境不确定性在CEO变革型领导行为与组织惯例更新之间起着调节效应。

【关键词】 CEO变革型领导行为；组织学习倾向；环境不确定性；组织惯例更新

一、引言

组织惯例一直是组织与战略管理领域研究的重要课题。企业只有通过不断的组织惯例更新才能够适应环境的变化，从而在竞争中得以生存和发展。当前，我国处于经济转型时期，国有企业改革、移动互联开始影响整个经济社会的生产结构、消费结构，平台企业如雨后春笋般快速成长。新的经营环境需要企业快速进行战略调整和行为调整，而组织行为和战略的调整却受到来自组织内部的基因——组织惯例的影响。因此，我们认为企业的变革根本在于组织惯例更新，组织惯例能否适应新的经营环境是决定企业在现有竞争中能否生存下来的关键组织要素。然而，2015年大量传统制造业和服务业的业绩滑坡表明，企业转型是艰难的、高风险的，组织惯

[①] 本文载于《中国软科学》2017年第6期。

例更新考验着企业能否适应环境的变化,形成新的、使企业得以生存和发展的组织惯例的能力。这是实业界关注的主要问题,也是理论界研究的主要内容。

通过对现有组织惯例的研究文献梳理发现,组织惯例的研究大致可以分为三类:动态研究、静态研究和融合研究。①组织惯例静态研究的主要观点认为组织惯例具有稳定性。传统观点认为组织惯例是稳定机制,很难发生改变,在大多数情况下,组织参与者一旦接受组织惯例就不再思考他们在干什么,而是不断地重复那过去的行为。组织惯例是在潜意识下执行的,是组织惯性的源泉,也是僵化的源泉。研究者们普遍承认组织惯例变化的路径依赖性,组织惯例是随着历史形成的,因此组织惯例在相当长一段时间内具有很强的稳定性,并能够根据它以前的状态来对结果进行反馈,以适应不断增加的经验。实证研究的结果也表明变化是惯例本身的重要属性。而且变化也是惯例内生的,因为无论惯例什么时候重复出现,每一个参与者都会以不同的方式影响着惯例的某些方面,更重要的是,正是这些不断增加的变化使得惯例也在不断地变化,这也就解释了为什么惯例的发展具有路径依赖性。另外,组织惯例的静态研究也重点关注组织惯例"黑箱"的研究,主要探讨了组织惯例的内在结构、特征、效能等,解决组织惯例是什么的问题;组织惯例的内在逻辑结构问题;组织惯例的个体、群体、组织的层次问题;以及通过厘清惯例的层级架构,解释组织惯例的层级演化路径,实现了组织惯例研究从微观到宏观的"连接桥",组织惯例的跨层级演化问题;通过组织学习角度研究组织惯例内在生存机制,分析组织惯例形成和变化的微观过程,分析其优化速度和优化程度的差异性。②组织惯例动态研究的主要观点是认为组织惯例具有变革性。组织惯例的动态研究主要关注组织惯例变革性、创新、变异和选择机制研究,主要解决组织惯例如何变化的问题。越来越多的学者关注组织惯例变化的内生性,认为组织惯例不能简单地理解为本质静态的,影响组织惯例变化的重要动力不是组织环境或者新技术的引入,而是其内部要素运动的结果,应当考虑组织惯例执行者的能动作用。因此,许多的文献研究表明组织惯例是组织柔性的源泉。Feldman 和 Pentland(2003)将组织惯例作为组织变化和柔性的源泉,并将组织惯例分为表述(ostensive)和执行(performative)两部分。表述部分以抽象化的形式存在于惯例概念当中,而执行部分作为一种引导的规则是稳定的,两者一起构成了组织变化和柔性的源泉;Hayes(2011)从组织惯例、创新、柔性视角,利用叙事网络作为一种分析工具,将传统工艺制造、工作流建模和质量改进成果测量进行分析,更深层次地分析组织惯例如何和为什么存在以及变化是如何废止的。陈彦良(2014)以常规惯例和柔性惯例为视角,结合组织惯例的情境依赖性,探讨了动态环境下的柔性惯例和能力匹配模式,继而通过对组织学习和双元能力平衡的深入阐述厘清了组织惯例的复制路径;组织惯例也是战略变革的源泉(Feldman,2000)。谢康等(2016)以互联网转型为背景,将组织惯例分为突破组织惯例和形成组织惯例两个阶段,将战略风险引入组织变革和组织惯例讨论中,丰富了组织惯例动态性研究的成果;高静美等(2013)以社会构建理论为基础,将组织惯例、习惯做法等稳定要素作为组织变革的一部分,以中层管理者为调研对象,以中国台湾地区的逢甲大学为例,提出在变革管理过程中,高层管理者不再是企业战略问题的唯一主体,中层管理者"战略性贡献"的发挥是变革成功与否的另一个重要维度;赵杰等(2013)从锤炼组织文化、提炼隐性知识和组织惯例、打造动态能力等方面探讨了在中国时下的特定情境中,制造业中小企业如何在外生要素趋劣时获取竞争要素;邱国栋(2016)以长春一汽公司发展历程为例,探讨了组织惯例与企业战略变革之间的关系,形成"企业家精神+抛弃政策+组织学习"有机整合的理论框架;组织惯例是构成动态能力的主要因素。动态能力的作用在于能够整合、构建和重构企业内外竞争优势,而惯例、路径依赖和组织学习是动态能力发挥作用的重要因素;Eisenhardt和Martin(2000)基于过程的动态能力分析框架认为动态能力是诸如产品创新、战略决策制定和联盟等可辨识的、特定的过程,通过依附这些过程的惯例来整合、重构、获取和释放资源,从而成为新的竞争优势来源;Zollo和Winter(2002)从组织惯例视角分析了企业高阶能力的存在,并把组织能力界定为高水平的组织惯例,因此动态能力也具备了组织惯例的特征。即动态能力必须是通过学习获得的,从事高度程式化、可重复活动的能力,并且部分建立在隐性知识的基础之上;白景坤(2014)基于机会逻辑和整合动态能力等多重观点,认为动态能力由组织和战略过程中具有递进关系的搜寻惯例、选择惯例和重构惯例构成,持续竞争优势的形成既是组织学习驱动动态能力演化的过程,也是通过动态能力持续改变资源与能力基础、识别和把握机会、重构运营惯例的过程。③融合的观点研究,认为组织惯例是稳定性和变革性的融合。Feldman和Pentland(2003)对组织惯例在事实方面和执行方面的区分就体现了稳定性和变革性融合的观点；而 Vromen（2004）也提出惯例机制化不能完全消除刻意的、精心的思考选择，个人在技巧性行为和深思熟虑选择间的不断切换，实现了组织惯例稳定性和变革性的融合。组织惯例的稳定性保证了组织的效率和传承，而组织惯例的变革性则保证了组织惯例与环境之间的适应性，体现组织惯例的"变异"、"选择"、"保持"（王永伟，2012）。

通过对以上文献的研究发现两点不足：①大部分文献在对组织惯例进行研究时，并没有对组织惯例进行分类，因而才会有组织惯例稳定性、变革性和融合的观点。其实，在组织内部同一阶段，多种组织惯例是并存的，即稳定执行的组织惯例、与组织环境不适应及效率下降的组织惯例、正在形成新的组织惯例；②组织如何才能实现组织惯例的自我淘汰、更新和搜寻，这对企业来讲至关重要，因为保证企业与环境之间的适应性，充分发挥组织惯例的传承、稳定和高效率的积极作用，这也是目前组织惯例研究关注比较少的部分。

本文主要有两个贡献：①聚焦于组织惯例如何实现自我淘汰、更新和搜寻，探讨组织惯例的积极效能，探讨组织惯例内在的更新机制研究，提出组织惯例更新构念，丰富了组织惯例研究视角；②聚焦于组织惯例与环境之间的适应性研究，并从 CEO 领导行为方式、组织学习倾向和环境不确定性等外部视角探索和揭示组织惯例更新的内在机制"黑箱"，并运用定量研究的方式验证了研究模型的科学性，为进一步的定性研究指明了方向。

据此，本文构建组织惯例更新研究模型，将 CEO 变革型领导行为和组织学习倾向作为推动组织惯例更新的主要力量，并探讨环境不确定性对 CEO 变革型领导行为对组织惯例更新的调节效应，为互联网时代背景下实现组织惯例与环境之间的适应性提供理论研究和支持。研究理论模型如图 1 所示。

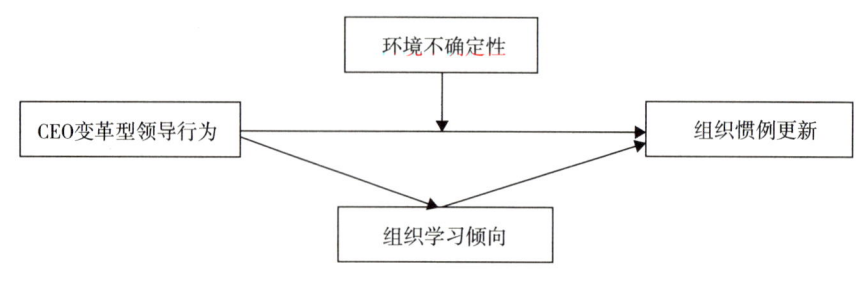

图 1　研究理论模型

二、研究理论及假设

（一）CEO 变革型领导行为与组织惯例更新

CEO 变革型领导行为主要通过 4 个维度来测量。①品质魅力。是指领导者具有为追随者创造和展现富有吸引力的愿景，并通过个人魅力和激动人心的言语激发追随者的高层次需求、信任、激情和工作潜能的能力。②鼓舞性激励。是指领导者具有通过增强追随者的自豪感，为其提供克服困难的信心和树立更高的期望，进而激发、引导追随者为了组织利益超越个人利益、为团体的远大目标努力工作的能力。③智力激发。是指领导者具有通过引导员工对现状和假设提出挑战、采用创新视角看待问题以及用新方法解决问题，激发员工创新、挑战自我、改变信念的能力。④个性化关怀。是指领导者通过支持、鼓励和辅导关注追随者的成长，为其创造学习机会和支持性组织氛围，激发他们更高层次潜能的能力。

组织惯例更新是指当环境发生变化时，组织惯例能够主动地进行"搜寻"，进而实现组织惯例与新环境相适应，增强组织惯例效能的过程。组织惯例在更新过程中实现淘汰不能适应环境变化和效率低下的组织惯例、更新适应环境变化的组织惯例和引入新组织惯例。同时组织惯例更新过程中有两个非常重要的机制：一个是"试错"机制，另一个是"选择"机制。"试错"机制就是当组织惯例能够成功实现组织目标时就可能增加组织惯例的执行；而当组织惯例不能实现组织目标时就减少组织惯例的执行。"选择"机制就是企业从众多可选择的组织惯例中采用那些效率较高的组织惯例，而选择的主要依据则是以前组织成功或者失败的经验和教训。因此，企业能够通过组织惯例更新实现组织惯例与执行惯例的环境之间的动态匹配，最大限度地发挥组织惯例效能。

CEO 变革型领导行为能够影响组织惯例已经得到了不少学者的研究证明。例如在 Cohendet 等（2000a，2000b）的研究中，明确指出 CEO 变革型领导行为可以从多个层面影响组织惯例。首先，CEO 变革型领导行为影响组织惯例执行者行为。许多的研究证明变革型领导能够影响员工的工作态度和动机，变革型领导者能够积极关注、理解并试图解决每一个下属的需要，并通过感召力将这些需要提升为更高层次的追求；感觉自己受到关注的下属更有可能为了长远的目标而努力工作以不负领导者的期望，这将最终导致工作满意度、承诺等态度变量的改善和提高。例如，Judge（2004）和 Walumbwa（2004，2005）的研究都证明了 CEO 变革型领导行为能够影响组织员工。因此，变革型领导会影响组织惯例的执行者，使组织惯例的执行者有动力或者动机去参与组织惯例的更新过程。其次，CEO 变革型领导行为影响组织惯例选择过程。变革型领导的创新思想和创新意识使变革型领导对环境变化具有更强的敏感性，将新知识和新技术引入企业，进而形成新的组织惯例适应环境变化，在这个过程中 CEO 变革型领导行为对环境变化的敏感程度会影响到组织惯例更新过程。最后，CEO 变革型领导行为的创新思想和创新意识影响组织惯例更新过程。CEO 变革型领导行为会支持和鼓励创新思想和创新行为，并为之制定有效的激励机制激励员工参与创新过程，这也为组织惯例的更新提供了源泉。新技术、新思想的引入会产生更多的新组织惯例，也就为组织惯例的选择提供了基础。因此，CEO 变革型领导行为有利于组织惯例更新。

H1：CEO 变革型领导行为对组织惯例更新具有显著正向影响。

（二）CEO 变革型领导行为与组织学习倾向

组织学习倾向的中心问题就是组织对待组织学习的基本价值观，该价值观会直接影响组织能否营造学习的氛围，进而形成组织学习的文化。如果一个组织在组织学习价值观上的关注很少，或者组织学习价值观尚未形成，那么该组织也就很难形成有效的组织学习，组织学习基本不可能发生。组织学习倾向也会影响组织对现有知识利用程度的满意度，影响组织对所获取知识的学习、编译和最大化的应用成果。在已有的研究中表明，组织学习承诺、共享愿景、开放心智是影响组织学习倾向的三个重要因素。

变革型领导对组织学习倾向的影响主要有以下三个方面。变革型领导有利于组织学习承诺。组织学习承诺是对待组织学习的基本价值观，作为变革型领导者本身就是组织学习的倡导者。Avolio 等（2004）的研究发现变革型领导对组织承诺具有正向影响。变革型领导者通过自身的行为表率，积极参与组织学习，通过构建有效的学习激励机制，营造浓厚的组织学习氛围；变革型领导的个人品质魅力和感召力有利于分享组织学习愿景。变革型领导者通过对组织学习愿景的共同创造和宣传，在组织内部营造积极学习的氛围，与组织成员一起开展组织学习，形成具有凝聚力和向心力的学习团队，增强组织学习的倾向。同时，变革型领导由于企业人格魅力和品质感召力会影响和带动下属为了共同的组织愿景而努力奋斗。变革型领导通过对团队内部施加影响，促进下属之间的信任和合作，使他们为了共同的团队目标而努力，并在促进下属知识共享、组织认同、角色内绩效和组织公民行为等方面具有重要作用。Yang（2007）的研究也认为变革型领导对知识分享和愿景分享具有正向作用；变革型领导的创新意识和智力开发有利于组织学习开放心智模式。宋晶（2013）的研究也认为变革型领导行为方式对于促进组织间信任，增强组织学习具有重要的影响作用。另外，变革型领导者本身就是知识创新者，同时也鼓励下属创新和挑战自我，包括向下属灌输新观念，启发下属发表新见解和鼓励下属采用新手段和新方法解决问题。通过变革型领导者的智力激发可以使组织成员在组织学习过程中更加积极主动，并用于挑战和质疑原有的知识和惯例，有利于增强组织学习能力。变革型领导者在实际工作中不断锻炼自身的领导魅力和感召力，同时建立组织信任，使员工感受到强烈的组织信任感，将有助于提升领导者的权威，使员工越发表现出对组织的认同、参与和忠诚。因此，变革型领导对组织学习倾向有正向影响作用。

H2：CEO 变革型领导行为对组织学习倾向有显著正向影响。

（三）组织学习倾向与组织惯例更新

组织惯例更新离不开组织学习，因为组织惯例本身就是从集体学习开始的。因此，组织学习倾向对组织惯例更新具有正向积极影响。一方面，组织学习倾向较高会在企业内部形成较好的组织学习氛围，因为较高的学习倾向会带来一致的学习承诺，共同愿景分享和开放的心智模式。在这种情况下，企业员工会积极参与组织学习，并不断分享学习经验和知识，有效实现个人学习与集体学习、个人知识和集体知识、显性知识与隐性知识的相互交换，有利于新知识、新技术和操作程序的产生。更多的新知识、新技术的运用也就为组织惯例更新带来了更多选择。组织惯例会通过"试错"机制、"选择"机制对组织学习成果进行"市场选择"，最终实现组织惯例更新。另一方面，组织学习倾向较高时，组织成员学习心智更加开放，对组织内部和外部环境变化的敏感性更高，组织成员敢于质疑和挑战原有的组织惯例和学习模式，这也为组织惯例更新提供了动力源泉。曹兴等（2014）采用仿真方法模拟组织学习知识在网络组织间的转移过程，这对于研究组织学习倾向对组织惯例的影响提供了重要的理论成果。

组织惯例更新也离不开较高的组织学习倾向。组织惯例更新也是组织惯例"搜寻"、"变异"、"选择"的过程，组织惯例更新能够实现组织惯例的遗传和复制，保持了组织的稳定性，同时也实现了组织惯例变革。由于市场、环境和技术的动态性，要求企业对新市场、新技术保持较高的敏感度，才能在竞争中处于有利地位。因此，组织学习倾向对组织惯例更新具有正向积极影响。一方面，组织学习倾向较高有利于创新性的组织学习氛围的形成，创新性的组织学习氛围有利于新知识和新技术的产生和应用，新知识和新技术的应用有利于组织惯例"搜寻"。另一方面，组织学习倾向高有利于组织学习开放心智，开放心智有利于组织员工主动搜寻新技术、新知识，有利于创新知识和技术的引入，有利于组织员工才能发挥，促进学习效率进而实现组织惯例更新。因此，组织学习倾向是影响组织惯例更新的动力源泉。组织学习倾向高有利于提高组织成员学习积极性；有利于良好的学习氛围形成、有效的学习激励机制形成；有利于新技术、新知识的学习和引入；更有利于集体学习和个人学习成果之间的转换；进而有利于新知识、新技术的产生和运用，为组织惯例更新提供了动力源泉。马蓝等（2016）探讨了双元学习能力对创新绩效研究中认为组织在不断进行知识获取的搜寻过程中，进行着组织知识创造和知识整合应用的过程，也就是组织惯例不断适应环境变化进而产生及获取延续新知识的能力集合。

因此，组织学习倾向在 CEO 变革型领导行为和组织惯例更新之间起着中介作用，变革型领导对组织学习倾向具有正向的影响，进而有利于组织惯例的更新。

H3：组织学习倾向对组织惯例更新有显著正向影响。

H4：组织学习倾向在 CEO 变革型领导行为与组织里更新的关系中起着中介作用。

（四）环境不确定性的调节作用

环境不确定性的研究最早是由 Milliken（1987）提出的，Milliken（1987）认为环境不确定性是指组织很难对变化的环境进行明确的判断，并且这种不确定性会给组织带来巨大的风险，使得组织即使有很小的失误也会给组织带来巨大的灾难，进而使组织成员感到紧张甚至焦虑不安的状况。Waldman等（2001）的研究也曾经运用其研究成果探讨了环境不确定性在领导行为方式和组织绩效之间的调节效应。白景坤等（2016）探讨了环境威胁对于克服组织惰性，实现组织战略变革的重要作用，认为环境不确定性也是推动组织惯例更新的主要力量。

组织惯例更新探讨的是组织惯例面临不断变化的外部环境而主动进行更新的过程，因此，在探讨组织惯例更新时，我们不得不讨论环境不确定性在组织惯例更新过程中的作用。当组织惯例面临的环境不确定性较低时，组织惯例就能够发挥其积极效能，减少工作中的不确定性，进而提升组织惯例的效能，为组织发展和进步提供动力；当组织所面临的环境不确定较高时，组织惯例就要根据外部环境的变化来主动适应环境变化，更新过时无效的组织惯例，实现组织惯例与组织环境之间的相互匹配，并提升组织惯例效能。因此，环境不确定性的高低在组织惯例更新中具有重要作用。

CEO变革型领导行为鼓励组织成员利用创新性思维来解决问题，并鼓励组织成员积极适应环境的变化进行主动学习和创新，在环境不确定性较高的环境中，CEO变革型领导行为更能应付和处理由于环境不确定所带来的风险。因此，在环境不确定性较高的环境中，CEO变革型领导行为对组织惯例更新的影响作用会更加明显。相反，在环境不确定性较低的环境中，组织成员依靠其固有的组织惯例就能够有效处理风险，CEO变革型领导行为对组织惯例更新的影响效果就会弱一些。

H5：环境不确定性越高，CEO变革型领导行为对组织惯例更新的影响就越强；环境不确定性越低，CEO变革型领导行为对组织惯例更新的影响就越弱。

三、研究设计

（一）研究对象

本文的数据主要来源于上海、新疆和山东，研究对象为公司中层及高层管理人员。其中，上海和新疆的数据主要来源于MBA和EMBA学员，山东的数据主要来源于日照高科技园区企业。在问卷收集过程中,每家企业的中层或者高层管理人员只填写一份问卷,问卷采取集中发放和集中收集。本次问卷共发放 300 份,实际收回 246 份,剔除填写信息不完整问卷后共得到实际有效问卷 201 份。本次数据收集实际回收率为 82%,问卷有效率为 67%。在样本结构方面,企业规模在 500 人以上的企业占 55% 以上;其中成立 10 年以上的企业占 67.8%,所访谈企业制造业的企业占 62.4%;从样本地区分布来看,上海地区占 29.2%,新疆地区占 54.5%,山东地区占 16.3%。

(二) 自变量和中介变量测量

在 CEO 变革型领导行为测量上,本文采用 Bass and Avolio 的 8 题项量表来测量 CEO 变革型领导行为。该量表的 Cronbach's Alpha 值为 0.90,许多关于 CEO 变革型领导的研究也均采用了该量表,这表明量表具有良好的信度;在组织惯例更新测量上,本文采用王永伟(2012)的 8 题项量表,该量表的 Cronbach's α 系数为 0.94,这表明该量表具有很好的信度;组织学习倾向采用 Sinkula 的 11 个题项测量量表,量表 Cronbach's Alpha 值为 0.90(X^2 = 99.64,P<0.01;GFI = 0.92,CFI = 0.95)。这表明量表具有良好的信度。环境不确定性量表采用 Waldman 的研究成果,该量表的 Cronbach's Alpha 值为 0.75,许多关于环境不确定性的测量均在用该量表。

(三) 控制变量方面

相关研究表明,企业背景变量(年龄、大小、行业、地区、所有制性质)会影响组织惯例更新过程,因此,本文将这些变量作为控制变量处理。企业规模:"0" 代表 100 人以下;"1" 代表 100~500 人;"2" 代表 500~2000 人;"3" 代表 2000 人以上;企业成立时间:"0" 代表 3 年以下;"1" 代表 3~5 年;"2" 代表 5~10 年;"3" 代表 10 年以上;企业所有制类型:本文用三个 0-1 变量表示企业所有制性质,"0" 代表私有制企业;"1" 代表国有企业;"2" 代表外资企业。(在回归分析中,我们仅仅放入两个 0-1 变量,因为第三个 0-1 变量是多余的);企业所处行业:"0" 代表制造业;"1" 代表服务业;企业所在区域:本文用三个 0-1 变量表示企业所在地区,分别代表上海、新疆、山东。以上变量除控制变量外，其余变量均采用五点 Likert 量表测量。

四、数据分析和结果

(一) 同源方差分析

大多数研究者都认识到同源误差是目前行为学研究中的一个潜在问题，这种由于测量方法而非构念造成的变异会对研究变量间的相关关系产生严重的影响，甚至会使研究导致错误结论。为使本文研究结论更加可靠，我们利用 Harman 单因素检验就该模型所用的测量指标进行未旋转的因素分析，最终析出 4 个特征根大于 1 的因子，而且所有的因子中对结果的解释力都小于 50%（单个因子的最大解释力为 37%）。因此表明本文不存在同源误差问题。

(二) 信度分析

在对样本数据进行统计分析之前，本文首先对测量工具的信度与效度进行检验。信度分析是为了评价测量结果的一致性、稳定性及可靠性。本文采用 Likert 五点量表打分，用 Cronbach's Alpha 系数作为检验量表内部一致性的标准。CEO 变革型领导行为的 Cronbach's Alpha 系数为 0.88，组织学习倾向的 Cronbach's Alpha 系数为 0.94，组织惯例更新的 Cronbach's Alpha 系数为 0.90，环境不确定性的 Cronbach's Alpha 系数为 0.82，以上测量工具的 Cronbach's Alpha 系数均在 0.70 以上，说明该问卷具有较好的信度。

(三) 验证性因子分析

为了检验关键变量"CEO 变革型领导行为"、"组织学习倾向"、"组织惯例更新"和"环境不确定性"之间的区分效度以及各个测量量表的相应测量参数，本文采用 AMOS17.0 对关键变量进行验证性因素分析（confirmatory factor analyses, CFA）分析，在四因子模型、三因子模型与单因子模型之间进行对比。结果显示，四因子模型吻合得比较好（$X^2(428) = 731.60$, $P < 0.01$; RMSEA = 0.06, RMR = 0.04, CFI = 0.91, TLI = 0.91），而且这一模型要显

著地优于三因子模型和单因子模型的拟合优度（见表1），表明测量具有较好的区分效度。

表1 验证性因素分析结果

	χ^2	df	RMSEA	RMR	CFI	TLI
零模型[a]（Null model）	942.63	434	0.08	0.16	0.86	0.85
四因子模型[b]	731.60	428	0.06	0.04	0.91	0.91
三因子模型[c]	1199.53**	431	0.09	0.06	0.78	0.77
三因子模型[d]	1171.47**	431	0.09	0.05	0.82	0.80
单因子模型[e]	1687.30**	434	0.12	0.07	0.65	0.62

注：**表示 P<0.01；a. 在零模型中，所有测量项目之间没有关系；b. CEO 变革型领导行为、组织学习倾向、组织惯例更新和环境不确定性之间两两相关；c. 将 CEO 变革型领导行为和组织学习倾向合并为一个潜在因子；d. 将组织学习倾向和组织惯例更新合并为一个潜在因子；e. 将所有项目归属于同一个潜在因子。

（四）各主要变量的均值、标准差及变量间相关系数

表2总结了本文各变量及控制变量的均值、标准差及相关系数。从表2给出的结果可以发现：CEO 变革型领导行为与组织学习倾向、组织惯例更新和环境不确定性之间是正相关（r=0.46，p<0.001；r=0.51，p<0.001；r=0.23，p<0.001）；组织学习倾向与组织惯例更新和环境不确定性之间显著正相关（r=0.63，p<0.001；r=0.41，p<0.001）；组织惯例更新与环境不确定性之间显著正相关（r=0.38，p<0.001）。这些结果与我们的研究假设的方向是一致的，为假设的验证提供初步的证据。

表2 各变量的均值、标准差和变量间相关系数

变量	1	2	3	4	5	6	7	8	9	10	11	12	13
1. 私有制企业	1												
2. 国有企业	-0.70**	1											
3. 外资企业	-0.32**	-0.45**	1										
4. 上海	-0.12	-0.19**	0.40**	1									
5. 新疆	-0.12	0.31**	-0.26**	-0.73**	1								
6. 山东	0.32**	-0.19**	-0.14*	-0.27**	-0.46**	1							
7. 公司规模	-0.35**	0.21**	0.17**	0.22**	-0.07	-0.19**	1						
8. 公司年限	-0.35**	0.30**	0.04	0.03	0.01	-0.05	0.52**	1					
9. 行业	-0.02	0.20**	-0.25**	-0.26**	0.32**	-0.11	-0.18**	-0.14**	1				
10. CEO变革型领导	0.05	-0.06	0.03	0.09	-0.23**	0.21**	0.02	-0.00	-0.11	1			
11. 组织学习倾向	0.05	-0.03	-0.02	-0.01	-0.16*	0.24**	0.00	0.03	-0.05	0.46**	1		
12. 组织惯例更新	-0.02	-0.09	0.15*	0.13	-0.24**	0.17*	0.11	0.03	-0.18**	0.51**	0.63**	1	
13. 环境不确定性	0.15*	-0.16*	0.04	0.01	-0.15*	0.19*	-0.08	-0.17	0.07	0.23**	0.41**	0.38**	1
均值	0.33	0.50	0.17	0.30	0.55	0.14	1.71	2.49	0.65	4.13	3.63	3.55	3.33
标准差	0.47	0.50	0.38	0.46	0.50	0.35	1.17	0.85	0.48	0.59	0.59	0.64	0.71

注：N=201；** 表示 $P<0.01$，* 表示 $P<0.05$；a. 所有制性质："0" 代表私有制企业；"1" 代表国有企业；"2" 代表外资企业；b. 公司规模："0" 代表100人以下；"1" 代表100~500人；"2" 代表500~2000人；"3" 代表2000人以上；c. 公司年限："0" 代表3年以下；"1" 代表3~5年；"2" 代表5~10年；"3" 代表10年以上；d. 行业："0" 代表制造业；"1" 代表服务业；e. 地区："0" 代表上海；"1" 代表新疆；"2" 代表山东。

(五) 多层线性回归结果分析

主效应和中介效应。对于研究假设,本文采用了层级回归的方法加以检验(Hierarchical Regression Modeling,HRM),分析结果见表4。为了检验主效应和中介效应,我们根据 Baron 和 Kenny(1986)的建议,分四步进行层级回归分析:①自变量对因变量的影响。在引入控制变量(所有制—私有制、所有制—国有制、公司规模、公司年龄、地区—上海、地区—新疆)的基础上,我们将自变量(CEO 变革型领导行为)放入回归方程,分析 CEO 变革型领导行为对组织惯例更新的影响;②中介变量对因变量的影响。在引入控制变量的基础上,我们将中介变量(组织学习倾向)放入回归方程,分析组织学习倾向对组织惯例更新的影响;③自变量对中介变量的影响。在引入控制变量的基础上,我们将自变量(CEO 变革型领导行为)放入回归方程,分析 CEO 变革型领导行为方式对组织学习倾向的影响;④中介效应。在引入控制变量和自变量的基础上,我们将中介变量引入回归方程,分析 CEO 变革型领导行为方式、组织学习倾向对组织惯例更新的共同影响。回归分析结果列在表3中。

从表3的结果可以发现:CEO 变革型领导行为对组织惯例更新具有显著正向影响(模型2:$r=0.47$,$p<0.001$),所以假设1得到了数据的支持;CEO 变革型领导行为有利于组织学习倾向的提升(模型4:$r=0.43$,$p<0.001$),所以假设2得到了数据的支持;组织学习倾向对组织惯例更新具有显著正向影响(模型3:$r=0.51$,$p<0.001$),所以假设3得到了数据的支持;当同时 CEO 变革型领导行为和组织学习倾向后,CEO 变革型领导行为对组织惯例更新的影响系数变为不显著(模型2:$r=0.47$,$p<0.001$,加入中介变量后模型3:$r=0.05$),所以假设4得到了数据的支持。综合以上分析结果可知:CEO 变革型领导行为能够对组织学习倾向提升和组织惯例更新具有积极作用,其中,组织学习倾向在 CEO 变革型领导行为和组织惯例更新之间起着中介作用。

表3 层级回归结果：CEO变革型领导行为对组织惯例更新的影响、组织学习倾向中介效应检验

	组织惯例更新			组织学习倾向
	模型1	模型2	模型3	模型4
控制变量				
私有制企业	-0.15	-0.15	-0.15	0.01
国有制企业	-0.13	-0.14	-0.15	0.02
地区—上海	-0.20	-0.11	-0.01	-0.21
地区—新疆	-0.33	-0.17	-0.05	-0.23
公司规模	0.11	0.09	0.08	0.00
公司年限	-0.04	-0.03	-0.05	0.04
行业	-0.10	-0.07	-0.08	0.01
自变量				
CEO变革型领导行为		0.47**	0.05	0.43**
中介变量				
组织学习倾向			0.51**	
R^2	0.10	0.30	0.50	0.24
ΔR^2	0.10	0.20	0.20	0.17
F	2.94*	10.22**	20.78**	7.39**
ΔF	2.94**	55.34**	74.14**	42.76**

注：n=205；**表示 $P<0.01$，*表示 $P<0.05$。

调节效应。为了检验环境不确定性的调节效应，我们首先将组织惯例更新作为因变量，其次依次引入控制变量（所有制—私有制、所有制—国有制、地区—上海、地区—新疆、公司规模、公司年龄）、自变量（CEO变革型领导行为）和调节变量（环境不确定性），最后加入自变量和调节变量的乘积项。为了消除共线性，在构造自变量和调节变量的乘积项时，我们将自变量和调节变量分别进行了标准化。层级回归分析结果列在表4中。

从表4可以看出，CEO变革型领导行为和环境不确定性对组织惯例更新均具有显著正向影响（模型6：β=0.47，p<0.01；模型7：β=0.30，p<0.01），其中CEO变革型领导行为和环境不确定性的交互项对组织惯例更新具有显著的正向

影响（模型8：β=0.13，p<0.05）。这表明CEO变革型领导行为对组织惯例更新的影响在环境不确定性高的环境中影响更强，而在环境不确定性较低的环境中影响就弱一些。因此，假设5获得了数据的支持。

表4 层级回归结果：CEO变革型领导行为对组织学习倾向的影响、组织学习倾向中介效应检验

	结果变量：组织惯例更新			
	模型5	模型6	模型7	模型8
控制变量				
私有制企业	-0.15	-0.15	-0.14	-0.13
国有制企业	-0.13	-0.14	-0.10	-0.07
地区—上海	-0.20	-0.11	-0.06	-0.06
地区—新疆	-0.33	-0.17	-0.10	-0.08
公司规模	0.11	0.09	0.07	0.08
公司年限	-0.04	-0.03	0.01	0.00
行业	-0.10	-0.07	-0.11	-0.12
自变量				
CEO变革型领导		0.47**	0.41**	0.41**
调节变量				
环境不确定性			0.30**	0.28**
交互效应				
CEO变革型领导 * 环境不确定性				0.13*
R^2	0.10	0.30	0.38	0.39
ΔR^2	0.10	0.20	0.08	0.01
F	2.94*	10.22**	12.83**	12.23**
ΔF	2.94**	55.37**	23.98**	4.65*

注：n=205；**表示P<0.01，*表示P<0.05。

同时，为了能够更加直接地描述这种交互作用的影响模式，本文根据Cohen

等（2000）推荐的程序，分别以高于均值一个标准差和低于均值一个标准差为基准描绘了在不同环境不确定性背景下 CEO 变革型领导行为对组织惯例更新的影响，见图 2。

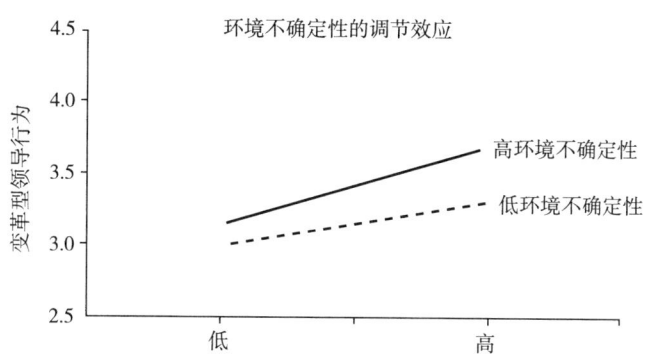

图 2　不同环境不确定性背景下 CEO 变革型领导行为对组织惯例更新的影响

五、研究结论及管理启示

（一）研究结论

组织惯例需要与外部环境之间相互适应才能发挥组织惯例的积极作用，特别是互联网背景下，企业经营所面临的竞争环境和经营环境变化迅速，组织惯例更新需要内外部力量的共同推动才能实现，为企业发展提供保障。本文基于上海、新疆和山东三个地区 201 家企业的数据收集和分析，验证了理论模型的假设检验，实证了 CEO 变革型领导行为对组织惯例更新的直接效应和组织学习倾向起到的中介效应，特别是检验了环境不确定性对 CEO 变革型领导行为与组织惯例更新之间的调节效应。本文主要得出如下结论：

第一，CEO 变革型领导行为能够影响组织惯例更新进程。在现实中，由于企业存在社会性和政治性，组织成员常常不愿意在缺乏上级支持的情况下去捕捉机会；组织成员由于习惯旧有思维，害怕承担风险，失去权利和声誉也不愿意去推动组织惯例更新。因此,对组织惯例更新影响最大的因素是强有力的领导。不但能够为企业明确发展方向和业务重心,而且在员工中拥有非凡的影响力;不但领导者要敢于冒险,具有创新精神,而且要关注员工对自由和自主权的内在要求,加上鼓舞性激励和个性化关怀,这些共同推动组织惯例更新。

第二,CEO变革型领导通过加强组织学习可以有效推动组织惯例更新。培育明显的组织学习倾向是CEO变革型领导行为影响组织惯例更新的重要媒介。在组织中,CEO通过加强组织学习鼓励创新和冒险精神,鼓励学习和掌握新的技术与知识,这些都有利于组织惯例与环境的相互适应。而且在组织中,通过组织学习可以学习和培养新的组织惯例,减少了组织惯例更新的阻碍力量,为组织惯例提供更多的人员保障和支持。

第三,环境的不确定性越高,CEO变革型领导行为越能有效推动组织惯例更新。环境不确定性增加了企业经营风险,同时也增加了组织惯例与环境之间的适应性,组织惯例在很长一段时间内可能无法固化下来而其执行的环境就已经发生了变化。在这种情况下,更需要企业领导者采用变革型领导行为,鼓励组织成员创新、学习新的技术和知识、给予组织成员更多的成长空间和应对环境变化的组织冗余。

(二) 管理启示

(1) 作为CEO领导者要能积极推动组织惯例更新。在移动互联时代,经营跨界加上环境变化快、学习复杂程度高,这是当今很多企业面临的外部环境,作为CEO必须以开放和学习的心态自我提升和积极推动组织惯例更新,不断与时俱进,勇于放弃甚至否定过去的惯例,并带领团队"搜寻"、"选择"、"保存"新的组织惯例。在新时代背景下,CEO的角色和定位也应发生变化,作为领导者要能在战略转型的领路人、市场化网络组织的设计者、高效团队的打造者、自我驱动环境的缔造者等方面加强修炼,通过构建一整套的惯例更新机制来不断推动组织惯例更新。

(2) 通过组织结构改善,为推动组织惯例更新提供源源不断的创新力量。传统层级组织结构越来越不能适应移动互联时代外部环境的快速变化,虽然传统层级结构依然在稳定性、可靠性和效率方面具备优势,但是面对外部变化的敏捷性则是其需要解决的问题。基于此，本文认为，通过构建层级组织结构和网络组织结构相融合的智慧型组织结构可以解决组织结构的稳定性和敏捷性的双重问题。这就类似于社会学中人的情商和智商一样，智商保证的是智力支持和能力，而情商则保证了与外部环境之间的融合和沟通。在智慧型组织结构中网络组织结构应当存在于层级结构之中，就像海绵一样可以适应外部环境的不同程度的变化，并能通过对这种变化的吸收和学习传递到层级结构之中，形成新的组织惯例，保证组织健康发展，智慧型组织结构也将是构建组织惯例更新的重要组织动力源泉。

（3）作为管理者，要能有效管理不确定性。未来，敏捷性、响应速度和管理不确定性将会成为企业急需的能力，那么，作为企业CEO该如何才能有效管理不确定性呢？CEO更应该关注外部环境的变化，关注组织结构的调整以适应变化，将例行会议中的环境变化变成常规议程，保持团队对环境的持续敏感性，保持战略打法的弹性，保持组织结构的智慧，才能逐渐形成一整套应对环境变化的惯例。另外，企业也应该有一套完善的进出、升降、流动有序的人才机制，要有所舍弃。在不断变化的环境之中，没有自上而下的人才变革，没有从决策层开始的舍弃，而只是让中基层去舍弃、去执行，是毫无意义的。阿里巴巴的案例也给本文带来很大的启示，在每一个发展阶段，其最高决策层的队伍是不一样的，每次都有新变化，而不是创业之初的那"十八罗汉"一成不变，但马云又很好地解决了这些创业元老的问题，他采用合伙人制，让这些创业元老来决定，谁可以参与最终的决策！这样就可以保证阿里巴巴在最关键的决策中，一直可以有新鲜血液补充进来，也可以把已经不适应新形势的原有人员退回合伙人队伍，这样的进退有序和组织保障，使得组织生机无限、朝气蓬勃。

（三）研究局限和未来展望

当然，本研究不可避免地存在一些局限性：①影响组织惯例更新的因素是多方面的，本文仅仅从领导和组织层面的CEO变革型领导行为方式和组织学习倾向两个因素探讨了对组织惯例更新的影响是不够全面的。本文只是组织惯例更新方面的初步研究，在今后的研究中将会进一步深入，不断揭示影响组织惯例更新的要素。②鉴于本研究资金和人员配置有限，在样本的地区选择和问卷收集方面存在一定的不足之处。在今后的研究中，将会通过更广泛的调查和更严谨的研究设计，进一步验证本文的研究发现。③未来研究方向。在CEO变革型领导行为与组织惯例更新关系的研究目前还比较少，中介变量和调节变量的探索还有待进一步的挖掘。例如，组织学习氛围的营造、组织信任、组织认同、员工集体主义倾向等都将会进一步揭示CEO变革型领导行为在推动组织惯例更新过程中的"黑箱"机制，这也是未来研究的方向和重点。另外，智慧型组织结构为组织惯例更新提供了源源不断的组织动力支持，如何构建智慧型组织也将会是本文下一步案例研究的方向。

参考文献

［1］Achilles A. Armenakis, Stanley G. Harris. Reflections: Our Journey in Organizational Change Research and Practice［J］. Journal of Change Management, 2009, 9（2）: 127-142.

［2］Soparnot R. The concept of organizational change capacity［J］. Journal of Organizational Change Management, 2011, 24（5）: 640-661.

［3］Simon H. A. A Behavioral Model of Rational Choice［J］. The Quarterly Journal of Economics, 1955, 69（1）: 99-118.

［4］Cohen M. D. Individual Learning and Organizational Routine: Emerging Connections［J］. Organization Science, 1991, 2（1）: 135-139.

［5］Gersick C. J., Hackman J. R. Habitual Routines in Task-Performing Groups.［J］. Organizational Behavior & Human Decision Processes, 1990, 47（1）: 65-97.

［6］Feldman M. S. A Performative Perspective on Stability and Change in Organizational Routines［J］. Industrial and Corporate Change, 2003, 12（4）: 727-752.

［7］Prahalad C., Hamel G. The Core Competency of the Corporation［J］. My Publications, 1990.

［8］Feldman M. S., Pentland B. T. Reconceptualizing Organizational Routines As a Source of Flexibility and Change［J］. Administrative Science Quarterly, 2003, 48（1）: 94-118.

[9] Felin T., Foss N. J. Methodological Individualism and the Organizational Capabilities Approach [C]. Cite Seer, 2004.

[10] Zollo, Winter. Deliberate Learning and the Evolution of Dynamic Capabilities [J]. Organization Science, 2002: 339-351.

[11] Hillison. New NATO Members: Security Consumers or Producers [R]. Strategic Studies Institute, 2009.

[12] Pentland. Towards an ecology of inter-organizational routines: A conceptual framework for the analysis of net-enabled organizations [C]. Proceeding of the 37th Hawaii International Conference on System Sciences, 2004.

[13] Teece D., Pisano G. The Dynamic Capabilities of Firms: An Introduction [J]. Industrial and Corporate Change, 1994, 3 (3): 537-556.

[14] Bass B. M., Avolio B. J. Transformational Leadership Development: Manual for the Multifactor Leadership Questionnaire [M]. Consulting Psychologists Press, 1990.

[15] Cyert R. M., March J. G. A Behavioral Theory of the Firm [M]. Prentice-Hall, 1963.

[16] Argyris B. C., Schon D. A. Modeling Network Learning: A Theory of Action Perspective [M]. Addison-Wesley, 2010.

[17] Winter S. G., Nelson R. R. An Evolutionary Theory of Economic Change [M]. Social Science Electronic Publishing, 1982.

[18] Sinkula J. M., W. E. Baker, Noordewier. A Framework for Market-Based Organizational Learning: Linking Values, Knowledge, and Behavior [J]. Journal of the Academy of Marketing Science, 1997, 25 (4): 305-318.

[19] Waldman D. A. Ramirez G. G., House R. J., Puranam P. Does Leadership Matter? CEO Leadership Attributes and Profitability Underconditions of Perceived Environmental Uncertainty [J]. Academy of Management Journal, 2001 (44): 134-143.

[20] Baron R. M., Kenny D. A. The Moderator-Mediator Variable Distinction in Social Psychological Research: Conceptual, Strategic and Statistical Considerations [J]. Journal of Personality and Social Psychology, 1986 (51): 1173-1182.

[21] Cohendet P., W. E. Steinmueller. The Codification of Knowledge: A Conceptual and Empirical Exploration [J]. Industrial and Corporate Change, 2000, 9 (2): 195-209.

[22] Hayes G. R., Lee C. P., Dourish P. Organizational Routines, Innovation, and Flexibility: The Application of Narrative Networks to Dynamic Workflow [J]. International Journal of Medical Informatics, 2011, 80 (8): 161-177.

[23] Eisenhardt K., J. A. Martin. Dynamic Capabilities: What are They? [J]. Strategic Management Journal, 2000: 1105-1121.

[24] Zollo, Winter. Deliberate Learning and the Evolution of Dynamic Capabilities [J]. Organization Science, 2002: 339-351.

[25] Vromen J. J. Evolution and Institutions: On Evolutionary Economics and the Evolution of Economics [M]: Routledge, 2004.

[26] Cohendet P., W. E. Steinmueller. The Codification of Knowledge: A Conceptual and Empirical Exploration [J]. Industrial and Corporate Change, 2000, 9 (2): 195-209.

[27] Judge T. A., R. F. Piccolo. Transformational and Transactional Leadership: A Meta-Analytic Test of Their Relative Validity [J]. Journal of Applied Psychology, 2004, 89 (5): 755.

[28] Walumbwa. The Role of Collective Efficacy in the Relations between Transformational Leadership and Work Outcomes [J]. Journal of Occupational and Organizational Psychology, 2004, 77 (4): 515-530.

[29] Walumbwa. Transformational Leadership, Organizational Commitment, and Job Satisfaction: A Comparative Study of Kenyan and US Financial Firms [J]. Human Resource Development Quarterly, 2005, 16 (2): 235-256.

[30] Avolio. Transformational Leadership and Organizational Commitment: Mediating Role of Psychological Empowerment and Moderating Role of Structural Distance [J]. Journal of Organizational Behavior, 2004, 25 (8): 951-968.

[31] Yang. Knowledge Sharing: Investigating Appropriate Leadership Roles and Collaborative Culture [J]. Tourism Management, 28 (2): 530-543.

[32] Milliken S. T., Tattersall M. H., Woods R. L., et al. Metastatic Adenocarcinoma of Unknown Primary Site: A Randomized Study of Two Combination Chemotherapy Regimens [J]. European Journal of Cancer & Clinical Oncology, 1987, 23 (11): 1645-1648.

[33] Becker. Applying Organizational Routines in Understanding Organizational Change [J]. Industrial and Corporate Change, 2005, 14 (5): 775.

[34] 白景坤, 王健. 环境威胁与创业导向视角下的组织惰性克服研究 [J]. 中国软科学, 2016 (9): 1801-1892.

[35] 陈彦亮, 高闯. 组织惯例的跨层级演化机制 [J]. 经济理论与经济管理, 2014 (3): 59-69.

[36] 米捷, 林润辉, 谢宗晓. 考虑组织学习的组织惯例变化研究 [J]. 管理科学, 2016, 29 (2): 2-17.

[37] 王国才, 刘栋, 王希凤. 营销渠道中双边专用性投资对合作创新绩效影响的实证研究 [J]. 南开管理评论, 2011 (6): 85-94.

[38] 谢康, 吴瑶, 肖静华等. 组织变革中的战略风险控制——基于企业互联网转型的多案例研究 [J]. 管理世界, 2016 (2): 133-148.

[39] 高静美, 陈甫. 组织变革知识体系社会建构的认知鸿沟: 基于本土中层管理者DPH模型的实证检验 [J]. 管理世界, 2013 (2): 107-124, 188.

[40] 赵杰, 丁云龙, 许鑫. 制造业中小企业内生优势生成路径分析——一个典型案例透视 [J]. 管理世界, 2013 (4): 1-7.

[41] 邱国栋, 董姝妍. 从组织记忆到组织遗忘: 基于"抛弃政策"的战略变革研究——以长春一汽发展历程为案例 [J]. 中国软科学, 2016 (9): 168-179.

[42] 王永伟, 马洁, 吴湘繁, 刘胜春. 变革型领导行为、组织学习倾向与组织惯例更新的关系研究 [J]. 管理世界, 2012 (9): 110-119.

[43] 宋晶, 陈菊红, 孙永磊. 核心企业领导风格、组织间信任与合作创新绩效的关系研究 [J]. 中国科技论坛, 2013 (11): 73-78.

[44] 曹兴, 宋娟. 网络组织知识转移仿真分析 [J]. 中国软科学, 2014 (3): 142-152.

[45] 马蓝, 安立仁, 张宸璐. 合作经验、双元学习能力对合作创新绩效的影响 [J]. 中国科技论坛, 2016 (3): 42-48.

[46] 常红锦, 党兴华, 仵永恒. 组织间差异、关系机制的关系研究 [J]. 中国科技论坛, 2013 (7).

参考文献

[1] Abbott A., Hrycak A. Measuring Resemblance in Sequence Data: An Optimal Matching Analysis of Musicians' Careers [J]. American Journal of Sociology, 1990, 96 (1): 144-185.

[2] Acemoglu D. Matching, Heterogeneity, and the Evolution of Income Distribution [J]. Journal of Economic Growth, 1997, 2 (1): 61-92.

[3] Ackoff R., Greenberg D. Turning Learning Right Side up: Putting Education back on Track [M]. Wharton School Publishing, 2008.

[4] Ahuja G., Katila R. Technological Acquisitions and the Innovation Performance of Acquiring Firms: A Longitudinal Study [J]. Strategic Management Journal, 2001, 22 (3): 197-220.

[5] Amabile T. M., Conti R., Coon H., et al. Assessing the Work Environment for Creativity [J]. Academy of Management Journal, 1996, 39 (5): 1154-1184.

[6] Amabile T. M. How to Kill Creativity [J]. Harvard Business Review, 1998, 76 (5): 76-87, 186.

[7] Amit R., Belcourt M. Human Resources Management Processes: A Value-creating Source of Competitive Advantage [J]. European Management Journal, 1999, 17 (2): 174-181.

[8] Amit R., Schoemaker P. J. H. Strategic Assets and Organizational Rent [J]. Strategic Management Journal, 1993, 14 (1): 33-46.

[9] Ancori B., Bureth A., Cohendet P. The Economics of Knowledge: The Debate about Codification and Tacit Knowledge [J]. Industrial & Corporate Change,

2000, 9 (2): 255-287.

[10] Ashforth B. E., Fried Y. The Mindlessness of Organizational Behaviors [J]. Human Relations, 1988, 41 (4): 305-329.

[11] Audia P. G., Locke E. A., Smith K. G. The Paradox of Success: An Archival and a Laboratory Study of Strategic Persistence Following Radical Environmental Change [J]. Academy of Management Journal, 2000, 43 (5): 837-853.

[12] Avolio B. J., Gardner W. L., Walumbwa F. O., et al. Unlocking the Mask: A Look at the Process by Which Authentic Leaders Impact Follower Attitudes and Behaviors [J]. Leadership Quarterly, 2004, 15 (6): 801-823.

[13] Axtell R., Axelrod R., Epstein J. M., Cohen M. D., et al. Aligning Simulation Models: A Case Study and Results [J]. Computational and Mathematical Organization Theory, 1996, 1 (2): 123-141.

[14] Bagozzi R. P., Yi Y. On the Evaluation of Structural Equation Models [J]. Journal of the Academy of Marketing Science, 1988, 16 (1): 74-94.

[15] Baker W. E., Sinkula J. M. Learning Orientation, Market Orientation, and Innovation: Integrating and Extending Models of Organizational Performance [J]. Journal of Market-Focused Management, 1999, 4 (4): 295-308.

[16] Barney J. Firm Resources and Competitive Advantage [J]. Journal of Management, 1991 (17): 99-120.

[17] Bass B. M., Avolio B. J., Jung D. I., et al. Predicting Unit Performance by Assessing Transformational and Transactional Leadership [J]. Journal of Applied Psychology, 2003, 88 (2): 207-218.

[18] Bass B. M., Avolio B. J. Platoon Readiness as a Function of Transformational/Transactional Leadership, Squad Mores, and Platoon Cultures [J]. Platoon Readiness As A Function of Transformational, 1999.

[19] Bass B. M. Introduction to Industrial/Organizational Psychology United States Edition [M]. Scott, Foresman/Little, Br., 1990.

[20] Baumol W. J., Goldfeld S. M., Gordon L. A., et al. History of the Development of the Mutual Fund Industry [J]. Rochester Studies in Economics & Policy

Issues, 1990 (7): 7-46.

[21] Baumol W. J. Towards Microeconomics of Innovation: Growth Engine Hallmark of Market Economics [J]. Atlantic Economic Journal, 2002, 30 (1): 1-12.

[22] Becker M. C., Knudsen T., March J. G. Schumpeter, Winter, and the Sources of Novelty [J]. Industrial & Corporate Change, 2006, 15 (2): 353-371.

[23] Becker M. C., Knudsen T. The Role of Routines in Reducing Pervasive Uncertainty [J]. Journal of Business Research, 2005, 58 (6): 746-757.

[24] Becker M. C. Managing Dispersed Knowledge: Organizational Problems, Managerial Strategies, and Their Effectiveness [J]. Journal of Management Studies, 2001, 38 (7): 1037-1051.

[25] Becker M. C. A Framework for Applying Organizational Routines in Empirical Research: Linking Antecedents, Characteristics and Performance Outcomes of Recurrent Interaction Patterns [J]. Industrial & Corporate Change, 2005, 14 (5): 817-846.

[26] Becker M. C. Organizational Routines: A Review of the Literature [J]. Industrial & Corporate Change, 2004, 13 (4): 643-678.

[27] Bentler P. M. Comparative Fit Indexes in Structural Models [J]. Psychological Bulletin, 1990, 107 (2): 238-246.

[28] Betsch T., G. Ckner A., Haberstroh S. A Micro-World Simulation to Study Routine Maintenance and Deviation in Repeated Decision Making [J]. MPR-online, 1999, 5 (99-29): 108-129.

[29] Betsch T., S. Haberstroh, A. Glöckner, T. Haar and K. Fiedler. The Effects of Routine Strength on Adaptation and Information Search in Recurrent Decision Making [J]. Organizational Behaviour and Human Decision Processes, 2001 (84): 23-53.

[30] Bikhchandani S., Hirshleifer D., Welch I. Learning from the Behavior of Others: Conformity, Fads, and Informational Cascades [J]. Social Science Electronic Publishing, 1998, 12 (12): 151-170.

[31] Boulding K. E. Nelson, Richard R., Sidney G. Winter. An Evolutionary Theory of Economic Change [M]. Cambridge MA and London: Belknap Press of Harvard University, 1982.

[32] Browne M. W., Cudeck R. Alternative Ways of Assessing Model Fit [J]. Sociological Methods & Research, 1992, 21 (2): 230-258.

[33] Burns J., Scapens R. W. Conceptualizing Management Accounting Change: An Institutional Framework [J]. Management Accounting Research, 2000, 11 (1): 3-25.

[34] Burns J. F., Sivazlian B. D. Dynamic Analysis of Multi-Echelon Supply Systems [J]. Computers & Industrial Engineering, 1978, 2 (4): 181-193.

[35] Bycio P., Hackett R. D., Allen J. S. Further Assessments of Bass's (1985) Conceptualization of Transactional and Transformational Leadership [J]. Journal of Applied Psychology, 1995, 80 (4): 468-478.

[36] Calantone R. J., Cavusgil S. T., Zhao Y. Learning Orientation, Firm Innovation Capability, and Firm Performance [J]. Industrial Marketing Management, 2002, 31 (6): 515-524.

[37] Cepeda G., Vera D. Dynamic Capabilities and Operational Capabilities: A Knowledge Management Perspective [J]. Journal of Business Research, 2007, 60 (5): 426-437.

[38] Chambers D., Jennings R., Ii R. B. T. Excess Returns to R&D-Intensive Firms [J]. Review of Accounting Studies, 2002, 7 (2): 133-158.

[39] Charles A. O'Reilly Iii, Tushman M. L. Ambidexterity as a Dynamic Capability: Resolving the Innovator's Dilemma [J]. Research in Organizational Behavior, 2008 (28): 185-206.

[40] Chassang S. Building Routines: Learning, Cooperation, and the Dynamics of Incomplete Relational Contracts [J]. The American Economic Review, 2010, 100 (1): 448-465.

[41] Chen C. T., Chien C. F., Lin M. H., et al. Using DEA to Evaluate R&D Performance of the Computers and Peripherals Firms in Taiwan [J]. Social Science Electronic Publishing, 2004 (9).

[42] Chen G. Q., Feldman M. Multidimensional Transonic Shocks and Free Boundary Problems for Nonlinear Equations of Mixed Type [J]. Journal of the American Mathematical Society, 2003, 16 (3): 461-494.

[43] Cohen M. D., Axelrod R. Coping with Complexity: The Adaptive Value of Changing Utility [J]. American Economic Review, 1984, 74 (1): 30-42.

[44] Cohen M. D., Bacdayan P. Organizational Routines are Stored as Procedural Memory: Evidence from a Laboratory Study [J]. Organization Science, 1994, 5 (4): 554-568.

[45] Cohen M. D., Burkhart R., Dosi G., Egidi M., Marengo L., Warglien M., Winter S. Routines and Other Recurring Action Patterns of Organizations: Contemporary Research Issues [J]. Industrial and Corporate Change, 1996, 5 (3): 653-698.

[46] Cohen M. D. Individual Learning and Organizational Routine: Emerging Connections. [J]. Organization Science, 1991, 2 (1): 135-139.

[47] Cohendet P., Llerena P. Routines and Incentives: The Role of Communities in the Firm [J]. Industrial and Corporate Change, 2003, 12 (2): 271-297.

[48] Connie J. G. Gersick, J. Richard Hackman. Habitual Routines in Task-performing Groups [J]. Organizational Behavior & Human Decision Processes, 1990, 47 (1): 65.

[49] Coriat B. Variety, Routines and Networks: The Metamorphosis of Fordist Firms [J]. Industrial & Corporate Change, 1995, 4 (1): 205-227.

[50] Costello N. Learning and Routines in High-Tech SMEs: Analyzing Rich Case Study Material [J]. Journal of Economic Issues, 1996, 30 (2): 591-597.

[51] Costello N. Stability and Change in High-tech Enterprises: Organizational Practices and Routines [M]. New York: Routledge, 2000.

[52] Dackert I., Jackson P. R., Brenner S. O., et al. Eliciting and Analysing Employees' Expectations of a Merger [J]. Human Relations, 2003, 56 (6): 705-725.

[53] Day G. S., Nedungadi P. Managerial Representations of Competitive Advantage [J]. Journal of Marketing, 1994, 58 (2): 31.

[54] Dejour D., Rrynaud P., Lecoultre B. Douleurs et Instabilité Rotulienne, Essai de Classification [M]. Médecine Et Hygiène, 1998.

[55] Desai V. M. Constrained Growth: How Experience, Legitimacy, and Age Influence Risk Taking in Organizations [J]. Organization Science, 2008, 19 (4):

594-608.

[56] Dewar R. D., Dutton J. E. The Adoption of Radical and Incremental Innovations: An Empirical Analysis [J]. Management Science, 1986, 32 (11): 1422-1433.

[57] Dosi G., Nelson R. R., Winter S. G. Introduction: The Nature and Dynamics of Organizational Capabilities [J]. Nature & Dynamics of Organizational Capabilities, 2000, 2009 (1): 1-23.

[58] Dosi G., R. R., Winter S. G. The Nature and Dynamics of Organizational Capabilities [M]. Oxford: Oxford University Press, 2002.

[59] Dosi G. Industrial Organization, Competitiveness and Growth [J]. Revue D Économie Industrielle, 1992, 59 (1): 27-45.

[60] Dowell G., Swaminathan A. Racing and Back – Pedaling into the Future: New Product Introduction and Organizational Mortality in the US Bicycle Industry, 1880-1918 [J]. Organization Studies, 2000, 21 (2): 405-431.

[61] Downton J. V. Rebel Leadership: Commitment and Charisma in the Revolutionary Process [J]. The Journal of Politics, 1975, 37 (3).

[62] Dvir T., Eden D., Avolio B. J., et al. Impact of Transformational Leadership on Follower Development and Performance: A Field Experiment [J]. Academy of Management Journal, 2002, 45 (4): 735-744.

[63] Dyer J. H., Singh H. The Relational View: Cooperative Strategy and Sources of Interorganizational Competitive Advantage [J]. Academy of Management Review, 1998, 23 (4): 660-679.

[64] D'Aveni R. A., Ravenscraft D. J. Economies of Integration versus Bureaucracy Costs: Does Vertical Integration Improve Performance? [J]. Academy of Management Journal, 1994, 37 (5): 1167-1206.

[65] Egidi M. Routines, Hierarchies of Problems, Procedural Behaviour: Some Evidence from Experiments [M] // Arrow E. et al. The Rational Foundations of Economic Behaviour. New York: MacMillan, London and St. Martin's Press, 1996.

[66] Eisenhardt K. J. A. Martin. Dynamic Capabilities: What Are They [J]. Strategic Management Journal, 2000: 1105-1121.

[67] F. Richard Ferraro, Garvin Chastain. Letter Detection in Multiple-Meaning Words: One Lexical Entry or Two? [J]. The Journal of General Psychology, 1993, 120 (4): 437-450.

[68] Fahlenbrach R. Founder-CEOs, Investment Decisions, and Stock Market Performance [C] // Ohio State University, Charles A. Dice Center for Research in Financial Economics, 2006.

[69] Feldman M. S., Pentland B. T. Reconceptualizing Organizational Routines As a Source of Flexibility and Change [J]. Administrative Science Quarterly, 2003, 48 (1): 94-118.

[70] Feldman M. S., Rafaeli A. Organizational Routines as Sources of Connections and Understandings [J]. Journal of Management Studies, 2002, 39 (3): 309-331.

[71] Fiol, C. Marlene Lyles, Majorie A. Fiol, C. M., Lyles M. A. Learning Organizational [J]. The Academy of Management Review, 1985, 10 (4), 803-813.

[72] Fixson S. K. Product Architecture Assessment: A Tool to Link Product, Process, and Supply Chain Design Decisions [J]. Journal of Operations Management, 2005, 23 (3-4): 345-369.

[73] Freemanand J., Hannan M. T. Setting the Record Straight on Organizational Ecology: Rebuttal to Young [J]. American Journal of Sociology, 1989, 95 (2): 425-439.

[74] Galer G., Heijden K. V. D. The Learning Organization: How Planners Create Organizational Learning [J]. Marketing Intelligence & Planning, 1992, 10 (6): 5-12.

[75] George J. M., Zhou J. When Openness to Experience and Conscientiousness are Related to Creative Behavior: An Interactional Approach [J]. Journal of Applied Psychology, 2001, 86 (3): 513.

[76] Gerbing D. W., Anderson J. C. An Updated Paradigm for Scale Development Incorporating Unidimensionality and Its Assessment [J]. Journal of Marketing Research, 1988, 25 (2): 186-192.

[77] Gittell J. H. Coordinating Mechanisms in Care Provider Groups: Relational Coordination as a Mediator and Input Uncertainty as a Moderator of Performance Effects

[J]. Management Science, 2002, 48 (11): 1408-1426.

[78] Grant R. M. The Resource-Based Theory of Competitive Advantage: Implications for Strategy Formulation [J]. California Management Review, 1991, 33 (3): 3-23.

[79] Grant R. M. Toward a Knowledge-based Theory of the Firm [J]. Strategic Management Journal, 1996, 17 (S2): 109-122.

[80] Göran Ekvall. Organizational Climate for Creativity and Innovation [J]. European Journal of Work and Organizational Psychology, 1996, 5 (1): 105-123.

[81] Heiner R. A. The Origin of Predictable Behavior [J]. American Economic Review, 1985, 75 (3): 579-585.

[82] Helfat C. E. Know-how and Asset Complementarity and Dynamic Capability Accumulation: The Case of R&D [J]. Strategic Management Journal, 1997, 18 (5): 339-360.

[83] Hodgson G. M., Knudsen T. The Firm as an Interactor: Firms as Vehicles for Habits and Routines [J]. Journal of Evolutionary Economics, 2004, 14 (3): 281-307.

[84] Hodgson G. M. Darwin, Veblen and the Problem of Causality in Economics [J]. History & Philosophy of the Life Sciences, 2001, 23 (3-4): 385-423.

[85] Hodgson G. M. Darwinian Coevolution of Organizations and the Environment [J]. Ecological Economics, 2010, 69 (4): 700-706.

[86] Hodgson, Geoffrey M. Institutional Economics: Surveying the Old and New [J]. Metroeconomica, 1993 (44): 1-28.

[87] Hoskisson R. E., Hitt M. A. Strategic Control Systems and Relative R&D Investment in Large Multiproduct Firms [J]. Strategic Management Journal, 1988, 9 (6): 605-621.

[88] Huber G. P. Organizational Learning: The Contributing Processes and the Literatures [J]. Organization Science, 1991, 2 (1): 88-115.

[89] Inkpen A. C., Crossan M. M. Believing is Seeing: Joint Ventures and Organization Learning [J]. Journal of Management Studies, 1995, 32 (5): 595-618.

[90] Johnson J. L., Sohi R. S. The Development of Interfirm Partnering Compe-

tence: Platforms for Learning, Learning Activities, and Consequences of Learning [J]. Journal of Business Research, 2003, 56 (9): 757-766.

[91] Jones O., Craven M. Beyond the Routine: Innovation Management and the Teaching Company Scheme [J]. Technovation, 2001, 21 (5): 267-279.

[92] Judge T. A., R. F. Piccolo. Transformational and Transactional Leadership: A Meta-Analytic Test of Their Relative Validity [J]. Journal of Applied Psychology, 2004, 89 (5): 755.

[93] Karim S., Mitchell W. Path-dependent and Path-breaking Change: Reconfiguring Business Resources Following Acquisitions in the U. S. Medical Sector, 1978-1995 [J]. Strategic Management Journal, 2000, 21 (10-11): 1061-1081.

[94] Keegan A. E., Hartog D. N. D. Transformational Leadership in a Project-based Environment: A Comparative Study of the Leadership Styles of Project Managers and Line Managers [J]. International Journal of Project Management, 2004, 22 (8): 609-617.

[95] Kirkman B. L., Chen G., Farh J. L., et al. Individual Power Distance Orientation and Follower Reactions to Transformational Leaders: A Cross-Level, Cross-Cultural Examination [J]. Academy of Management Journal, 2009, 52 (4): 744-764.

[96] Knell M. Schumpeter, Minsky and the Financial Instability Hypothesis [J]. Journal of Evolutionary Economics, 2015, 25 (1): 293-310.

[97] Koestler A. The Act of Creation [M]. Penguin Books, 1990.

[98] Kor Y. Y., Mahoney J. T. Edith Penrose's. Contributions to the Resource-based View of Strategic Management [J]. Journal of Management Studies, 2004, 41 (1): 183-191.

[99] Kotha S., Rajgopal S., Rindova V. Reputation Building and Performance: An Empirical Analysis of the Top-50 Pure Internet Firms [J]. European Management Journal, 2001, 19 (6): 571-586.

[100] Kouzes J. M., Posner B. Z. Ethical Leaders: An Essay about Being in Love [J]. Journal of Business Ethics, 1992, 11 (5): 479-484.

[101] Lampel J., Shamsie J. Capabilities in Motion: New Organizational Forms

and the Reshaping of the Hollywood Movie Industry [J]. Journal of Management Studies, 2003, 40 (8): 2189-2210.

[102] Langlois R. N., Robertson P. Firm, Markets and Economic Change: A Dynamic Theory of Business Institutions [M]. Routledge, 1995.

[103] Lazaric N., Marengo L. Towards a Characterization of Knowledge and Assets Created in Technological Agreements: Some Empirical Evidence in the Automobile-robotics Sector [J]. Industrial and Corporate Change, 2000, 9 (1): 53-86.

[104] Lee P. M., O'Neill H. M. Ownership Structures and R&D Investments of U. S. and Japanese Firms: Agency and Stewardship Perspectives [J]. Academy of Management Journal, 2003, 46 (2): 212-225.

[105] Leidner D. E., Elam J. J. Executive Information Systems: Their Impact on Executive Decision Making [C] // Proceeding of the Twenty-Sixth Hawaii International Conference on System Sciences, IEEE, 1993 (3): 206-215.

[106] Leithwood K., Tomlinson D., Genge M. Transformational School Leadership [M] // International Handbook of Educational Leadership and Administration. Springer Netherlands, 1996: 785-840.

[107] Ling Y., Simsek Z., Lubatkin M. H, et al. Transformational Leadership's Role in Promoting Corporate Entrepreneurship: Examining the CEO-TMT Interface [J]. Academy of Management Journal, 2008, 51 (3): 557-576.

[108] Luo Y., Park S. H. Strategic Alignment and Performance of Market-Seeking MNCs in China [J]. Strategic Management Journal, 2001, 22 (2): 141-155.

[109] Luthans F., Avolio B. J., Walumbwa F. O., et al. The Psychological Capital of Chinese Workers: Exploring the Relationship with Performance [J]. Management and Organization Review, 2005, 1 (2): 249-271.

[110] Lynch B. P. An Empirical Assessment of Perrow's Technology Construct [J]. Administrative Science Quarterly, 1974, 19 (3): 338.

[111] M. Zollo, S. G. Winter. Deliberate Learning and the Evolution of Dynamic Capabilities [J]. Organization Science, 2002 (3): 339-351.

[112] Mackenzie S. B., Podsakoff P. M., Jarvis C. B. The Problem of Measurement

Model Misspecification in Behavioral and Organizational Research and Some Recommended Solutions [J]. Journal of Applied Psychology, 2005, 90 (4): 710-730.

[113] Mael F. A., Waldman D. A., Mulqueen C. From Scientific Work to Organizational Leadership: Predictors of Management Aspiration among Technical Personnal [J]. Journal of Vocational Behavior, 2001, 59 (1): 132-148.

[114] March J. G., Olsen J. P. The Institutional Dynamics of International Political Orders [J]. International Organization, 1998, 52 (4): 943-969.

[115] March J. G., Simon H. A. Organizations [J]. American Journal of Sociology, 1959, 2 (65): 105-132.

[116] Marengo L. Structure, Competence and Learning in an Adaptive Model of the Firm [M] // Organization and Strategy in the Evolution of the Enterprise. Palgrave Macmillan UK, 1996.

[117] Masi R. J., Cooke R. A. Effects of Transformational Leadership on Subordinate Motivation, Empowering Norms and Organizational Productivity [J]. International Journal of Organizational Analysis, 2013, 8 (1): 16-47.

[118] Matusik S. F. An Empirical Investigation of Firm Public and Private Knowledge [J]. Strategic Management Journal, 2002, 23 (5): 457-467.

[119] Mckee D. An Organizational Learning Approach to Product Innovation [J]. Journal of Product Innovation Management, 1992, 9 (3): 232-245.

[120] Mckelvie A., Davidsson P. From Resource Base to Dynamic Capabilities: An Investigation of New Firms [J]. British Journal of Management, 2009, 20 (Supplement): S63-S80.

[121] Menguc B., Auh S. Creating a Firm-Level Dynamic Capability through Capitalizing on Market Orientation and Innovativeness [J]. Journal of the Academy of Marketing Science, 2006, 34 (1): 63-73.

[122] Metcalfe J. S., Coombs R. Organizing for Innovation: Co-Ordinating Distributed Innovation Capabilities [J]. Social Science Electronic Publishing, 2013.

[123] Miner J. B. Defining Voluntary Groups and Agencies within Organization Science [J]. Organization Science, 1991, 2 (2): 366-378.

[124] Narduzzo A., Rocco E., Warglien M. Talking about Routines in the Field: The Emergence of Organizational Capabilities in a New Cellular Phone Network Company [D]. CEEL Working Papers, 1997: 27-51.

[125] Nelson R. R. The Role of Firm Differences in An Evolutionary Theory of Technical Advance [M] // Evolutionary and Neo-Schumpeterian Approaches to Economics. Springer Netherlands, 1994.

[126] Nemanich L. A., Keller R. T. Transformational Leadership in an Acquisition: A Field Study of Employees [J]. Leadership Quarterly, 2007, 18 (1): 49-68.

[127] Newell A., Simon H. A. The Logic Theory Machine: A Complex Information Processing System [J]. Journal of Symbolic Logic, 1956, 2 (3): 61-79.

[128] Nidumolu S. R., Knotts G. W. The Effects of Customizability and Reusability on Perceived Process and Competitive Performance of Software Firms [J]. MIS Quarterly, 1998, 22 (2): 105-137.

[129] Nonaka I. The Knowledge-Creating Company: How Japanese Companies Create the Dynamics of Innovation [M]. Oxford University Press, 1995.

[130] Norman V. Theory of International Trade [J]. Cambridge Books, 1985, 12 (3): 385-388.

[131] Nunnally. Turbomachinery Maintenance and Operation [J]. Gas Dig. (United States), 1978, 4: 9.

[132] Nystrom P. C., Starbuck W. H. To Avoid Organizational Crises, Unlearn [J]. Organizational Dynamics, 1984, 12 (4): 53-65.

[133] Pavitt K., Robson M., Townsend J. The Size Distribution of Innovating Firms in the UK: 1945-1983 [J]. Journal of Industrial Economics, 1987, 35 (3): 297-316.

[134] Pavlou P. A., El Sawy O. A. From IT Leveraging Competence to Competitive Advantage in Turbulent Environments: The Case of New Product Development [J]. Information Systems Research, 2006, 17 (3): 198-227.

[135] Pentland B. T., Feldman M. S., Becker M. C., et al. Dynamics of Organizational Routines: A Generative Model [J]. Journal of Management Studies,

2012, 49 (8): 1484-1508.

[136] Pentland B. T., Feldman M. S. Organizational Routines as a Unit of Analysis [J]. Toxicology, 2005, 14 (5): 793-815.

[137] Pentland B. T., Haerem T., Hillison D. Comparing Organizational Routines as Recurrent Patterns of Action [J]. Organization Studies, 2010, 31 (7): 917-940.

[138] Pentland B. T., Rem T., Hillison D. The (N) Ever-Changing World: Stability and Change in Organizational Routines [J]. Organization Science, 2011, 22 (6): 1369-1383.

[139] Pentland B. T., Rueter H. H. Organizational Routines as Grammars of Action [J]. Administrative Science Quarterly, 1994, 39 (3): 484.

[140] Pentland B. T. Information Systems and Organizational Learning: The Social Epistemology of Organizational Knowledge Systems [J]. Accounting Management & Information Technologies, 1995, 5 (1): 1-21.

[141] Perrow C. A Framework for the Comparative Analysis of Organizations [J]. American Sociological Review, 1967 (32): 194-208.

[142] Pillai R., Schriesheim C. A., Williams E. S. Fairness Perceptions and Trust as Mediators for Transformational and Transactional Leadership: A Two-Sample Study [J]. Journal of Management: Official Journal of the Southern Management Association, 1999, 25 (6): 897-933.

[143] Podsakoff P. M., Mackenzie S. B., Bachrach D. G., et al. The Influence of Management Journals in the 1980s and 1990s [J]. Strategic Management Journal, 2005, 26 (5): 473-488.

[144] Porac J. F., Thomas H. Taxonomic Mental Models in Competitor Definition [J]. Academy of Management Review, 1990, 15 (2): 224-240.

[145] Prahalad C., Hamel G. The Core Competency of the Corporation [J]. Harvard Business Review, 1990 (5-6): 1-15.

[146] Priem R. L., Butler J. E. Tautology in the Resource-Based View and the Implications of Externally Determined Resource Value: Further Comments [J].

Academy of Management Review, 2001, 26 (1): 57-66.

[147] R. M., March J. G. A Behavioral Theory of the Firm [J]. American Journal of Sociology, 1965, 4 (71): 81-95.

[148] Rerup C., Feldman M. S. Routines as a Source of Change in Organizational Schemata: The Role of Trial – and – Error Learning [J]. Academy of Management Journal, 2011, 54 (3): 577-610.

[149] Robert T. Golembiewski, Karl W. Kuhnert. Barnard on Authority and Zone of Indifference: Toward Perspectives on the Decline of Managerialism [J]. International Journal of Public Administration, 1994, 17 (6): 1195-1238.

[150] Rowold J., Kauffeld S. Effects of Career-Related Continuous Learning on Competencies [J]. Personnel Review, 2008, 38 (1): 90-101.

[151] Rumelt R. P. Inertia and Transformation [M] // Resource – Based and Evolutionary Theories of the Firm: Towards a Synthesis. Springer US, 1995: 101-132.

[152] Runde J., et al. On Technological Objects and the Adoption of Technological Product Innovations: Rules, Routines and the Transition from Analogue Photography to Digital Imaging [J]. Cambridge Journal of Economics, 2009, 33 (1): 1.

[153] Sawy O. A. E., Pavlou P. A. IT – Enabled Business Capabilities for Turbulent Environments [J]. 2008, 7 (3): 139-150.

[154] Scapens R. W. Never Mind the Gap: Towards an Institutional Perspective on Management Accounting Practice [J]. Management Accounting Research, 1994, 5 (3-4): 301-321.

[155] Schreyogg G., Kliesch M. Dynamic Capabilities and the Development of Organizational Competencies [R]. Working Paper, Freie University T. Berlin, 2005.

[156] Scott W. T. Polanyi's Theory of Personal Knowledge: A Gestalt Philosophy [J]. Massachusetts Review, 1962, 3 (2): 349-368.

[157] Senge P. M., Sterman J. D. Systems Thinking and Organizational Learning: Acting Locally and Thinking Globally in the Organization of the Future [J]. European Journal of Operational Research, 1992, 59 (1): 137-150.

[158] Senge, Peter M. The Fifth Discipline, the Art and Practice of the Learning

Organization [J]. Consulting Psychology Journal Practice & Research, 1990, 30 (5): 37-38.

[159] Sergiovanni T. J. Adding Value to Leadership Gets Extraordinary Results [J]. Educational Leadership, 1990, 47 (8): 23-27.

[160] Shalley C. E., Gilson L. L. What Leaders Need to Know: A Review of Social and Contextual Factors that Can Foster or Hinder Creativity [J]. Leadership Quarterly, 2004, 15 (1): 33-53.

[161] Shaw R. B., Perkins D. N. Teaching Organizations to Learn [J]. Organization Development Journal, 1991 (9): 1-12.

[162] Simon H. A. An Information-processing Explanation of Some Perceptual Phenomena [J]. British Journal of Psychology, 1967, 58 (1-2): 1-12.

[163] Simon H. A. Effects of Increased Productivity upon the Ratio of Urban to Rural Population [J]. Econometrica, 1947, 15 (1): 31-42.

[164] Singh J. V., Baum J. A. C. Evolutionary Dynamics of Organizations [M]. Oxford University Press, 1994.

[165] Sinkula J. M., Baker W. E., Noordewier T. A Framework for Market-Based Organizational Learning: Linking Values, Knowledge and Behavior [J]. Journal of the Academy of Marketing Science, 1997, 25 (4): 305-318.

[166] Sinkula J. M. Market Information Processing and Organizational Learning [J]. Journal of Marketing, 1994, 58 (1): 35-45.

[167] Slater S. F., Narver J. C. Market Orientation and the Learning Organization [J]. Journal of Marketing, 1995, 59 (3): 63-74.

[168] Smith D., Burton R. Clark. Creating Entrepreneurial Universities: Organizational Pathways of Transformation [J]. Higher Education, 1999, 38 (3): 373-374.

[169] Spillane J. P., L. M. Parise, J. Z. Sherer. Organizational Routines as Coupling Mechanisms [J]. American Educational Research Journal, 2011, 48 (3): 586.

[170] Suchman L. A. Plans and Situated Actions: The Problem of Human-machine Communication [J]. Contemporary Sociology, 1987, 18 (3): 271-274.

[171] Szulanski G., Winter S. Getting it Right the Second Time [J]. Harvard Business Review, 2002, 80 (1): 62.

[172] Tan J. J., Litschert R. J. Environment-Strategy Relationship and Its Performance Implications: An Empirical Study of the Chinese Electronics Industry [J]. Strategic Management Journal, 1994, 15 (1): 1-20.

[173] Teece D., Pisano G. The Dynamic Capabilities of Firms: An Introduction [J]. Industrial & Corporate Change, 1994, 3 (3): 537-556.

[174] Teece D. J., Pisano G., Shuen A. Firm Capabilities, Resources and the Concept of Strategy [M]. Mimeo University of California, 1990.

[175] Thompson J. D., Zald M. N., Scott W. R. Organizations in Action : Social Science Bases of Administrative Theory [M]. Transaction Publishers, 1967.

[176] Tucker L. R., Lewis C. A Reliability Coefficient for Maximum Likelihood Factor Analysis [J]. Psychometrika, 1973, 38 (1): 1-10.

[177] Tyre M. J., Orlikowski W. J. The Episodic Process of Learning by Using [J]. International Journal of Technology Management, 1996, 11 (7-8): 790-798.

[178] Vera D., Crossan M. Strategic Leadership and Organizational Learning [J]. Academy of Management Review, 2004, 29: 222-240.

[179] Veronica Martinez, Andrey Pavlov, Mike Bourne. Reviewing Performance: An Analysis of the Structure and Functions of Performance Management Reviews [J]. Production Planning & Control, 2010, 21 (1): 70-83.

[180] Virany B., Tushman M. L., Romanelli E. Executive Succession and Organization Outcomes in Turbulent Environments: An Organization Learning Approach [J]. Organization Science, 1992, 3 (1): 72-91.

[181] Waldman D. A., Ramírez G. G., House R. J., et al. Does Leadership Matter? CEO Leadership Attributes and Profitability under Conditions of Perceived Environmental Uncertainty [J]. Academy of Management Journal, 2001, 44 (1): 134-143.

[182] Waller M. J., Giambatista R. C., Zellmer-Bruhn M. E. The Effects of Individual Time Urgency on Group Polychronicity [J]. Journal of Managerial Psychology, 1999, 14 (3/4): 244-257.

[183] Wang C. L., Ahmed P. K. Dynamic Capabilities: A Review and Research Agenda-Wang-2007-International Journal of Management Reviews-Wiley Online Library [J]. International Journal of Management Reviews, 2007, 9 (1): 31-51.

[184] Wang C. L. Entrepreneurial Orientation, Learning Orientation, and Firm Performance [J]. Entrepreneurship Theory and Practice, 2008, 32 (4): 635-657.

[185] Weick K. E., Roberts K. H. Collective Mind in Organizations: Heedful Interrelating on Flight Decks [J]. Administrative Science Quarterly, 1993, 38 (3): 357-381.

[186] Weick K. E. Technology as Equivoque: Sensemaking in New Technologies [M] // Paul S. G., Lee S. S. Technology and Organizations. San Francisco: Jossey-Bass Publisher, 1990.

[187] Westphal J. D. Board Games: How CEOs Adapt to Increases in Structural Board Independence from Management [J]. Administrative Science Quarterly, 1998, 43 (3): 511-537.

[188] Wiggins R. R., Ruefli T. W. Schumpeter's Ghost: Is Hypercompetition Making the Best of Times Shorter? [J]. Strategic Management Journal, 2005, 26 (10): 887-911.

[189] Wilmore E., Thomas C. The New Century: Is It Too Late for Transformational Leadership? [J]. Educational Horizons, 2001, 79 (3): 115-123.

[190] Winter S. G., Szulanski G. Replication as Strategy [J]. Organization Science, 2001, 12 (6): 730-743.

[191] Winter S. G. Survival, Selection, and Inheritance in Evolutionary Theories of Organization [M] // J. V. Singh. Organizational Evolution—New Directions. Sage: Newbury Park, CA, 1990.

[192] Withey M., Daft R. L., Cooper W. H. Measures of Perrow's Work Unit Technology: An Empirical Assessment and a New Scale [J]. Academy of Management Journal, 1983, 26 (1): 45-63.

[193] Wolfe R. A. Organizational Innovation: Review, Critique and Suggestel Research Directions [J]. Journal of Management Studies, 1994, 31 (3): 405-431.

[194] Zellmer-Bruhn M. E. Interruptive Events and Team Knowledge Acquisition [J]. Management Science, 2003, 49 (4): 514-528.

[195] Zollo M. S. G. Winter. Deliberate Learning and the Evolution of Dynamic Capabilities [J]. Organization Science, 2002 (3).

[196] Zott C. Dynamic Capabilities and the Emergence of Intra Industry Differential Firm Performance: Insights from a Simulation Study [J]. Strategic Management Journal, 2003: 97-125.

[197] Özaralli N. Effects of Transformational Leadership on Empowerment and Team Effectiveness [J]. Leadership & Organization Development Journal, 2003, 24 (6): 335-344.

[198] 陈劲, 郑刚. 企业技术创新管理: 国内外研究现状与展望 [J]. 管理学报, 2004, 1 (1): 119.

[199] 傅世侠, 罗玲玲. 建构科技团体创造力评估模型 [M]. 北京: 北京大学出版社, 2005.

[200] 官建成. 企业制造能力与创新绩效的关系研究: 一些中国的实证发现 [J]. 科研管理, 2004 (25): 78-84.

[201] 郭高宏, 师帅. 创新与高科技企业公司治理 [J]. 技术与创新管理, 2006, 27 (4): 6-8.

[202] 贺小刚, 李新春, 方海鹰. 动态能力的测量与功效: 基于中国经验的实证研究 [J]. 管理世界, 2006 (3): 94-103.

[203] 胡恩华. 企业技术创新能力指标体系的构建及综合评价 [J]. 科研管理, 2001, 22 (4): 79-84.

[204] 黄少坚. "前惯例" 与企业惯例的形成机制研究 [J]. 华东经济管理, 2010, 24 (8): 108-110.

[205] 康凯, 邢静, 张会云等. 企业技术创新能力评价研究 [J]. 河北省科学院学报, 2001, 18 (1): 30-34.

[206] 李长青, 张术丹. 演化经济学的演化与企业技术创新分析的新思路 [J]. 经济问题探索, 2006 (10): 84-87.

[207] 李超平, 李晓轩, 时勘等. 授权的测量及其与员工工作态度的关系 [J].

心理学报，2006，38（1）：99-106.

[208] 李超平，时勘. 变革型领导的结构与测量 [J]. 心理学报，2005，37（6）：803-811.

[209] 李超平，时勘. 分配公平与程序公平对工作倦怠的影响 [J]. 心理学报，2003，35（5）：677-684.

[210] 凌文辁，陈龙，王登. CPM领导行为评价量表的建构 [J]. 心理学报，1987，19（2）：89-97.

[211] 梅小安，彭俊武. 评价企业技术创新能力的弱势指标倍数法 [J]. 科技进步与对策，2001，18（2）：134-136.

[212] 孟慧. 变革型领导风格的实证研究 [J]. 应用心理学，2004，10（2）：18-22.

[213] 任兵，阎大颖，张婧婷. 连锁董事与企业战略：前沿理论与实证研究评述 [J]. 南开学报（哲学社会科学版），2008（3）：119-126.

[214] 芮明杰，任红波，李鑫. 基于惯例变异的战略变革过程研究 [J]. 管理学报，2005，2（6）：654-659.

[215] 隋佳. 基于知识管理的企业技术创新机制研究 [D]. 山东大学硕士学位论文，2007.

[216] 孙晓峰. 企业持续技术创新能力及其评价指标体系的构建 [J]. 工业技术经济，2007，26（1）：26-27.

[217] 王核成. 基于动态能力观的企业竞争力及其演化研究 [D]. 浙江大学博士学位论文，2005.

[218] 王扬眉. 基于"领导距离"的魅力型CEO模型 [J]. 浙江万里学院学报，2005，18（6）：51-53.

[219] 王永伟，马洁. 基于组织惯例、行业惯例视角的企业技术创新选择研究 [J]. 南开管理评论，2011，14（3）：85-90.

[220] 温忠麟，侯杰泰. 隐变量交互效应分析方法的比较与评价 [J]. 数理统计与管理，2004，23（3）：37-42.

[221] 谢洪明，刘常勇，陈春辉. 市场导向与组织绩效的关系：组织学习与创新的影响——珠三角地区企业的实证研究 [J]. 管理世界，2006（2）：80-94.

[222] 谢洪明, 罗惠玲, 王成等. 学习、创新与核心能力: 机制和路径 [J]. 经济研究, 2007 (2): 59-70.

[223] 杨玉秀. 演化经济视角下的企业创新分析 [J]. 社科纵横, 2007, 22 (8): 59-61.

[224] 翟青. 基于人格、氛围的中国企业创新力研究 [D]. 上海财经大学博士学位论文, 2007.

[225] 张建东. 企业动态能力与跨期绩效关系研究 [D]. 复旦大学博士学位论文, 2005.

[226] 赵建英, 梁嘉骅. 影响企业创新力的内部生态因子分析 [J]. 中国软科学, 2006 (11): 146-150.

后　记

呈现在读者面前的这本专著是我在博士论文的基础上修改完成的，也是国家自然科学青年基金项目（71402046）的部分研究成果。

自博士毕业参加工作，我便开始了求知探索的学术生涯。博士三年的科学训练为自己的科学研究工作以及为人处世、生活态度等方面都有很大帮助，参加工作以后，虽经历不同工作岗位的锻炼和调整，但是心中对学术的喜爱和对高水平研究的追求一直没有止步。如今，凝望着堆在书桌上的一摞摞厚厚的研究资料和研究数据，内心充满着憧憬和感激。

本书的顺利完成首先要感谢我的博士生导师马洁教授，他是一位学识和管理实践都十分丰富的导师。在我硕士研究生和博士研究生求学期间，他不仅在学术上给我以启迪和指导，还在生活中给予我很大的帮助。在硕士研究生期间，我参与了马老师主持的课题项目，使我的科研能力和科研水平得到了提升和锻炼，同时也激发了我参与科研和学术的兴趣；在生活中，马老师也对我十分照顾，在与马老师的交流中我学会了珍惜、感恩和积极向上的生活态度。在我硕士毕业之后并力荐我考取博士研究生，并给予我莫大的鼓励，最终考取了自己梦想已久的学府——上海财经大学，并成为马老师所带的第一位博士研究生。在毕业参加工作后，马老师依然十分关心我个人的科学研究进展和成长状况，马老师的教诲使我受益终身。

其次要感谢我的第二位导师王玉教授，如果没有她的倾心指导和帮助，我也很难完成本书。我对组织惯例研究的兴趣也是源于王老师主讲的课程《经济变迁的演化理论》，并在王老师的课程论文中完成了自己的第一篇学术论文《基于组织惯例、行业惯例视角的企业技术创新选择研究》，后来发表在《南开管理评论》

2011年第3期上，随后我的研究方向主要聚焦于组织惯例研究，并相继取得了一系列的研究成果。我现在依然清晰地记得见王老师时她说的话："大弟子可不好当哦，要好好教导"，这句话一直鞭策我要努力做好学术和科研，提升自己的科研能力和学术水平，争取当好大弟子。

再次要感谢另外一位老师吴隆增老师，我在求学的最后一年里和吴老师成为好朋友。感谢他一直以来在学术上给予我的鼓励，让我一直深信只要自己努力，一定可以成为学术强人。吴老师不论是在教学上还是在科研上一直都是我努力学习的榜样。

最后要特别感谢我的家人为我付出的艰辛和努力。自参加工作以来，自己要忙于教学、科研和行政工作，幸得父母和妻子的照顾，使我可以全身心地投入到工作中去，虽有忙碌和劳累，但是家庭的幸福和温暖是我取得一切成绩的保障。一直以来感谢妹妹王玲对我学业和家庭的帮助和支持，感谢妻子范喜月为我生下了王治平、王修平两个儿子，他们是我不懈努力的源泉。

本书的最终完成，还得感谢我的一些学生所做的很多基础性的细节工作，如李意茹、郭展宏、张善良、田远航等，在此向他们表示感谢。

学术研究是一条永无止境的道路。虽然通过多年拼搏，我在这项研究上上了一个新台阶，但是，由于本人才学粗陋、浅薄以及研究能力有限，书中留下了不少令人遗憾和有待深化的问题。我希望并恳请国内外学界同仁品评本书，不吝赐教，以便在今后的进一步研究中使其更臻完善。

时光会随风而逝，但记忆将会永存！路漫漫其修远兮，吾将上下而求索。